教育部职业教育与成人教育司推荐教材
中等职业学校饭店服务与管理专业教学用书

KEFANG FUWU YU GUANLI

国家旅游局人事劳动教育司 编

客房服务与管理

（第5版）

旅游教育出版社
·北京·

责任编辑:刘彦会

图书在版编目(CIP)数据

客房服务与管理/国家旅游局人事劳动教育司编. — —北京:旅游教育出版社,1999.12 (2021.1 重印)

中等职业学校饭店服务与管理专业教学用书

ISBN 978 - 7 - 5637 - 0788 - 1

Ⅰ.客… Ⅱ.国… Ⅲ.①旅馆—商业服务 ②旅馆—经济管理 Ⅳ.①F719

中国版本图书馆 CIP 数据核字(1999)第 03260 号

教育部职业教育与成人教育司推荐教材
中等职业学校饭店服务与管理专业教学用书

客房服务与管理
(第 5 版)

国家旅游局人事劳动教育司 编

出版单位	旅游教育出版社
地　　址	北京市朝阳区定福庄南里 1 号
邮　　编	100024
发行电话	(010)65778403 65728372 65767462(传真)
本社网址	www.tepcb.com
E - mail	tepfx@163.com
排版单位	北京旅教文化传播有限公司
印刷单位	北京虎彩文化传播有限公司
经销单位	新华书店
开　　本	787 毫米×1092 毫米　1/16
印　　张	11.5
字　　数	231 千字
版　　次	2016 年 8 月第 5 版
印　　次	2021 年 1 月第 3 次印刷
定　　价	20.00 元

(图书如有装订差错请与发行部联系)

出版说明

为适应旅游中等职业教育的需要，国家旅游局人事劳动教育司根据旅游中等职业学校的课程设置和教学大纲，组织业内专家编写了这套《全国旅游中等职业教育教材》。该教材自1994年出版以来，受到广大师生的普遍欢迎，对我国旅游中等职业教育的发展起了重要作用。迄今为止，该教材已成为出版时间最早、使用范围最广的国家旅游中等职业教育骨干教材。

为了进一步适应旅游专业的发展要求，提高教材质量，反映旅游业的最新发展状况和旅游职业教育研究的最新成果，我们根据教育部、国家旅游局对旅游职业教育的学科规划和行业要求，组织有关专家对该套教材进行了必要的修订增补，以确保国家骨干教材应有的科学性、先进性，充分反映国家职业教育改革的新精神、新要求，满足21世纪旅游业的人才需求。

此次修订，一是根据教育部与国家旅游局关于旅游中等职业教育的课程设置、教学大纲与教学计划，结合劳动部关于旅游职业技能鉴定标准的要求，吸收国外职业教育的成果与经验，按课程设置和课程标准的要求，对教材的课程性质、适用范围、教学重点、教学方法、教学时数、考核评估等进行了认真研究。新版教材正确把握了课程设置与教材编写的关系，从课程标准的角度把旅游业对人才的具体要求与旅游职业教育教材的具体编写有机结合起来，既体现了教材紧贴行业实际的针对性、实用性，又体现了教材的科学性、规范性，使可教授性与可学习性得到有机的统一，全面反映了现代职业教育教材应有的教育理念。二是在教材的具体修订中，我们根据旅游业的发展需要和旅游职业教育的课程设置与教学要求，组织有关专家编写增补了近年来旅游发展的行业新内容，使教材体系更完整、更科学。三是在保持原教材科学性、权威性的基础上，本次修订特别注重了中职学生的学科基础与未来职业要求，重点强调了教材的实用性。在原版教材科学性的基础上，本版教材强调了教与学、学与用的关系，加大了技能技巧、实际应用、操作标准、模拟训练等内容的比重，使之既能体现课程要求和行业特点，又符合国家职业技能标准的要求。四是在内容安排上，适当精简了部分内容，即将原版教材中既占课时又不便于教学的内容，或删减或置于附录，便于教师灵活运用和利于学生分清主次。五是针对旅游学科实践性强的特点，本版教材特别注意增补了一些案例，目的是强化案例教学的作用。最后，为方便教师教学和学生学习，还增设了学习重点、案例分析、本章小结、中英文对照规范服务用语等栏目，旨在让读者花最少的时间掌握最有用的信息。

为深入贯彻《中共中央、国务院关于大力推进职业教育改革与发展的决定》中关于职业教育课程和教材建设的总体要求，进一步落实教育部等七部门《关于进一步加强职业教育工作的若干意见》，全面实施教育部的教改计划，按照教育部职业教育与成人教育司的通知精神，我社对《全国旅游中等职业教育教材》进行了重新梳理，并向教育部职业教育与成人教育司申报了《职业教育教材开发编写计划》，旨在积极推进教材改革，开发和编写具有职业教育特色的教学改革试验教材。

教改试验教材将以学生为中心、以能力为本位、以就业为导向，全面推进素质教育，重点培养学生的职业能力，使学生获得继续学习的能力，能够考取相关技术等级证书或职业资格证书，为旅游业的繁荣和发展输送学以致用、爱岗敬业、脚踏实地的高素质劳动者。

教改试验教材将贯彻如下职业教育理念：

1. 职业教育性。渗透职业道德和职业意识教育；体现就业导向，有助于学生树立正确的择业观；培养学生爱岗敬业、团队精神和创业精神；树立安全意识和环保意识。

2. 内容先进性。注意用新观点、新思想来审视、阐述经典内容；适应经济社会发展和科技进步的需要，及时更新教学内容，反映新知识、新技术、新工艺、新方法。

3. 教学适用性。教学内容符合专业培养目标和课程教学基本要求；取材合理，分量合适，符合"少而精"原则；深浅适度，符合学生的实际水平；与相邻课程相互衔接，避免不必要的交叉重复。

4. 知识实用性。体现以职业能力为本位，以应用为核心，以"必需、够用"为度；紧密联系生活、生产实际；加强教学针对性，与相应的职业资格标准相互衔接。

5. 结构合理性。教材的体系设计合理，循序渐进，符合学生心理特征和认知、技能养成规律；结构、体例新颖，有利于体现教师的主导性和学生的主体性；适应先进的教学方法和手段的运用。

6. 使用灵活性。体现教学内容弹性化，教学要求层次化，教材结构模块化；有利于按需施教，因材施教。

目前，《全国旅游中等职业教育教材》已列入教育部职成司《职业教育教材开发编写计划目录》，并成为教育部职业教育与成人教育司推荐教材，实现了行业教育与职业教育的平稳对接。

作为全国唯一的旅游教育出版社，我们有责任及时反映旅游业发展的新要求和旅游专业教育的新理念、新成果，把专业权威的教材奉献给广大读者。为此，我们将不断努力，回报广大师生和读者对我们的厚爱！

旅游教育出版社

目录

第1章 客房产品概述 ············ (1)
 学习重点 ················ (1)
 第一节 客房产品的概念 ········· (1)
 第二节 客房的功能及设备用品配置 ··· (7)
 本章小结 ················ (18)
 思考与练习 ··············· (18)

第2章 清洁器具和清洁剂 ········ (20)
 学习重点 ················ (20)
 第一节 清洁器具 ············ (20)
 第二节 清洁剂 ············· (27)
 本章小结 ················ (33)
 思考与练习 ··············· (33)

第3章 客房的清洁保养 ········· (35)
 学习重点 ················ (35)
 第一节 客房清扫的准备 ········· (35)
 第二节 客房的清洁整理 ········· (41)
 第三节 客房的计划卫生 ········· (53)
 第四节 客房的消毒及虫害控制 ····· (59)
 本章小结 ················ (63)
 思考与练习 ··············· (63)

第4章 公共区域及面层材料的清洁保养 ·· (65)
 学习重点 ················ (65)
 第一节 公共区域的清洁保养 ······ (65)
 第二节 地面材料的清洁保养 ······ (73)
 第三节 墙面材料的清洁保养 ······ (81)
 第四节 特殊器具的清洁保养 ······ (84)
 本章小结 ················ (85)
 思考与练习 ··············· (86)

第5章 对客服务工作 ·········· (88)
 学习重点 ················ (88)
 第一节 对客服务的概念 ········· (88)
 第二节 对客服务的模式和特点 ····· (93)

第三节　对客服务的内容与程序 …………………………………………（94）
　　第四节　宾客投诉的处理 …………………………………………………（108）
　本章小结 ………………………………………………………………………（113）
　思考与练习 ……………………………………………………………………（114）

第6章　客房部的机构设置及人员管理 ………………………………………（116）
　学习重点 ………………………………………………………………………（116）
　第一节　客房部的机构及岗位设置 …………………………………………（116）
　第二节　客房部的人员管理 …………………………………………………（120）
　本章小结 ………………………………………………………………………（128）
　思考与练习 ……………………………………………………………………（128）

第7章　客房部的物资管理 ………………………………………………………（130）
　学习重点 ………………………………………………………………………（130）
　第一节　客房物品的管理 ……………………………………………………（130）
　第二节　客房布件管理 ………………………………………………………（135）
　第三节　"绿色客房"建设 ……………………………………………………（142）
　本章小结 ………………………………………………………………………（143）
　思考与练习 ……………………………………………………………………（144）

第8章　客房部的质量管理 ………………………………………………………（145）
　学习重点 ………………………………………………………………………（145）
　第一节　客房清洁保养的质量控制 …………………………………………（145）
　第二节　对客服务质量的控制 ………………………………………………（153）
　第三节　客房部的安全质量管理 ……………………………………………（160）
　本章小结 ………………………………………………………………………（171）
　思考与练习 ……………………………………………………………………（172）

附录　客房服务常用英语 …………………………………………………………（174）
后记 …………………………………………………………………………………（177）

第1章 客房产品概述

学习重点
- 客房产品的固有特性及内涵
- "见物如见人"、"润物细无声"是客房服务的精髓
- 客房用品配置的标准
- 客房产品发展的新趋势

饭店的基本功能是向客人提供食宿,满足其旅居生活需要,而客房则是客人旅游投宿的物质承担者,也是饭店经济收入的主要来源之一。在我国旅游饭店的建筑结构中,客房的建筑面积一般占总面积的60%以上,是饭店的基本设施和生存的基础,而且也是饭店档次和服务质量的重要标志。

第一节 客房产品的概念

客房产品是客人在住店期间对客房设施设备的使用,以及可以享受的服务。

一、客房产品的基本要求

客房是饭店的重要产品之一,消费者对饭店产品的基本要求,也是对客房产品的基本要求。

(一)消费者对饭店产品的基本要求

现代饭店创立之前,清洁、舒适、方便、安全八个字就作为现代饭店经营者的追求目标。至今,这八个字已成为消费者选择、下榻饭店的最基本要求。

1. 清洁

清洁,是每一个饭店消费者十分关切和重视的基本需求。美国康奈尔大学饭店管理学院对3万名旅游者的调查显示,60%的人把清洁列为第一需求。有些饭店由于环境不洁,虫鼠骚扰,用具脏,宾客自然会产生厌恶、愤怒的情绪,严重损害饭店的声誉。消费者要求清洁,不仅是对中高档饭店的要求,而是对所有饭店的基本要求。清洁,主要体现在:①环境整洁;②设施、设备清洁卫生,无破损;③用品、用具清洁卫生,无污渍,无破损;④饭店食品清洁卫生,操作间清洁卫生;⑤饭店装饰、地面洁净;⑥无虫鼠等。

2. 舒适

饭店作为旅游者的家外之"家",应创造舒适、安静的环境和条件。在 GB/T14308—2010《旅游饭店星级的划分与评定》中,特别增加了有关饭店核心区域前厅、客房和餐厅的整体舒适度的内容。舒适,就是要满足宾客休息和心理上消费的需要。因此,饭店应注意店址的选择、隔音设施的采用、装饰材料色彩的协调以及服务工作的轻声化。

3.方便

宾客选择饭店时考虑的一个重要因素就是方便。当然,随着社会的发展,宾客对"方便"的要求会越来越多,涉及的面也会越来越广。比如,预订的方便程度、结算的速度、特殊要求的满足程度,乃至现代化的服务手段等。宾客在饭店内生活、工作方便,心理上就会产生舒适和愉快的感觉,消除种种不安和烦躁情绪。饭店应不断预测宾客的需求变化,为宾客提供更多的便利服务。

4.安全

宾客的安全要求体现在人身、财产安全不受损失上,还体现在健康的安全上。为保障宾客的人身、财产安全,饭店应有严格的防火、防盗措施和设施,有一批训练有素的消防、安保人员,还应有一批技术精湛的工程人员和设施、设备监控措施,以防发生意外人身事故。为保障宾客的健康安全,饭店应有严格的食品卫生措施和高质量、高标准的饮食卫生环境,让宾客看着舒心,吃着放心。

(二)客房产品的基本要求

客房作为产品出售,有6个方面的基本要求。

1.客房空间规格

客房空间是客房作为商品的基础。我国旅游饭店星级标准规定:标准间客房净面积(不含卫生间)不能小于14平方米;卫生间面积不能小于4平方米;标准间高度不能低于2.7米。

2.客房设施、设备

客房设施、设备,如床、地毯、电视、电话、空调及家具等,是构成客房商品有用性的重要条件之一,因此,必须做到保质保量,而且要方便客人使用和服务人员操作。

3.供应物品

房间的供应物品,包括客用消耗用品、客用租借用品等。对此,在不同星级和档次的饭店有不同的要求。但只要是该饭店等级规格要求的,哪怕一张纸、一个信封都应符合要求,缺一不可,否则会给客人的生活和起居带来不便。供应物品也是构成客房商品有用性的必要条件。

4.客房运转状态

客房的设施、设备,只有在正常运转状态下,才能为客人提供良好的服务。如果设施、设备维修保养差,例如,地漏下水不畅、空调风盘噪声等,必然引起客人的不快。客房部必须执行严格的岗位责任制,协调与其他部门的关系,组织员工共同劳动,使客房保持清洁高雅、温度适中、美观有序、设施设备齐全有效的状态,为客人提供规范性和针对性相结合的优质服务,客房商品的价值才能得以实现。

5.客户卫生状况

饭店,特别是旅游饭店都应按照国际标准来接待客人。客房档次不同、价格不同,对清洁卫生的要求却是一致的。客房陈设再简朴,卫生间不能不洁净;饭店档次低,卫生质量的基本标准不能降低。一家饭店的客房是否整洁,已成为宾客选择饭店住宿的首要条件。

6.客房安全状况

宾客外出,考虑的主要问题是安全。居住饭店的客人也会有一种在陌生地的不安全感。因此,要在饭店的客房区域创造一种安全的气氛,如配备完好的设施、设备,以便防火、防盗、防疾病;保护客人的隐私,尊重客人对房间的使用权,让宾客不受骚扰和侵犯等。客房的安全状况是客房商品的重要组成部分。

符合以上6个方面的基本要求,饭店的客房才具备了与客人进行商品交换的基本条件,客人才会得到最低限度的满足。

二、客房产品的特点

2014年,国务院提出要把旅游业打造成战略性支柱产业,旅游饭店的发展更加快捷,市场竞争更加激烈。到饭店的客人已不仅满足于能有一个栖身之地,而且对客房环境、客房的设备设施、清洁卫生质量以及服务质量等都提出了更高的要求;同时客房服务又必须在保证客房规格和满足客人需要的前提下,加强客房费用的控制,这就给客房服务与管理提出了新的课题。因此,要搞好客房部的工作,不仅要了解客房作为商品的基本要求,而且还必须研究客房经营在新形势下的特点。

(一)价值不能贮存

一般产品都是可以贮存的,如一架照相机、一台电视机,今天没有卖出,可以贮存起来待来日再出售。客房产品却是不可贮存的。没有顾客的消费,客房的价值和使用价值就无法实现。客房产品的时间性很强,以每晚租金350元的饭店房间为例,如果全天此房间租不出去,那么,这350元的价值就无法实现,也就是说,它的价值具有不可贮存性,价值实现的机会如果在规定的时间内丧失,便一去不复返。所以饭店业的行家把客房比喻为"易坏性最大的商品",只有24小时寿命的商品。这就是为什么饭店业普遍以"顾客第一"为经营理念,并在经营时,有时甚至以低于成本的价格销售饭店商品而不愿饭店设施闲置的根本原因。

(二)所有权不发生转移

客房商品的特殊性,主要表现在它是出租客房和提供服务,而不发生实物转移。客人付出房租而获得的仅仅是房间暂时的使用权和居住权,而房间的所有权仍然归饭店。客房的运转过程中,服务人员一方面要尊重客人的使用权和居住权,以设备、供应物品为凭借,不断地向客人提供服务;另一方面又要做好对客房用品的保管和使用过程的控制,以达到增收节支的目的。

(三)以"不可见"的服务为主

饭店看得见的服务为"可见服务",看不到的服务即为"不可见服务"。

客房作为客人休息、睡眠的区域,饭店必须为客人创造一个安静的环境;同时客房作为客人的私人领域,宾客们是不愿让别人干扰自己的私生活的;客人住店期间,喜欢按自己的习惯安排起居。因此,客房服务不能像餐饮服务那样,注重场面的渲染,服务于客人眼前,忙碌于客人左右,而是应该注意服务过程的"三轻",将服务工作做在客人到来之前或不在房内期间,让客人感到饭店处处都在为自己服务却又看不到服务的场面,如同在自己家里一样方便、称心。

(四)随机性与复杂性

客房服务工作的内容是零星琐碎的,从客房的整理、补充物品、设备维修到客人的进店、离店,都是一些具体琐碎的事务性工作,具有很强的随机性。客人在何时何地,在什么情况下,需要哪些服务,事先都难以掌握;再加上客人来自世界各地,风俗和兴趣爱好不一,从而使客房服务增加了复杂性。客房工作的随机性与复杂性,需要客房员工既要主动,也要善于揣摩客人心理,进行规范性和个性化相结合的服务。客房服务的好坏,取决于服务人员的素质和经验。

三、客房的种类

客房是饭店的重要组成部分。饭店要适应不同类型和档次客人的需求,同时要考虑饭店的类型和所处的地理位置,设计和布置相应类型和档次的客房。

(一)客房的种类

1.标准大床间(King room)

在房内配备一张双人床。这种房间适宜夫妻旅游者居住;新婚夫妇使用时,称"蜜月客房"。也有单身旅客选择这类客房的。图 1-1 为标准大床间客房平面图。

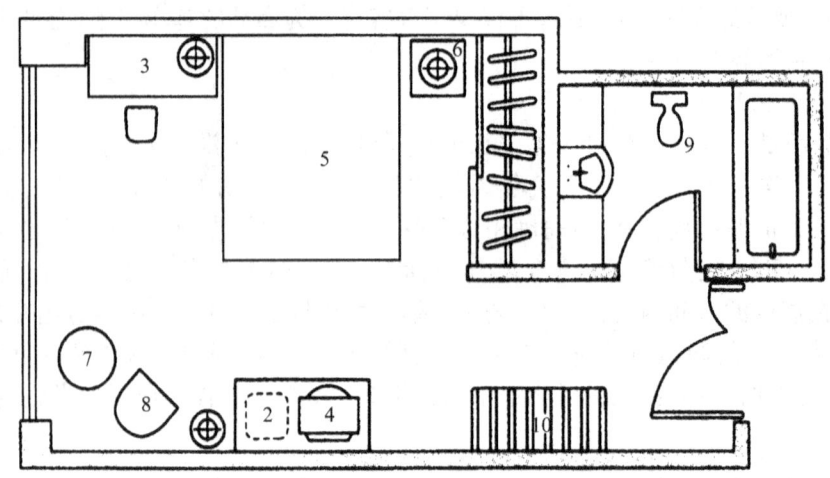

图 1-1 标准大床间客房平面图

1—衣柜 2—小冰箱 3—写字台 4—电视机 5—床
6—床头柜 7—茶几 8—沙发 9—卫生间 10—行李架

2.标准双人间(Twin room)

在房内放两张单人床,可住两位客人。同样,也可供一人居住。一般用来安排旅游团队或会议客人,这类客房在饭店中占绝大多数。为了方便客人,有的饭店配备了单双两便床(Holly wood bed),在大床间供不应求时,可将两床合为一张大床,作为大床间出租。图 1-2、1-3 为标准双人间客房平面图。

此外,根据客人要求,客房内可以加床,通常做加床用的是可折叠的活动单人床。

3.三人间(Triple room)

三人间是指可以供 3 位客人同时住宿的房间。房内放 3 张单人床,属经济型房间。这类客房在饭店,特别是高档饭店很少见。当客人需要 3 人同住一个房间时,往往采用在双人间中加 1 张折叠床的方式来解决。

此外,还有同时供 3 人以上居住的房间,房内放置多张单人床。此类房间多见于一般的旅馆或招待所,我国旅游饭店不设置这类客房。

4.标准套间(Standard suite)

标准套间又称普通套间(Junior suite),一般为连通的两个房间:一间做卧室(Bed room),另一间为起居室(Living room),即会客室。卧室中放一张大床,配有卫生间。起居室也可设

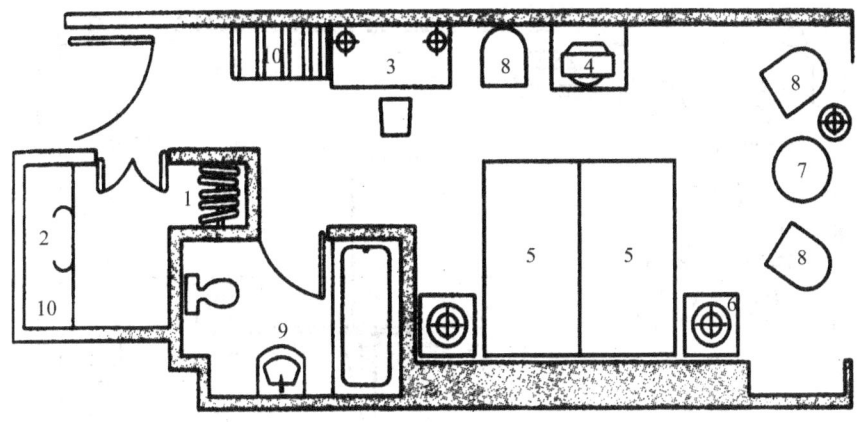

图 1-2 标准双人间客房平面图 1
1—衣柜 2—小冰箱 3—写字台 4—电视机 5—床
6—床头柜 7—茶几 8—沙发 9—卫生间 10—行李架

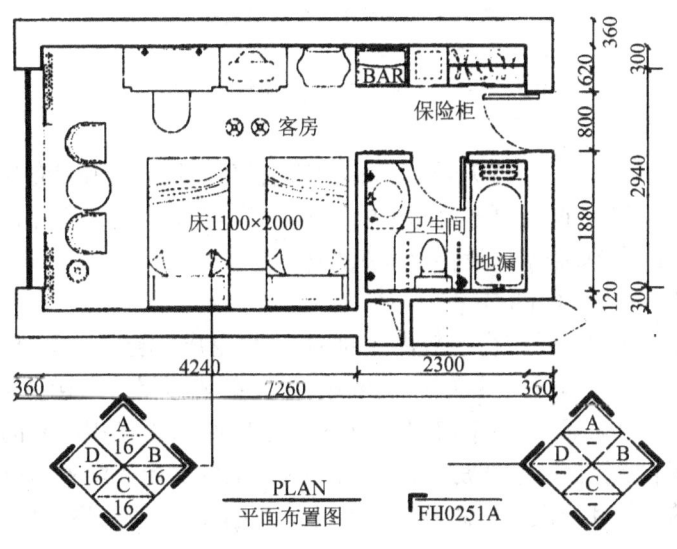

图 1-3 标准双人间客房平面图 2

盥洗室,可不设浴缸,一般供拜访住客的客人使用。

套间可用固定的分室隔离墙隔离,也可用活动隔离墙隔离。起居室在下,卧室在上,两者用楼梯连接的套间称为双层楼间(Duplex room)。而连接套房(Connecting room),即连通房,是指两个独立的双人间,用中间的双扇门相通,一间布置成卧室,另一间布置成起居室,可作为套间出租。需要时,仍可作为两间独立的双人间出租。但这种连通房中间的双扇门上均需安装门锁,关上时应具有密闭的效果和良好的隔音性能。图 1-4 为标准套间客房平面图。

5.豪华套间(Deluxe suite)

豪华套间可以是双套间,也可以是三套间,分为卧室、起居室、餐室或会议室(亦可兼

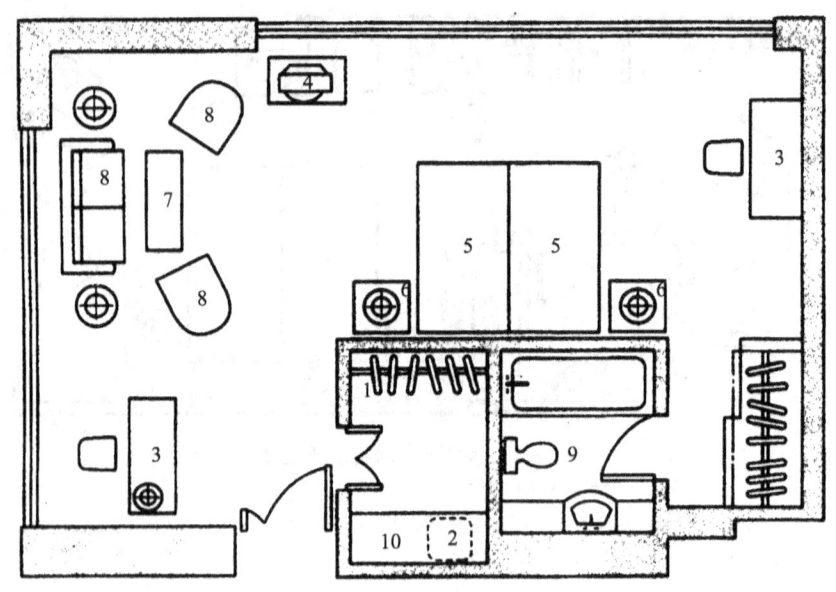

图 1-4　标准套间客房平面图
1—衣柜　2—小冰箱　3—写字台　4—电视机　5—床
6—床头柜　7—茶几　8—沙发　9—卫生间　10—行李架

作）。卧室中配备大号双人床或特大号双人床。室内注重装饰布置和设备用品的华丽高雅。

此外，还有由 3 间至 5 间或更多房间组成的多套间。有 2 个各带卫生间的卧室，以及会客室、餐厅、书房及厨房等，卧室内设特大号双人床。

6．总统套间（Presidential suite）

总统套间简称总统房。总统房一般由 7 间~8 间房组成。套间内总统与夫人的卧室分开；男女卫生间分用。拥有客厅、写字室、娱乐室、会议室、随员室、警卫室、餐室或酒吧间以及厨房等，有的还有室内花园。整个房间装饰布置极为讲究，设备用品富丽豪华，常有名贵的字画、古董、珍玩装点其间。总统房一般为四星级以上的饭店才配置，它标志着该饭店已具备了接待总统的条件和档次。但总统房并非总统才能住，一般来说，只要付房租，谁都可以住。事实上住总统房的客人，多数是大商人和大老板等。

7．特殊客房（Special room）

这是为某一类人特别设计和布置的客房。如专为残疾人服务的客房，该房间内配置有能满足残疾人生活起居一般要求的特殊设备和用品。又如近几年根据不同客人需要，从功能上又可分为商务客房、办公客房、娱乐客房、健身客房、知识客房、男性客房、女性客房、VIP 客房、医疗客房、家人团聚客房等，各种客房有不同的特点，但又有很强的兼容性。

8．特色楼层（Special floor）

在高星级饭店，为面向某一同类型消费客人，利用某些楼层的全部或一部分客房，集中进行设置的楼层叫特色楼层（Special floor），如商务楼层、行政楼层、女士楼层、无烟楼层等。

（1）商务楼层（Business floor）。商务楼层是为接待商务客人而设置的楼层。楼层上设有专门的商务中心、商务洽谈室、自助餐厅、咖啡厅等，直接在楼层上提供入住至离店等一系列服务,有的还为客人配有秘书和翻译服务,有效提高了商务客人的办公效率,越来越为商务客人所喜爱。

(2)行政楼层(Executive floor)。行政楼层客房的家具、日用品等都非常高档,室内装饰也极其豪华。住宿客人一般是高级别的行政官员、金融大亨、商业巨子或其他社会名流。行政楼层一般处于饭店最上部的层次,设有专用的大厅(内有休息室、洽谈室、餐厅等),甚至有直达楼层的专用电梯。入口处有接待吧台,直接为客人提供开房、退房、结账、复印、打字、咨询等服务。每间客房的面积一般不小于30平方米,客房内一般都配备可供上网的电脑、传真机,写字台上附设电话机等。

(3)女士楼层(Lady's floor)。女士楼层,是饭店为了方便女性客人,专门向女士开放的楼层。随着单身女性宾客的快速增长,此类客房需求量也越来越大,为了让女性客人住得更有安全感,更加舒适,女士楼层在以下几点给客人以特别关注:①尊重女性客人的隐私;②提供与女士感性相符的室内装饰、设计和适宜女性需求的家具、日用品等;③提供女性必需的化妆品、服装衣物用设备等;④提供安全警卫服务。

(4)无烟楼层。无烟楼层是指饭店专门为不吸烟的客人准备的楼层。无烟楼层不仅是禁烟区的概念,而是从设计、建筑、装修到管理的各个环节均应体现"无烟"的广泛内涵,即现代人对新鲜空气的渴求,对环境保护的追求,为客人提供具有健康内涵的客房产品,主要包括以下环节:

第一,在保证必要安全的前提下,无须增设更多的防火材料。

第二,施工人员绝对禁止吸烟,自始至终保持该区域的绝对纯净。

第三,不配放烟灰缸与火柴。

第四,总台有相关说明和接待服务。

第五,凡进入该楼层的员工、管理人员及客人均为不吸烟的"非烟民"。

第六,该楼层布草单独洗涤,不与其他楼层的布草混洗。

第七,无烟楼层与其他区域有缓冲区域,即在空间上切实起到隔离、缓冲的作用,为客人营造良好的心理感受。

第二节 客房的功能及设备用品配置

客房是客人在饭店逗留期间的主要生活场所,这就要求饭店合理地设计客房产品,保障客人及饭店的利益。

一、客房设计的基本原则

客房是生活的室内环境,综合反映客房室内环境的基本原则是安全、健康和舒适。

(一)安全性

安全性首先表现在对火灾的预防上。为此,客房设计应考虑以下防火措施。

1.设置火灾报警系统

烟感报警、温感报警与自动喷洒报警是当前常用的早期报警系统。其中,烟感报警对烟雾反应最为灵敏,温感报警的误报率最低,自动喷洒报警除报警外还能发挥早期防止火灾蔓延的作用。

2.减少火荷载

火荷载是指酒店内可燃烧的建筑材料、家具、陈设、布草等的总和。客房设计时应尽量采用阻燃或不燃的建筑、装修材料。

除了对火灾的预防以外,酒店客房设计时还应注意保护客人的隐私。客房是客人休息的场所,要求安静、不受干扰。有些酒店楼层走廊两侧,客房门对着门,容易引起互相干扰。因此,建筑设计时可考虑将走廊两侧客房门错开。

(二)健康性

环境直接影响人的健康。噪声公害威胁人的听觉健康;照度不足影响人的视觉健康;生活在全空调环境内,如新风不足、温湿度不当会损害人的身体健康。因此,在客房设计时,必须重视隔音、照度和空调设计,控制视觉、听觉和热感觉等环境刺激。

(三)舒适性

舒适性主要靠感官来感受,它往往涉及人体工程学的内容。舒适度主要是通过人的眼、耳、鼻、舌、皮肤,即视觉、听觉、嗅觉、味觉和触觉来体会的。

1.棉织品的舒适度

(1)枕芯、棉被等床上用品柔软宜人;

(2)洗浴针织品轻柔质优;

(3)床垫硬度适中、无变形;

(4)卫生间浴巾、面巾纸方便客人取用。

2.隔音防噪

客房噪声的来源主要有以下几方面:

(1)窗外:城市环境噪声。

(2)相邻客房:如来自隔壁房间的电视机、音响设备、空调机、电话、门铃、旅客的谈话、壁橱取物和床的嘎吱声、门扇开关及扯动窗帘等的声音。

(3)客房内部:上下水管流水、恭桶盖碰撞、扯动浴帘、淋浴、空调器及冰箱等。

(4)客房过道:如客房门的开关、走廊里客人及服务员谈话、服务小车的推动、吸尘器的声响等。

(5)其他:如空调机房、排风机房及其他公众活动用房。

对于上述可能出现的噪声,在客房设计时都应考虑加以控制。

3.照明

室内照明的主要作用是为人提供良好的光照条件,获得最佳的视觉效果,使室内环境具有某种气氛和意境,增强室内环境的美感与舒适感。现代饭店室内照明除了提供视觉所需要的光线外,还有以下几方面的作用:组织空间、改善空间感、渲染气氛、体现特色。

(1)客房室内照明设计的基本原则。

①舒适性:室内照明应利于客人在客房内进行活动、阅读、会客和从事其他活动,即在生理上能保护人的视觉,在心理上能鼓舞或安定人的情绪。

②艺术性:有助于丰富空间的深度和层次,有利于强调空间的特色,能与空间的大小、形状、用途和性质相一致。

③安全性:电源的线路、开关、灯具的设置都要有可靠的安全措施。

(2)照明设计的主要内容。

①灯光范围。可分为整体照明、局部照明和目的物照明。

②灯具位置。应按照客人的活动范围和家具的位置来安排。

③灯具的选择。灯具可分为吸顶灯、镶灯、吊灯、壁灯、立灯和活动灯等。每种灯具都用于特定的情况之下,灯具的选择,如造型、色彩是整体的一部分,必须与客房的色调相配,不能孤立对待。

④照度的高低。照度是指被光照射的物体表面在单位面积上所受的光量。不同功能的室内环境有不同的照度要求。客房照度包括客房与卫生间的照度两方面,按国际照明学会标准,客房照度应为100勒克司。近年来,有些国家已推荐客房照度为50勒克司~100勒克司,以免房内过强的光刺激客人神经,影响客人休息。近年来,客房卫生间已发展成为旅客化妆的主要场所,所以卫生间的照度越来越高,为了便于旅客化妆,国际照明学会的标准是70勒克司,但实际使用均大于100勒克司,有时在人面部的照度达200勒克司以上。

4.空调

空调的设计、选用和安装在保证一定的湿度和温度的前提下,应能使噪声减小到最低程度,并能提供充足的新风,不会使空调风口直吹客人,威胁客人的健康。

5.环保性

环保性是指布置客房时,应加强环保意识,在装修、装饰、宾客用品上应采用环保性能的材料,对人体及环境有害的材料应禁止使用。

6.空间尺寸

一般来讲,客房的面积越大,舒适度就越高。对一个双床间而言,国际上流行的开间为3.6米~4.2米,进深为7.6米~10米(见表1-1)。

表1-1 不同国家不同等级客房双床间净面积指标(平方米)

	经济级	舒适级	豪华级
英国	10.5	18	26
日本	10~12	14~16	20~22
法国	10	14	20
罗马尼亚	10	13	20
中国香港	12	18~20	25
美国	—	20	—
本书建议	<14	14~20	>20

酒店客房净高通常应为2.7米左右。剖面中,净高2.7米与开间3.8米~4.2米所形成的比例为1.40~1.55,是接近黄金分割的矩形剖面比例,利于形成亲切、舒适的客房空间气氛。

7.家具的摆设

客房家具摆设是否得当,是否有利于客人行走和在房内的生活起居需要,也会影响客房的舒适感。21世纪的饭店注重实用功能,客房的设计、家具的摆设一定要给客人以方便、舒适之感。美国里纳尔多国际室内装潢公司总裁里纳尔多指出:"那种把电视机和传真机隐藏在大柜子里的设计是不妥当的,我们的客人并不希望讲究到要开了'门'才能看电视、发传真。"

8.窗户的设计

客房开窗是为了采光、日照,但与观景也有直接关系。"窗即景框",宜"嘉则收之,俗则屏之"。面对绮丽风光,窗越大越能感到环境之优美,舒适感越强,因而,有的高层酒店客房设计落地玻璃窗,使客房与环境融成一体。

窗离地不宜太高,通常不应高于0.7米,这样,客人坐在房内沙发或椅子上,就可较好地观赏到窗外景色。

窗户的大小还应考虑酒店所在地的气候条件。一般来讲,炎热地区的酒店窗户宜大,以便使客人有视野开阔,心情舒畅的感觉。而位于寒冷地区的酒店则窗户宜小不宜大,以便客人在客房内有温暖、舒适、亲切之感,同时还可以在一定程度上为酒店节省能源。

此外,酒店客房窗户的"高宽比"以1∶2为好。这样能使客人产生人们所喜爱的"宽银幕画面"的效果。符合人们的审美心理。当然,窗户的设计也不能千篇一律。为了追求奇特的艺术效果,窗户还可以设计成圆形或锯齿形等。

9.装修风格

根据人对色彩的感觉,色彩的和谐原理以及满足客人需要心理的客房装修风格也能为客人提供舒适感。

(1)人对色彩的感觉。客房室内环境舒适与否,在一定程度上取决于视觉的满足程度。在人的视觉中,色彩起着重要作用。

①温暖感觉。即大家所熟知的冷暖色,暖色一般显得柔和,冷色显得沉着。

②重量的感觉。色彩的明度越大感觉越轻,反之越重。这主要是人类的联想所引起的,如棉花、泡沫、雪花的明度较大而钢铁的明度则较小。

③距离的感觉。又称亲疏感。高明度的色彩感觉近,低明度的色彩感觉远;暖色感觉近,冷色感觉远。

④软硬的感觉。一般暖色、亮色感觉软而柔和,冷色、暗色感觉硬而沉着。

⑤视觉的感觉。暖色调较冷色调易引起人们的视觉疲劳,不同色彩会引起人们的兴奋和沉静,对视觉疲劳的影响也不同,其中蓝紫色引起视觉疲劳最快,红色次之,绿色最慢。

正因为色彩对人的生理活动和心理活动具有一定的影响,在人们长期使用色彩的实践活动中,不同的色彩便具有了不同的含义,给人不同的联想,色彩成了不出声的语言。色彩的象征见表1-2。

表1-2 色彩的象征

色彩	正面象征	反面象征	联想
红	庄严、热烈、革命、热情、欢喜	恐怖、危险、焦急	血、火
黄	明朗、愉快、高贵、爱情、健康、希望	警告、郁闷、猜疑、野心、叛逆	信号、皇冠
橙	温情、活泼	疑惑、放浪	橘、柿
绿	希望、生命、青春、安全、和平	阴暗	森林、田野

续表

色彩	正面象征	反面象征	联想
蓝	清澄、深远、理智、意志、深奥	冷酷、威压、失意、寂寞、感伤	大海、天空
紫	优雅、高贵、庄严、神秘	不安、孤独、丧气	罗兰
白	光明、坦率、纯洁、尊严、朴素	叛逆、冷酷	雪
黑	庄重、绝对	恐怖、罪恶、神秘	死亡、夜晚

在客房室内装修中,要重视色彩对人的物理的、生理的和心理的作用。注意使用色彩这一杠杆营造室内气氛,调节空间环境,以引起客人的联想和情感效果。例如,在地面缺少阳光或其他阴暗的房间里采用暖色,可增添亲切温暖的感觉;在阳光充足的房间或炎热地区,则宜多采用冷色,降低室温感;在酒店大堂、电梯间和其他一些逗留时间短暂的公开场所,适当使用高明度、高彩度色可以获得光彩夺目、热烈兴奋的气氛;在酒店客房、写字楼等房间,采用各种调和灰色可以获得安全、柔和、宁静的气氛;在空间低矮的房间,采用具有轻远感的色彩来冲淡压抑感,反之则采用具有收缩感的色彩避免使人感到空旷;在同一个房间中,从天花板、墙面到地面,色彩往往是从上到下,明亮渐轻、暗、重,以丰富色彩层次,扩展视觉空间,加强空间稳定感。

(2) 色彩的和谐原则。简单地说,和谐的色彩就是相配的颜色。一般来说,和谐的色彩具有共同的基本成分,这些色彩共同使用时,由于这种共同的成分而产生和谐的效果。例如,一间客房,一切陈设以杏黄色为主色调,家具为赭石色,地毯为深杏黄色,墙纸是杏黄色,床罩和窗帘均为杏黄色和棕色之间的图案花,整个房间就会产生一种宁静柔和、温暖和谐的气氛。掌握色调和谐最可行的原则,就是遵照从自然界找到的色调规律。因此,深色适用于地板、中间色适用于墙壁,而较淡色适用于天花板。这是一个很好的通则,而且很切合实际。

(3) 满足客人需求心理。满足客人需求心理的客房装修风格,可分为两大类:一类希望客房符合旅客本人的生活习惯与水平,走进客房如回到家中一样方便舒适;另一类则希望客房能够继续感受新鲜有趣的异族文化。因此,酒店在进行客房设计装修时,应充分考虑这两方面的要求。高档酒店有中餐厅与西餐厅之分,客房的装修也可考虑既有西式客房,又有具有民族特色的客房,以满足不同客人的不同心理需求。例如,建造于20世纪30年代的上海和平饭店,有九国套间客房,表现各国民族风格;驰名于世的东京帝国饭店既有豪华的西式套间,又有表现浓郁的乡土情调的"和式"套间。

二、客房的功能设计

客房是客人在饭店逗留期间的主要生活场所,这就要求饭店合理地设计客房的布局并配备相应的家具和设备,使客房具备能满足客人生活的各种功能。下面以标准间为例说明。

(一) 睡眠空间

1. 床

睡眠空间是客房最基本的空间,其中配备的最主要的家具是床。我国旅游饭店所用的床都是由床架、床垫和床头软板组合成的。床的质量要求是重量轻、牢度好,弹簧床垫软硬度适宜;床架底部有活动走轮和定向轮,可以方便移动,以及有优美的造型。有的饭店为增加床的美观还专门配置了床裙。

2.床头柜

床头柜是客房中必不可少的家具之一。床头柜可分为单人用床头柜和两人共用床头柜。传统的床头柜，只是作为客人摆放书籍及小物品的家具；而现代饭店的床头柜的功能则可满足客人在就寝期间的各种基本需要：上面放有一部电话、便笺及便笺夹和一支削好的铅笔，为客人通信联络提供便利。有的饭店还在床头柜上放有晚安卡和常用电话号码卡。

床头柜配有音响设备，供客人收听有关节目及欣赏音乐，并带有各种开关和按钮，如电视机、地灯、床头灯、房间灯、中央空调、请勿打扰的开关、时钟以及唤服务员的按钮等。但客人普遍感到在晚间对床头柜繁多的开关和按钮识别困难。为了解决这个问题，不少饭店已采用分区照明控制和在床头设置房间灯光总控制开关。既显示了客房的豪华程度，又给客人带来了方便。

床头柜的长度为60厘米左右。过小，会使两床之间的距离过短，给客人的活动带来不便。床头柜的高度必须与床的高度相匹配，通常在50厘米~70厘米，以便客人躺在床上，眼睛能平视床头柜上的平面。床头柜的宽度，单人用的为37厘米~45厘米，双床间两人用的床头柜为60厘米。

(二)盥洗空间

盥洗空间即浴室，又称卫生间。客房的卫生间一般是"背靠背"(back to back)设置，目的是使相邻房间的两个卫生间可以共用一个排(供)水道。卫生间的墙壁起到屏风的作用，可以遮挡住摆放在浴室隔壁卧室的睡床。卫生间的设计要注意宽敞、明亮、舒适、安全、方便、实用和通风。

卫生间的主要卫生设备有浴缸、便器、洗脸盆三大件。

1.浴缸

浴缸应带有冷、热水龙头，并装有淋浴喷头——既能固定也可手拿。浴缸底部采用光面和毛面相间的防滑结构。浴帘杆固定在浴缸上方两头，与缸外沿垂直线齐，与缸上沿平行。浴巾架固定在浴缸水龙头对面的墙上。另外，还有活动的晾衣绳供客人晾衣物用。

豪华房间的浴缸内还可装上能产生旋涡的装置，也可在卫生间装上带有小型电动蒸汽发生器的桑拿浴和蒸汽浴装置。

2.便器

便器分坐式和蹲式两种。一般房间只装坐便器，但高级套房两种都装，并在坐便器旁设有下身冲洗器。

3.洗脸盆与云台(洗脸台)

洗脸盆一般镶嵌在由大理石面、人造大理石面或塑料板面等铺设而成的云台里，上装冷、热水龙头各一个，还可装有供客人冷饮的直饮水龙头一个。在墙面配一面大玻璃镜，大镜面里或大镜面侧装有化妆镜，以供客人剃须或化妆使用。为了解决因客人沐浴而使镜面蒙上水蒸汽，有的饭店还在镜子的背面装有除水雾装置。

云台上可放置各种梳洗、化妆及卫生用品。在云台侧面墙上，设有国际标准型(扁形和圆形)的110/220伏不间断交流电的电源插座(供客人使用电动剃须刀)。有的饭店还装有吹风机头。

云台的大小一般无统一的规格。但其高度一般为80厘米，这对于标准身高的人来说为最佳高度。

此外，卫生间应有通风换气设备，地面还应有排水的地漏口。

（三）起居空间

起居空间应在标准间的窗前区。这里放置着软座椅、茶几（或小圆桌），供客人休息、会客、观看电视等。此外还可供客人在此饮茶、吃水果及简便食品。

（四）书写和梳妆空间

标准间的书写与梳妆空间在床的对面，沿墙设置一长条形的多功能柜桌。一般包括行李架、写字台和电视机柜。

1. 行李架

所有客房都应设有行李架或行李台。它可以设计成写字、化妆台的扩充部分或者作为单独的一件家具。行李架的高度为45厘米、宽65厘米、长75厘米～90厘米。大房间的行李架可大于此，以方便客人放下行李箱和拿取衣物为准。行李架的表面一般都有木条，要按一定间距固定在面层，以防止皮箱的金属饰钉损坏行李架，同时不能有任何尖锐东西突出以免损坏客人的皮箱。有的饭店还在行李架上附设有软垫或靠背，当箱件收藏好后，便可以作为座位来使用。

2. 写字、化妆台

客房使用的写字台和化妆台一般为全木制品。标准间的写字台和化妆台可分开配置或兼作两用，并装有抽屉，可放置文具。它的宽度应与其他家具统一，在40厘米～50厘米，其高度为70厘米～75厘米，相应的梳妆凳高度为43厘米～45厘米，最小的膝盖净空为19厘米。

写字化妆合用台所靠的墙面应设有梳妆镜，梳妆镜的高度应能使客人站在写字台前照全其头部。为了达到好的化妆效果，上方应装有照明灯以提高亮度。

3. 电视机柜

电视机柜（架）是每个房间的必备物品，有木制、金属和金属与木料混合结构三种类型。电视机柜上方放电视机，下方柜内往往是放置各种饮料的小冰箱。

电视机台上配有可转动的47厘米或51厘米电视机的托盘，一般为圆形或方形，底托的重量越大，其稳定性就越强。

电视机架的高度一般为45厘米～47厘米或65厘米～70厘米，正好是人坐在沙发或椅子上时其视线低于或平视电视屏幕的高度，以减轻看电视时眼睛的疲劳，起到保护视力的作用。

4. 全身镜

为方便客人，在门廊一侧或其他适宜位置设全身镜一面。

（五）储存空间

储存空间主要是指设在门廊侧面的壁橱和与其紧靠的小酒柜。

1. 壁橱

壁橱设在客房入口的门廊内侧，便于客人在离开饭店时检查橱内东西是否取完。壁橱的长度应不小于100厘米，进深不小于50厘米。为了方便挂衣，同时又保证长衣服不致触地，挂衣杆高度应为170厘米，杆上部应留有7.5厘米的空间，以便衣架的移动取挂。橱门可以用推拉门，也可用折叠门。壁橱内应有照明灯。采用随门开启而亮的照明灯是节约用电、方便客人的一种举措。

有的橱内还设有鞋箱、私人保险箱等。

2.酒柜

酒柜上层摆放烈性酒、酒具、茶水具以及小吃食品,下层为贮存饮料的小冰箱,以满足客人饮用;同时还可让茶几留出更多的面积,供客人摆放自己的物品。

酒柜和小冰箱的设计还有其他的形式。

此外,客房内的主要设备还有:

房门安全装置——客房门上装窥视镜(警眼)和安全链(安全环)以及双锁。门后张贴安全指示图,标明客人现在所在的位置及安全通道的方向。

消防装置——房内天花板上设有烟感报警器(烟感)和温感喷淋头(花洒),供报警和自动灭火之用。

空调——中央空调系统或房间空调器,可调节房内的温度和湿度,并可提供新风。

饭店标准间客房必须具备以上功能,才能满足客人住宿的基本要求。而套房则是分别用专设的房间来各司其职,或具某主要功能同时兼顾其他功能,如标准套间是一间做卧室,另一间做起居室。在五间以上的套房里,可分别各司一主要功能,如卧室、卫生间、起居室、书房、餐室等。

三、客房用品的配备

为了满足客人在客房中生活的需求,饭店在客房中除配备各种家具、设备外,还应配置各种用品,供客人使用,真正为客人创造一个温馨的生活环境。

（一）客房用品配置的基本要求

客房布置的内容有两大类:一类是客房在生活功能上所必需的家具、设备、用品的布置,兼有装饰客房的作用;另一类是单纯起装饰作用的,如字画、工艺品、鲜花、古玩或复制品等。这两类是有主有从、相辅相成的。

1.体现客房的礼遇规格

不同饭店的各类客房由于等级、规格、风格不同,房间用品在配置上可根据各自的经营方针及实际需要而增减,但不能违背经营原则和降低客房规定的标准。要从满足客人的需要出发,使客房用品的"价"与"值"相符。高档房间应配置高档的用品,低档房间配备相应的用品,这样就能让客人感到饭店对其住店生活的关心和礼遇规格,还能使客人容易接受饭店的房价,有"物有所值"之感。

2.广告推销作用

客房用品不仅是供客人使用的,而且还是很好的宣传广告品。客人既是饭店服务的对象,也可成为义务推销员。饭店应在客房用品上印制饭店的名称、标志及地址、电话等,以加深客人对饭店的印象和了解,起到广告宣传作用,通过他们的广泛传递,吸引更多的客人。

3.客房设施的配套性

客房设施的配套性有两层含义:一是设备用品的外观配套,包括外观、色彩、造型、质地的统一,否则会给人一种东拼西凑之感;二是某一用途的设备用品要自身配套,例如,使用地毯的房间,就必须配备浴帘和地巾等物品。

4.摆放的协调性

客房的服务设施和用品大多是可以移动和变更的,摆放的协调性是指各种设备和用品配套齐全后,应形成一个协调的整体,给客人以舒适和方便感。同一等级、面积和布局的客房的各种设备、用品必须位置固定,同时保持适当的距离和通道,既照顾客人的活动空间,又方便客人取用和服务员的工作。

(二)客房用品配置规格

客房用品包括一次性消耗用品及多次性消耗用品。一次性消耗用品是指供客人一次性使用消耗或用作馈赠客人而供应的用品,如香皂、信封、明信片、礼品袋、针线包等,也称供应品。多次性消耗品是指可供多批客人使用,但不能让客人带走的客用品,如布件、烟灰缸、酒具等,也称客房备品。下面仍以标准间为例说明。

1.房间用品

(1)壁橱。壁橱主要包括:①挂衣横杆上备有带店徽的衣架;②柜下面放置叠放好的洗衣袋、大购物袋、小购物袋;③衣服刷、鞋拔子(有的饭店还配两套浴衣)。

(2)小酒吧。小酒吧主要包括:①配备水杯、冰桶、开瓶器等用品;②杯垫、纸巾、调酒棒、饮料单。

(3)书桌。书桌主要包括:①饭店介绍册、服务指南、征求意见表、房间用餐菜单、游览图、客房价目表、电话使用说明、烟灰缸;②普通信封、航空信封、国际信封、信纸、明信片、传真纸、便笺、笔、针线包、行李标签、宾客意见书、火柴等;③不锈钢纸篓一只;④礼品袋。

(4)茶几。茶几主要包括:烟缸、茶水具、热水瓶、花瓶。设酒柜的客房,茶几面上仅摆烟灰缸、火柴和花瓶。

(5)床头柜。床头柜主要包括:①电话簿、饭店常用电话卡、晚安卡、环保卡;②便笺、笔、一次性拖鞋、擦鞋器(纸)。

以上文具用品均印有店徽,摆放时应注意将店徽摆正。

(6)床(按单床配用量计)。床主要包括:①保护垫(褥子)一条;②床单两条或三条;③被子一床;④鸭绒枕芯、木棉枕芯各一,枕套两个;⑤床罩一套。

2.卫生间用品

(1)云台(洗脸台)。云台主要包括:①烟灰缸、花瓶、消耗品托盘(篮)、小方巾、不锈钢污物桶、口杯、面巾、体重秤;②杯垫、香皂、牙具、面巾纸、沐浴液、洗发液、浴帽、梳子、指甲具、剃须刀。

(2)坐便器旁。坐便器旁主要有卫生卷纸、女宾卫生袋。

(3)浴缸旁。主要有大浴巾、小浴巾、地巾、防滑橡胶垫。

(4)皂缸内。放大香皂一块。

3.窗帘

窗帘的作用是美化室内环境、调和光线、遮蔽外来视线,增加客人心理上的安全感,御寒遮阳,并在一定程度上起到隔音的作用。饭店客房一般配备三道窗帘,即纱窗帘、遮光窗帘和厚窗帘。

(1)纱窗帘。纱窗帘质地较薄,其主要作用是调和光线,美化环境。一般不拉开,但客人仍可以透过这种窗帘观望窗外的景物,同时阳光也可透过纱帘照进室内,杀死室内空气中致人生病的微生物。

(2)遮光窗帘和厚窗帘。遮光窗帘和厚窗帘一般白天拉开,客人午睡和傍晚开灯时再拉闭,使客人休息、睡眠不受干扰,同时也起到隔音的作用。厚窗帘最好能按季节更换,例如,入冬时挂暖色调的厚窗帘,春末夏初换上冷色调的窗帘,以改变室内的环境。

四、现代化客房设施设备的发展趋势

现代饭店为适应旅客日益增长的需求,设施设备更趋完善,目前有如下几个趋势:

(一)房间

21世纪,酒店的竞争将从低层次的价格竞争逐渐转向高层次的文化和品牌竞争。有文化品位、鲜明的个性和特色的酒店将受到顾客的青睐,因此,酒店客房在装修、布置和服务方面,将注重文化、艺术品位,追求个性和特色。

1.客房面积增大

为了尽可能为客人提供宽敞的活动空间,客房面积由原来的二十几平方米向更大的面积发展,现在有不少高档饭店的商务单人客房已达50平方米。有些饭店在客房设计了可伸缩的写字台;有的饭店将桌子制成有折板或抽屉夹层的式样,需要时可变成会议桌,也可拉展成供亲朋聚餐的餐桌。另外现代客房还有以下显著的变化:一是减少抽屉的数量;二是取消客房中的梳妆台,这既可增大空间,也可与房内的商务等气氛相协调;三是一些高星级酒店收缩,甚至取消大壁橱,把节约的面积还给客房,与之相适应的是客房中装置大挂钩,供客人挂行李袋,或是行李架台面加大,以便客人放置轮箱。同时,客房平面形状异型化,如变长方形为圆形、弧形等。改变客房门对门的传统,客房门有后退或有斜开门。

2.客房的绿色装修

"绿色客房"不仅表现在客房的日常经营管理中,还体现在酒店客房的建筑设计与新能源的使用上。例如,在建筑方面,不少饭店将客房的自然采光、隔热与保温材料的使用、采用新型墙体材料与环保装饰材料,减少噪声等均纳入建筑设计的内容;在新能源方面,尽可能利用太阳能、生物能、风能、地热以及其他可再生能源。

3.房间设施现代化

(1)功能商务化。客房内摆放两组以上通信电缆、传真机、与电话接驳的打印机、提供国际互联网接入服务,已成为二星级以上饭店的必备条件。随着宽带接入客房,有的饭店正在考虑将商务中心取消,将其职能融入客房运营中,使客房增加远程通信、收发传真、远程办公等功能。同时,客房服务中心职能扩大化,可24小时提供传真、电脑租借、打印、复印、食品用品售卖等服务。

(2)房间内的小冰箱向没有噪声的无氟冰箱过渡。

(3)客房内消防设施更趋完善。防火疏散图用荧光涂料处理,即使发生火灾断电时,也不影响引导疏散。不少饭店的房间增加防烟防毒面具,供火灾发生时客人使用。

(4)客房内增加二氧化碳自动探测器,配合客房新风系统,以解决房间的空气质量问题。

(5)客房内增设私人保险柜,以方便客人的使用。为满足商务客人的需要,饭店放大保险箱尺寸,以能放进手提电脑为宜,方便客人保管电脑。

(6)客房内采用电视电脑系统[交互式视频点播电视(VOD)],客人可通过电视电脑直接使用饭店的各种服务和了解自己消费的账单。

(7)客房的传统三连柜(行李架、梳妆兼写字台、电视柜)面临被淘汰,新式家具布置正在向多样化发展。

(8)房间内地面改变满铺地毯的传统,在小过道和窗前用硬地面,方便保洁和保养。

4.客房智能化

智能化客房是饭店发展的一个方向,是满足消费者日益提高的消费需求的一种有效方式。随着科学技术的发展,饭店客房智能控制系统越来越完善,并逐渐为越来越多的饭店所采用。饭店客房智能控制包括以下基本内容:

(1)分区开关控制功能:通过将灯光、电器、弱电、信息控制开关按分区控制的原则,就近设置于客房墙上,通过智能系统的控制,既能多地点就近人工控制,也能通过网络远程检测,实行控制。

(2)走廊灯控功能:通过系统的建立,客人进入客房区域走廊,前方的廊灯会缓缓点亮,后方的廊灯又会缓缓熄灭。既为客人营造了开道引路式的宫廷氛围,又能有效节约能源。

(3)智能空调控制功能:智能空调控制面板可显示客房的实际温度、设置温度、时间、风速、闹钟等信息。客人入住后也可自行设置上述控制指标。空房状态或客人拔卡离房时,系统会按照饭店的设定,自动将客房空调调整到省电模式或关闭模式。当客人在总服务台办理完入住登记手续后,总服务台计算机管理系统会自动发出指令,将入住客房的空调调至快速制冷或制热状态,使客房温度在客人抵达前达到最佳状态。同时可通过温度传感器测定实时客房的温度,并将房间设定温度、实际温度、空调运行模式、闹钟时间等信息上传客房服务中心实时显示和监控。

(4)多功能门铃显示功能:客房门铃显示器对客人具有门铃功能、请勿打扰、访客等待等功能外,对服务员具有服务指示功能,能够使服务员对即将清扫、房间有人、房间无人、房间进入者身份等信息一目了然。同时上述信息可实时传递客房服务中心,为饭店提供"影子式"无干扰服务奠定基础。

(5)客房联网门禁功能:通过网络将饭店所有门锁连接,实现所有门锁的集中供电、开关门的控制和实时监控。每一次开关门、门未关好、开门超时、非正常开门、开门者身份等信息实时传递到客房服务中心,客房服务中心也可以对任意客房门锁实行开关管理。

(6)客房音乐控制功能:实现紧急广播与客房背景音乐播放并用一套系统的功能。

(7)客房其他设备控制功能:能实现客房保险箱、电动窗帘、遥控器、酒水输入器等弱电设备的控制。

5.服务功能简便化

房间的小冰箱、电水壶等电器不仅耗电,易产生噪声,而且还是房间的热源。除了豪华商务间、行政套间等之外,其他房间取消小冰箱。不少饭店采取国外饭店的做法,在客房楼面配置制冰机、饮水机、自动售卖机,需者自便。还简化了客人退房、服务员查房的手续,缩短办理离店手续时间。房间用品尽量简化,如用楼层擦鞋机替换亮鞋擦,用打火机替换火柴。部分用品摆放位置尽量能让客人一眼看到,如把洗衣袋等从抽屉里改挂在墙上挂袋里,控制面板按钮化、上墙化,开关面板增加中英文说明等。

(二)卫生间

1.卫生间面积扩大

卫生间面积扩大,由原先的三大件(浴缸、脸盆、便器)向四大件(浴缸、脸盆、便器、净身盆)和五大件(浴缸、脸盆、便器、净身盆和淋浴)发展,并分室布置设计。其布局分为三个区域,第一区是梳妆台和可容客人进入的壁橱;第二区是封闭的淋浴,浴缸和便器桶;第三区是洗脸池、大小镜子,并配以明亮的灯光。有的卫生间还把便器单独隔离,这样做,既做到对于隐私的保护,又提高了卫生间的利用效率——一位客人在使用便器时,另一位可以洗澡、洗脸或化妆,互不干扰。这对标准间的客房来说,更显实用。

2.卫生间功能扩大

(1)在卫生间内除有电话分机外,还增设了小电视,以方便客人随时可看到经济行情和重要新闻及球赛,另外还增设了背景音乐播放装置。

(2)增加美发设备和体重秤。

(3)增加紧急呼人按钮,防止客人发生意外。

(4)地面及墙面装饰向大理石装饰过渡,或改用大块单色调的瓷砖,以增强客人视觉的清洁感。

(5)喷淋头的水量可以从喷细雾到冲力按摩,客人通过电脑可自由调节其高度,而且电脑将"记忆"客人的任何选择。

(6)为降低噪声,撤除排气扇,采用管井集中排风。

(7)小五金件更趋高级(螺丝钉不外露)。

(8)使用无触摸感应式自动洗手盆,通过红外自动感应控制水龙头,既可防止交叉感染,又可节约水源。

(9)模糊控制自动冲洗小便器。在小便器上方安装微电脑芯片,通过感应器感知小便器使用频率和使用时间,自动冲洗和控制水量。

(10)增加访客等待显示器,以避免住客在卫生间时有访客敲门的尴尬。

(三)新型睡床

睡床是饭店设施中变化最小的设施之一,近年来,随着科学技术的发展,开始把一些新的技术引进到睡床的变革之中,出现了如按摩床、磁疗床、远红外床、水床、摆床、冷床等新式睡床。这些新式睡床除了可用来睡眠休息之外,还具有消除疲劳、保健身体、促进睡眠,甚至治疗某些疾病的功能,使床这个人们每天要在上面度过1/3时间的重要家具设施发挥出更广泛更重要的作用。

本章小结

本章共有两个方面的内容,客房产品的概念和客房设施设备的基本配置要求,中心是讲客房产品的基本知识。客房作为饭店出售的主要产品之一,其是否合格,最终取决于顾客对客房产品的需求是否得到了满足,以及满足的程度。清洁卫生、方便、舒适、安全是消费者对客房产品的基本要求,客房的种类,客房的星级标准,客房的功能及设备用品的配置是对客房产品的基本要求的细化。

思考与练习

➢ 记忆型

1.消费者对饭店产品的基本要求是什么?

2.客房产品有何特点,为什么说客房服务是以"不可见"的服务为主?

3.试举例说明客房设计的基本原则。

➢ 实践应用型

1.到一家星级饭店参观,试分析其客房功能设计的效果。

2.到当地最高星级饭店参观,了解其客房的现代化设施设备的发展有何新的特点。

3.到当地一家有行政楼层的饭店考察,列出其主要的设施设备及用品清单。

➢ 案例分析

热水系统出故障

正在向四星级过渡的××宾馆,一手抓硬件,一手抓软件,提出了"更星换级硬为本,优质高效软为先"的口号,酒店面貌变化很大。

2015年大暑天,7楼领班小杨值夜班。第二天清晨,小杨已经在走廊里忙个不停了。她偶然打开热水龙头时发现没有热水,昨夜不知什么时候热水系统出了故障。她连忙走到值班室,给工程部打电话,希望来人抢修,她知道外国人多有起床洗澡的习惯。

20分钟后,她又给工程部去了电话,获悉热水系统的某个主要部件损坏了,酒店内没有备件,要等到9点商店开门才能配到。

挂了电话,小杨急中生智,把7楼值夜班的几名服务员召集到一起,告诉他们立即用煤气烧开水,以最快的速度为每个房间供应热水。不一会儿,值班室便忙开了,灌水的、烧水的、送水的,几名服务员有条不紊地忙了起来。7点半,每个房间平均有3瓶热水,值班室里还准备了十多瓶热水专供早上洗澡的客人用。

不多时,客人陆续起床,当他们知道热水是服务员早晨用煤气赶烧出来的,都十分感动。一次潜在的投诉变成了阵阵赞扬声。

试分析以上案例中客房的设施、设备存在哪些问题?

第 2 章　清洁器具和清洁剂

☞ **学习重点**
- 客房常用清洁器具的种类、用途及使用的基本方法
- 清洁剂的种类、用途及正确使用方法
- 文明操作,使用环保清洁用品的意义

饭店建筑千姿百态,内外装修使用的材料也越来越丰富和注重环境保护,这无疑给饭店的清洁保养增加了新的内容,提出了新的要求。在这种形势下,传统上只注重人力清洁保养的方式已经很难适应现代饭店清洁保养工作的要求。因此,采用节约能源和减少污染的环保型清洁器具和清洁剂,既反映了饭店对清洁保养工作的重视程度,又是文明操作的标志。

第一节　清洁器具

清洁器具的配置情况,直接影响到清洁保养工作的效率和质量。饭店清洁器具的来源主要有两种途径,一是自备,二是租赁。至于通过什么途径解决清洁器具,则完全根据饭店的自身情况和外部条件来决定,但从清洁保养工的需要来说,饭店必须有齐全精良的清洁器具。

一、清洁器具的分类

客房部所使用的清洁器具种类很多,从广义上讲,是指从事清洁工作时所使用的任何器具,既有手工操作的、简单的工具,也有电机驱动的、特殊的机器。为了便于清洁设备的使用和管理,可把清洁设备分为两大类:一般清洁器具和机器清洁设备。

(一)一般清洁器具

一般清洁器具,包括手工操作和不需要电机驱动的清洁设备,如抹布、扫帚、拖把、房务工作车、玻璃清洁器等。

(二)机器清洁设备

机器清洁设备,一般指需要经过电机驱动的器具,如吸尘器、吸水机、洗地机、洗地毯机打蜡机等。在饭店的清洁过程中,使用的大部分机械都是电动机械,这是因为电动机械一是不污染环境,二是使用方便,三是效率高。

二、一般清洁器具

(一)扫帚

扫帚,主要用于扫除地面那些较大的、吸尘器无法吸走的碎片和脏物。根据其用途、形状和制作材料的不同,可以分为:长柄扫帚、单手扫帚、小扫帚,以及头部可以自由转动的扫帚(头部由薄毛刷组成,安装在长柄上,可以自由转动。这种扫帚用于清洁地面,特别是各个

角落,且不易腾起灰尘)。

(二)畚箕

畚箕,俗名簸箕,用于撮起集中成堆的垃圾,然后再倒入垃圾容器的工具。可分为单手操作、三柱式和提合式三种。

(三)拖把

用布条束或毛线束安装在柄上的清洁工具。现在大多装有环扣以免束带脱落;而且都由尼龙绳制成,以避免发霉和腐烂。所有的拖把头都应可以拆卸,以便换洗。拖把较适用于干燥平滑的地面,其尺寸大小取决于地面和家具陈设等。

1.地拖

地拖,亦称水拖把,其开关有圆头形和扁平形两种。扁拖的拖柄由木料或塑料制成,末端附有一个塑胶或金属夹,用以固定扁拖头。扁拖头最好用棉绒布制成,其特点是吸水性强,可以在狭窄地段灵活地使用。

2.挤水器(拧拖布器)

与地拖配套的器具是拧拖布器,用于拧干拖布,所以又称挤水器。在设计上,可分为滚轴式、下压式和边压式三种,其中以下压式较好。滚轴式容易损伤棉质拖把的纤维,因而较少采用。

3.地拖桶

地拖桶一般用金属、不锈钢或塑料制成。地拖可分为两个部分:一部分用于存放清洁剂,另一部分存放冲洗拖布用水。

4.拖地车

拖地车是由清洁桶、挤水器和车架组合组成。挤水器可架在桶沿上,用于压出拖布上多余的水分。清洁桶则安装在带有轮子的水平台车上,轮子也可以直接安装在桶底。拖地车有单桶式和双桶式两种。这种清洁桶内壁上往往有定量刻度标志,以便配制清洁剂等。现在的拖地车显然是古老工具的改良型,它的使用,使饭店地面清洁工作更加文明、轻松和卫生。

(四)尘拖

尘拖,亦称万向地推,是拖把的进一步发展。尘拖由两个部分构成:尘拖头、尘拖架。尘拖头有棉质类和纸质类两种。棉质类价格稍贵,但可以洗涤而且相当耐用。纸质类价格稍低,比较卫生,但不耐用,属使用方便型。尘拖架多由金属制成,长度可分为45厘米、60厘米、90厘米及120厘米几种。其宽度有7.5厘米和12.5厘米两种。一个尘拖架可以配多个尘拖头,以便随时更换洗涤。

尘拖主要用于光滑地面的清洁保养工作,它可将地面的沙砾、尘土等带走,以减轻磨损。为了使尘拖效果更好,往往还要蘸上一些吸尘剂或选用可产生静电的合成纤维制作的推尘头。尘拖头的规格应根据地面的情况而选用。拖头必须经常换洗以保证清洁效果和延长其使用寿命。用牵尘剂(静电水)浸泡过的棉类拖头,除尘效果更好。

(五)房务工作车(见图2-1)

房务工作车是客房卫生班服务员清扫客房时用来运载物品的工具车。有的饭店还配备了不同类型的房务工作车,如女服务员工作车、棉织品车、男服务员工作车等。另外,还有专为运送垃圾桶、家具等设计的辘轴车,以及一些钢制和木制的用于搬运箱子的手推车和运输大件物品的平台车。使用房务工作车，可以减轻劳动强度和提高客房服务员的工效，而且当房务工作车停在客房门外时，就可以成为"正在清扫房间"的标志。

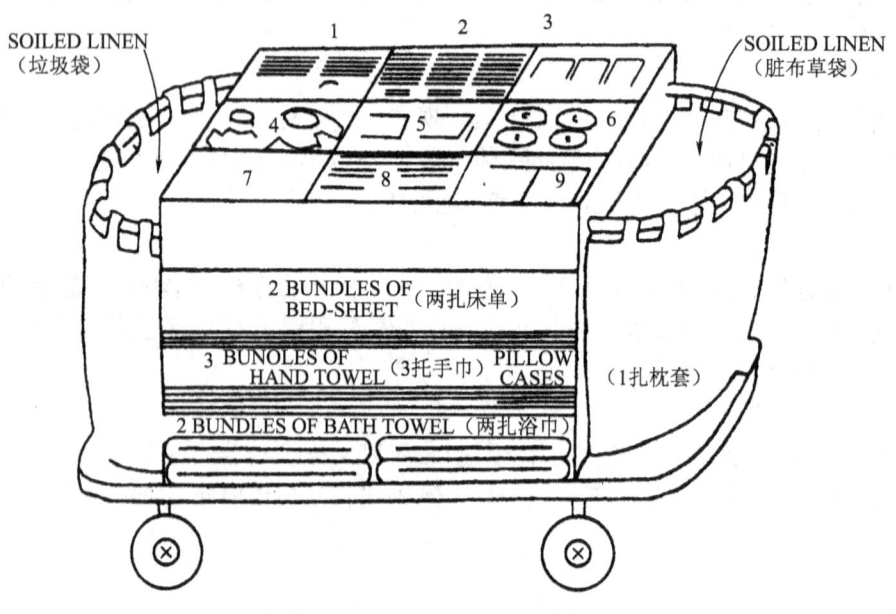

图 2-1 房务工作车
1—办公用品、"请勿打扰"标牌、早餐牌和卫生袋 2—洗衣袋
3—面巾纸 4—抹布、一瓶空气清新剂 5—"房间已打扫"标牌
6—浴帽 7—卫生纸卷 8—火柴、香皂 9—两扎洗脸毛巾

房务工作车必须坚固、轻便，能承载一定数量的布草、供应品以及清洁用具。房务工作车车身通常设计为仅一面开口，这样停在楼间走廊时，就不会有物品暴露在两边，外观较为整洁。房务工作车的前面应装有缓冲器或其他弹性防护装置，以免撞伤墙面。

房务工作车两头的车钩上分别装挂棉织品袋（撤换下来的）和垃圾袋。垃圾袋和棉织品袋一般为尼龙乙烯材料双层叠压而成，不仅耐用，而且容易清洗，不会发霉和发出难闻的气味。房务工作车在使用时应注意以下事项：①房务工作车的布置应按饭店的规定进行，避免由于硬拉而损坏工作车；②推拉工作车时应注意万向轮在前，定向轮靠后，避免由于硬拉而损坏工作车；③房务工作车应装有缓冲器或其他弹性防护装置，推拉时应掌握行进方向，以免撞伤墙面或撞坏其他物件；④房务工作车应经常擦拭，保持清洁；⑤定期对房务工作车车轮加油，进行润滑和消声。

房务工作车的轮子最好选用两个定向轮和两个万向轮。平时应定期加机油润滑以消除噪声。

（六）玻璃清洁器

擦玻璃是客房服务员一项费时费力的工作。如果使用玻璃清洁器则可提高工效，而且安全可靠、简便易行。玻璃清洁器主要由长杆、"T"形把和其他配件构成。

（七）其他清洁器具

(1)抹布。根据清洁用途的不同，抹布应制成不同的尺寸，并选用不同质地和颜色的材料。这样既防止抹布的交叉使用,又方便操作和提高清洁质量。抹布也可用牵尘剂进行处理,以达到更好的除尘效果。抹布一定要折叠使用,以提高工作效率。抹布的洗涤最好由洗衣房负责。抹布的数量可多准备些,因为它的周转和淘汰率高。

(2)撅子。用于疏通便具的简易工具。

(3)喷雾器。单手操作,用于喷射清洁剂及蜡水等。

(4)鸡毛掸子。用鸡毛制成,用于去除灰尘,特别是高处的尘埃。一般为室外使用。

(5)油灰刀。用于去除黏固在地板上的口香糖胶等难以清洁的污垢。

除了以上介绍的清洁器具外,还有很多小工具用于饭店清扫,今后还会出现更多的新清洁器具。

三、机器清洁设备

(一)吸尘器

吸尘器全称为电动真空吸尘器。它是一个由电动机带动的吸风机,即利用马达推动扇叶,造成机身内部的低压(真空),通过管道将外界物品上附着的灰尘吸进机内集尘袋中,达到清洁的目的。

吸尘器应用范围很广,包括地板、家具、帘帐、垫套和地毯等。吸尘器不但可以吸进其他清洁工具不能清除掉的灰尘,如缝隙、凹凸不平处、墙角以及形状各异的各种摆设上的尘埃,而且不会使灰尘扩散和飞扬,清洁程度和效果都比较理想。吸尘器是饭店日常清扫中不可缺少的清洁工具。

1.吸尘器的结构和原理

吸尘器可分为主体和附件两部分。主体包括电机、风机和吸尘部分(由过滤器、储尘筒组成),附件包括软管、接头弯管、塑接管(接长管)、刷头和扁吸嘴等。

(1)吸尘原理。吸尘器的风机叶轮在电机高速驱动下,将叶轮中的空气高速排出风机,同时使吸尘部分内的空气不断地补充进风机,这样,在吸尘部分与外界之间形成了相当高的压差,吸嘴的尘埃、脏物随空气被吸入吸尘部分,并经过滤器过滤,将尘埃、脏物收集于储尘筒(箱)内。空气经过滤成为清洁空气,经过风机、冷却电机,再经排气管、出风口重新排入室内。储尘筒内的尘埃和垃圾积累到一定程度必须进行清除,然后继续使用。

(2)吸尘器的附件。所有吸尘器都配有一个组装刷头,供清理地板及地毯时用。吸力式吸尘器还会配备一系列的清洁刷及吸嘴,以便清扫角落、窗帘、沙发和缝隙用。吸尘器的主要附件如下:

①喉:所有吸力式的吸尘器都会装备硬喉管,用来连接清洁用的软喉管及附件。也有将硬喉管和软喉管组合在一起,即成组装软管。

②圆刷头:也叫小吸嘴,可做360°回转,方便清洗家具、帷幕、精细网织物、穗状饰物和呢绒服装等。

③扁吸嘴:又称缝隙吸嘴,是一支细长扁平的硬吸嘴。特别适合于清洁墙边、辐射式暖气片、角落及浅窄地方。

④电动刷:类似直立式吸尘器的清洁头,是混合式吸尘器特有的配件。

⑤扫尘刷:用长而软的鬃毛制成,适用于清洁窗帘、墙壁、灯罩、百叶帘和窗台等。

2.吸尘器的种类

根据结构和操作原理,吸尘器大致可以分为三类:直立式、吸力式和混合式。

（1）直立式吸尘器。直立式吸尘器的清洁作用，除了利用吸力之外，还靠装在吸嘴内的一具由马达推动的旋转震动刷辅助。

用直立式吸尘器吸尘，使用者不用弯腰曲背，非常方便，不过由于直立式吸尘器的吸嘴通常较为高阔，以致在清洁"矮脚"家具底下或其他浅窄地方以及楼梯部分，就远不如圆筒形吸力式的方便。此外，直立式吸尘器在操作时发出的噪声，也往往较吸力式大。总之，清洁大面积的地毯，直立式吸尘器最佳。

（2）吸力式吸尘器。顾名思义，吸力式吸尘器完全是靠吸力作用来完成工作的。

这类吸尘器有多种款式，如圆筒形、长筒形。尽管各款式的外形不尽相同，但它们都有一个共同的特点，就是都拥有一个长喉管，用来连接各种配件，以适合不同工作的需要。由于这类吸尘器只是靠吸力来吸尘，其马达马力通常较直立式大。

在清洁效能方面，由于没有电动旋转刷的辅助，只适合于清理不太脏的地毯。不过由于具备强劲的吸力，再加上一系列特别配件的帮助，对清理地板、家具、帘帐、较薄的细软织物垫套，效果不错。由于备有"扁身"的吸管，有利于清理"矮脚"家具底下或其他浅窄的地方。

（3）混合式吸尘器。混合式吸尘器在外形方面与吸力式大致相同，多呈圆筒形。这类吸尘器除了具有强劲的吸力外，还备有电动的震动清洁刷，可随时装上使用。混合式吸尘器构造上汇集了吸力式和直立式的优点，因此，在清洁效能方面，就可以同时发挥二者的长处。

3.吸尘器的维护和保养

（1）在使用前，应首先阅读使用说明书，按说明书介绍的方法将吸尘器安装好。

（2）每次使用前应检查集尘箱（筒）内是否清洁干净，电源及电线有无破损。

（3）吸尘器附件要保持清洁，如有灰尘污垢应及时用湿布擦拭干净，然后在空气中自然干燥，切忌用含有苯、汽油的溶液擦洗。

（4）有集尘指示器的吸尘器，不能在满点上工作。若发现指示游标接近满点，应立即停机清理灰尘。

（5）如果吸尘器不是干湿两用，则不能用来吸液体、黏性物和金属粉末以及较大体积的物体。

（6）每次使用完毕，应先切断电源，然后将集尘袋（箱）中的灰尘清除干净。集尘袋（箱）可定期用温水清洗，然后在阳光下自然干燥，最后将配件拆开并清理干净收好。

（7）检查机体和附件上的螺钉是否有松动现象，如有松动应立即紧固。

（8）随时将刷子上的毛发及绒线头清理干净。若发现刷头磨损偏大，应及时更换，否则会影响吸尘效果。

（9）定期更换轴承润滑油。可根据吸尘器使用次数的多少，一年或半年更换一次。润滑油必须采用高速复合钙基脂或复合钠基脂。

（10）吸尘器在使用过程中，若发现漏电或电机温度过高以及异常响声，应立即停机检查。

（11）吸尘未到饱和状态而集尘指示器红灯发亮，有可能是纸屑或碎布等将管道堵塞，应停机检查。可将吸管安在排气口上，吹出堵塞物，以清除障碍。

（12）吸尘器不用时，应放在干燥的地方。

（13）不管是哪种吸尘器，使用前都应将地上的烟及针尖、图钉类尖利物拾起，否则会损伤集尘袋或吸头、吸管等。

（二）洗地毯机

洗地毯机工作效率高，省时省力，节水节电。机身及配件用塑料玻璃钢和不锈钢制成。洗地毯机一般采用真空抽吸法，脱水率在70%左右，地毯清洗后会很快干燥。洗地毯机可清洗纯羊毛、化纤、尼龙、植物纤维等材质的地毯。

1. 洗地毯机的结构（以喷气抽吸式为例）

洗地毯机主要部分由两个吸力泵、污水箱、强力喷射水泵、电机等构成，采用真空抽吸原理。

2. 洗地毯机的种类

（1）喷汽抽吸式洗地毯机。这种机器喷液、擦洗、吸水三个动作同步进行，洗涤力特别强，去污效果也好，但操作起来较笨重，而且对地毯的破坏性较大，所以这种洗涤方法宜少用。

（2）干泡洗地毯机。干泡洗地毯机有滚刷式和转刷式两种。其工作原理是：当马达发动后，压缩机将用温水按比例配制的起泡式地毯香波调整打泡，然后喷射在地毯上。机器底部擦盘随即擦洗地毯，以使香波渗透到地毯根部，与地毯里的尘埃结成晶体。十几分钟后用吸尘器将结晶体吸去，或者用吸水机将地毯吸一遍，地毯便洗净干燥了。需要注意的是洗地毯前要将地毯彻底吸尘和去迹，才能达到效果。干泡洗地毯的方法比较简便，对不脏的地毯和纯羊毛地毯来说，清洗效果颇佳，而且对地毯损伤较小。

（三）吸水机

吸水机外形有筒形和车厢形两种，机身由塑料或不锈钢材料制成，分为固定型和活动型两种。吸水机主要部件是真空泵、蓄水桶和吸水刷。

吸水机的功能是用洗地毯机洗刷后，地毯表面比较干净，但洗刷后的污水及残渣仍深藏在地毯根部，在地毯上容易形成脏污并使它失去弹性。如果用吸水机对洗刷后地毯进行抽吸，任何顽固的残渣都能被彻底抽除，因为吸水机一般均装有两个真空泵，吸力特别强大。

另外，还有吸尘吸水两用机，又称干湿两用吸尘器。此类机器既可用来吸尘，清理地板、家具和帘帐，又可以用来吸水。

吸水机使用完毕后，要做好维护工作。拆卸时，动作要轻，将各种配件刷洗干净，晾干后装入配件箱内。

（四）洗地机

洗地机又称擦地吸水机，它具有擦洗机和吸水机的功能。洗地机装有双马达，集喷、擦、吸于一身，可将擦洗地面的工作一步完成，适用于饭店的大厅、走廊、停车场等面积较大的地方，是提高饭店清洁卫生水平不可缺少的工具之一。

洗地机使用前要先检查各个部件是否完好；当打开吸水机开关时，应注意污水箱是否保持密封，以防污水外溢；清洗工作完毕，要将吸水系统剩余清洁液抽至污水箱内，便于倾倒。每次使用后，应把各种配件清洗干净，晾干后妥善保存起来。

（五）高压喷水机

这种机器往往有冷、热水两种设计，给水压力可高达20~70千克/平方厘米。一般用于垃圾房、外墙、停车场、游泳池等处的冲洗，也可加入清洁剂使用。附有加热器的喷水机水温可高达沸点，故更适合于清除油污的场合。

(六)打蜡机

打蜡机有单刷机、双刷机及三刷机,以单刷机使用最广。单刷机的速度可分为慢速(120~175转/分)、中速(175~300转/分)、高速(300~500转/分)和超高速(1000转/分)。其中以慢速及中速较适合于擦洗地板用,高速则用于打蜡及喷磨工作。

多用途的打蜡机可满足部分饭店节省资金和储存空间的需求,但如果保养欠佳会造成机器的损坏。其主要配件有:尼龙刷——洗地板用(不同硬度的尼龙刷,可分别用来洗地、磨蜡、喷磨地板等);水箱——洗擦地板用;喷壶、喷嘴——喷蜡水用;集尘袋——吸尘用。

四、清洁设备的日常管理

(一)建立设备档案

不管是客房设备还是清洁机器,一旦划归客房部管理和使用,就必须登记、建立档案。这是做好客房清洁设备管理的基础。

1.清洁设备的分类编号

建立设备档案的第一步工作是对清洁设备进行分类编号。饭店常采用的是三节编码法,即第一节表示设备种类;第二节表示设备使用说明;第三节表示设备编号。例如,客房的吸尘器可写成 B_4-2-19。其中:B=电器类,4=吸尘器组;2=客房部门;19=设备编号。这样有利于分清责任,也便于清产核资和检查,为管好用好设备提供基础数据。

2.清洁设备档案(见表2-1)

清洁设备档案应按要求逐项填写,其主要作用是:①说明设备的使用寿命;②强调对设备进行保养的重要性;③指示管理者何时应计划购买新的设备;④确定该种商标的设备是否适用。

表2-1 清洁设备档案

项目	购买日期	供应商	价格
型号:_____ 编号:_____ 电流:_____ 出外维修:_____		电压:_____ 电频:_____	
日期	价格	修理方法	

(二)分级归口,制定操作和维修保养规程

建立设备档案后,客房部应按业务单元分级、划片包干、按种类归口,将清洁设备的管理和使用层层落实,谁使用谁保管。其主要措施有以下几条:

(1)所有使用人员都必须经过操作培训,按操作规程去合理使用。

(2)大型清洁设备必须由责任心强的人员负责操作;任何设备绝不允许随意当做玩具

取乐。

（3）所有清洁设备在使用后都应进行全面的维护和保养，如加油、更换零件等。

（4）设备使用前后都应检查其性能是否良好，发现问题要及时处理。

（5）设备必须安置在安全的场所并按要求摆放，不能随意停放在走廊或其他空地，以免受损和被窃。大型设备如洗地毯机、擦地吸水机等的存放区还应上锁。

（6）所有需要出门维修的设备，即使从客房拿到工程部，也必须记录，以建立保养卡片（见表2-2）。

表2-2 出门维修单

维修卡 No	维修附卡（2）NO	维修附卡（1）No
日期_____	物件名称_____	物件名称_____
物件名称_____	收件部门（人）_____	收件部门（人）_____
取自____收归____	收件日期_____	收件日期_____
需维修内容_____	送修部门（人）_____	送修部门（人）_____
_____	送至_____	送至_____
_____	送修日期_____	送修日期_____
_____	备注_____	备注_____

第二节 清 洁 剂

清洁剂是做好饭店清洁保养工作必不可少的要素之一，合理使用安全有效的清洁剂，既能提高清洁工作的效率，又能保证清洁工作的质量。因此，学习和掌握有关清洁剂的知识和使用方法，对于做好清洁保养工作有着十分重要的作用。

一、"脏"的存在形态与性质

饭店清洁保养工作的任务之一是除"脏"。要除"脏"就必须了解"脏"的存在形态与性质。

1. 尘土

尘土可以认为是"脏"的初级阶段。尘土可漂浮于空气之中，并逐渐停留在空气中的所有物体表面，也有人称为灰尘。若不经常清除，则会在物体表面上积存，使得物体表面变得灰暗和粗糙，而且会发出霉味，滋生害虫等。尘土中主要含有灰尘、毛发、肤屑、绒毛、沙砾和细菌等。

清除尘土比较容易。如果使用某些喷剂，就能有助于减少某些物体表面上的静电，降低尘土的附着力。尘土一旦失去水分就会漂移，但尘土一与液体、蒸汽或油脂结合就会附着在物体表面上，增加清除的难度。因此，饭店有灰尘的地方就需及时清除。

2. 污垢

污垢有油迹和水迹之分。其清除的难度比尘土大，主要方法有机械法和化学法。机械法就是使用合适的器具进行清除，通常能使用的器具很多，如抹布、拖把、百洁布、刷子、机器等；化学法就是借助清洁剂的化学作用有效地清除污垢。化学法和机械法结合起来清除污垢效果更佳。

3. 渍迹

渍迹通常是由于蛋白质、酸碱、染料等相互吸附而造成的污染,过量的污垢滞留时间过长而渗透到物体表面组织之中也能成为渍迹。渍迹与污垢不同,污垢通过一系列的方法终会被清除,而渍迹的清除难度很大,残留时间较长的渍迹往往不易除掉。在清除渍迹时还须非常小心,否则,容易破坏被污染物。渍迹要及时清除,对于刚发生的渍迹可用下列方法清除:利用颗粒粉末吸收渍迹;用溶剂溶解渍迹;使用酸、碱或溶剂中和、清除渍迹。

4. 锈蚀

锈蚀是金属与水分、食物、化学液剂或气体相遇发生化学反应而引起的污染。锈蚀会使金属表面失去光泽、变得粗糙,最终会被腐蚀。酸是最有效的除锈剂,它常与磨蚀剂混合使用。热的苏打或矾溶液也可以清除锈蚀。

二、清洁剂的种类及用途

(一)清洁剂的作用和化学性质

1. 清洁剂的作用

在清洁保养工作中,如果能科学合理地使用清洁剂,可以起到以下作用:使清洁工作更加容易,提高清洁工作的效率;能消除或降低脏的附着力;防止物体因受热、受潮、受化学污染或摩擦而受到损坏;美化物品的外观;延长物品的使用寿命。

2. 清洁剂的化学性质

清洁剂的化学性质通常以 pH 值来表示。根据 pH 值的大小,人们把清洁剂分成酸性、中性和碱性等。酸性清洁剂的 pH 值小于 7,中性清洁剂的 pH 值等于 7(商业上往往将 pH 值为 6~8 的清洁剂作为中性清洁剂),碱性清洁剂的 pH 值大于 7。

一般来说,中性清洁剂对于多数清洁对象不易构成损害,而趋于强酸、强碱的清洁剂则不然,酸碱属性的清洁剂只要相差一个数值,其强度就相差 10 倍多。因此,在使用清洁剂之前,必须先了解其属性并掌握其 pH 值的大小,否则,就谈不上合理使用清洁剂,不能保证安全有效。

(二)清洁剂的种类及用途

1. 洗涤剂

(1)洗涤剂的作用。

①湿润能力:能有效地降低水的表面张力而使洗涤物湿透并减小其与污垢的结合力;②乳化能力:能将不溶于水的油污变成可溶于水的乳状液而被除去;③增溶能力:能使一些本来不溶于水的液体或固体物质都不同程度地增加其溶解度;④分散能力:能使一些不溶于水的固体污粒悬浮于水中而不下沉,并不会再次附着于洗涤物上面;⑤易漂洗、无损伤性。

(2)洗涤剂的种类。洗涤剂有皂类、有机合成类和混合类。不同类别的洗涤剂有其不同的特性,可分为中性、碱性和酸性,有皂基洗涤剂和合成洗涤剂之分,其形态有粉状、块状和液状等,洗涤剂产品从洗衣粉、肥皂到地毯香波、除蜡水等有着一个庞大的系列(表 2-3),在选择时可向厂商咨询。

表 2-3 皂基洗涤剂与合成洗涤剂的比较

皂基洗涤剂	合成洗涤剂
pH8.5	pH6~pH7
硬水中产生皂垢	不受硬水影响
乳化油脂好	与肥皂相同
对非油脂污垢作用好	对非油脂污垢力不强
悬浮力强	悬浮力相当强
冷水中不溶解	溶于任何温度的水中
在软水中自然产生泡沫	除非加入稳定剂,通常少泡沫
去渍力不强	与肥皂相同
在旧纺织品上不中和、黄化	与肥皂相同

2.酸性清洁剂

从醋酸到盐酸,酸性清洁剂的强度差别很大,通常在使用前要稀释,使用后要彻底漂洗。除醋酸、柠檬酸外,其余的都要监督使用,使用时要十分小心,注意防护,因强酸有毒且具有腐蚀性。不可将浓缩液直接倒在瓷器表面,否则会损伤被清洁物和使用者的皮肤。如降低其腐蚀性,就得使用抗酸合成物,在高品质的洁厕剂中就含有合成抗酸剂。

酸性清洁剂有去除锈蚀、除臭杀菌和中和碱性物质的作用,其产品的种类较多,表 2-4 中详列了常用酸性清洁剂的品种及其用途。

表 2-4 常见酸性清洁剂的品种及其用途

品种	用途
醋酸、柠檬酸(pH3)	金属除锈,中和碱性剂,清除材质上的轻度污迹和黏着物,防止洗涤过程中的渗色、褪色
盐酸稀释液(pH1)	清除卫生洁具上的石灰斑迹,清除瓷砖面上的水泥和石膏
硫酸钠(pH5)	清除轻度的水垢
草酸(pH2)	清除顽固的水垢
浓盐酸(pH1)	

(1)马桶清洁剂(pH=1~5),呈酸性,但含合成抗酸剂,安全系数增加,主要用于清洗客厕和卫生间便器,有特殊的洗涤除臭和杀菌功效。要按说明书稀释后再行分配使用。在具体操作时,必须在抽水马桶和便池内有清水的情况下倒入数滴,稍等片刻后,用刷子轻轻刷洗,再用清水冲净。因此,住客房使用弱酸性的清洁剂,而走客房用马桶清洁剂,既保证卫生清洁质量,又缓解了强酸对瓷器表面的腐蚀。

(2)消毒剂(5<pH<9),主要呈酸性,除可作为卫生间的消毒剂外,还可用于消毒杯具,但一定要用水漂净。"八四"消毒液即为其中比较好的一种。

3. 中性清洁剂

中性清洁剂，其配方温和，没有腐蚀性，不损伤物品，因此使用范围很广。饭店广泛使用的多功能清洁剂多属于中性清洁剂。中性清洁剂在清洁保养工作中能起清洁和保护物品的作用，其缺点是不能去除积霉严重的污垢。饭店常用的中性清洁剂有：

（1）多功能清洁剂。多功能清洁剂的pH值为7~8，呈碱性，主要含表面活性剂，可去除油污垢，很少损伤物体表面，用于家具的清洁保养，还能防止家具生霉。原装多功能清洁剂多为浓缩液，使用前要根据说明书的要求进行稀释。此种清洁剂主要用于日常性的清洁保养，对于特殊的"脏"作用不大。

（2）地毯香波。地毯香波是一种专门用于清洁地毯的中性清洁剂，因其泡沫稳定剂的合成配方不同，又分为高泡和低泡两种。高泡用于干洗地毯，低泡一般用于湿洗地毯，且用温水稀释去污效果较好。

4. 碱性清洁剂

碱性清洁剂通常在洗衣业中大量使用，它对去除油污有独特的功效。但苛性碱具有很强的腐蚀性并且有毒，使用时要戴防护手套。漂白粉与酸性清洁剂不能同时使用，以免产生氯气中毒。

常用的碱性清洁剂及其用途如表2-5所示。

表2-5　碱性清洁剂的品种及用途

品种	用途
碳酸氢钠（小苏打，细粉状，pH8）	清除织物及光滑表面上的酸性污迹，清洁电冰箱效果特佳
硼酸钠（硼砂、粉状，pH8）	
碳酸钠（纯碱，粉状或结晶，pH10）	加在洗涤剂中可以软化水，可清除轻度油污、清洁下水道
氢氧化钠（苛性碱，pH14）	清除凝结的油脂，疏通堵塞的下水道
氨气（pH11）	清除残留的油污，可作为地毯香波的添加剂，味很浓
次氯化钠漂白剂（pH8）	清除软硬物体表面的斑迹并漂白、消毒，不能用于真丝、羊毛及快干防皱织物的洗涤
过硼酸钠漂白剂（pH10）	清除软硬物体表面的斑迹并漂白；40℃以内无活性其活性随温度提高而增强
过氧化氢漂白剂（pH3~pH4）	清除软硬物体表面斑迹并漂白
硫化硫酸钠（海波 pH7）	去除碘迹

（1）玻璃清洁剂（pH≈7~10），有液体的大桶装和高压喷罐装两种。前者类似多功能清洁剂，主要功效是除污斑。后者内含挥发溶剂、芳香剂等。可去除油垢，用后留有芳香味，虽价格高，但省时省力效果好，使用后会在玻璃表面留下透明保护膜，更方便了以后的清洁工作。前者在使用时需装在喷壶内对准脏迹喷一下，然后立刻用干布擦拭便可光亮如新。

（2）家具蜡（pH≈8~9），形态有乳液态、喷雾型、膏状等几种。在每天的客房清扫中，服务员只是用湿抹布对家具进行除尘，家具表面的油迹等污垢不能去除。对此，可用稀释的多功能清洁剂来进行彻底除垢,但长期使用会使家具表面失去光泽。家具蜡内含蜡(填充物)、溶剂(除油污)和硅酮(润滑、抗污),可去除动物性和植物性油污,并在家具表面形成透明保护膜,防静电、防霉。因其具有双重功能,即清洁和上光,所以使用方法是:先将蜡倒在干布或家具表面上擦拭一遍,以清洁家具。约15分钟后再用同样方法擦拭一遍,进行上光。两次擦拭后效果极佳。

(3)起蜡水(pH≈10~14),用于需再次打蜡的大理石和木板地面,强碱性可将陈蜡及脏垢浮起而达到去蜡功效。由于碱性强,起蜡后一定要反复清洗地面后才能再次上蜡。

5.溶剂

溶剂广泛用于干洗和局部除渍,它能有效地清除怕水物品上面的油脂和蜡迹等。在玻璃清洁剂和一些有机地面抛光剂中都含有溶剂成分。常用的溶剂有四氯乙烯、三氯乙烯、专业酒精、松节油、汽油、香蕉水等。

(1)地毯除渍剂,专门用于清除地毯上的特殊斑渍,对怕水的羊毛地毯尤为合适。有两种:一种专门清除果汁色斑,一种专门清除油脂类脏斑。清洁方法是用毛巾蘸除渍剂(也有喷罐装的)在脏斑处擦拭即可。要求发现脏斑及时擦除,否则效果不明显。

(2)酒精,主要用于电话机消毒(必须是药用酒精)。

(3)牵尘剂(静电水),主要用于浸泡尘拖,对免水拖地面像大理石、木板地面进行日常清洁和维护,除尘功效明显。具体操作时,应先将尘拖头洗干净,然后用牵尘剂浸泡,待全干后再用来拖地,效果才好。

6.消毒剂

消毒剂专门用于杀菌消毒。

(1)消毒剂的种类及用途:①卤素类(次氯酸钠等),可以加到阴离子清洁剂中使用,可用于一般性消毒;②苯酸类(滴露等),高浓缩才有效;③松脂类,不太有效,易于淡化,但气味宜人。

(2)消毒剂的使用要点:①消毒前要把清洁剂溶液冲洗干净;②清洁和消毒后要把所有的设备水洗、清洁并晾干(细菌在干燥的环境下不能繁殖);③在消毒前要将所有的有机物消除掉;④使用软水;⑤要消毒的地方不使用钝化物质(如浓硫酸),否则需要把钝化物质表面钝化封死;⑥消毒剂的选用要根据细菌的类型;⑦消毒剂要正确稀释才能有效;⑧消毒剂起作用需要一定的时间,时间长短要看细菌的类型和溶液的强度;⑨切勿积存消毒溶液。微生物会在消毒液效力减弱的消毒剂溶液中生存下来,如果积存用过的消毒溶液并加以再利用,不但不能杀灭细菌,反而会扩散传播细菌。

(3)消毒剂对外部条件非常敏感,在下列情况下会无效:①有机物品(血液、呕吐物、尿、粪便等);②某些食品(牛奶等);③硬水;④软木、木、棉、纸、橡胶和某些塑料。

7.空气清新剂

空气清新剂是用来掩盖臭味的,兼具杀菌、去除异味、芳香空气的作用。价格高,味极强,有强烈的香味,但有很多人对这种香味不适应,甚至很反感。辨别空气清新剂质量优劣的最简单方法是查其留香时间的长短,留香时间长的好。香型选择要考虑适合大众习惯,无特殊情况要尽量不用或少用,而利用良好的通风条件来改善气味,既经济又有效。

8.抛光剂

抛光剂虽然不是严格意义上的一般清洁剂,但在清洁保养工作中却被经常使用,它具有清洁和保养的双重功效。当物体表面上了抛光剂之后,能形成硬质防护表层,可起到降低物体表面脏的附着力、防止擦伤、美化物体的作用。

(1)家具抛光剂(家具蜡)。家具抛光剂中的主要成分有蜡剂、溶液、水、硅酮等。这些成分的功效分别是:蜡剂用以填充物体表面的孔隙;溶剂用以清除油脂;水用以清除尘污;硅酮用以使抛光剂更加润滑,方便使用,增强使用后的光泽度,增强去污能力。家具抛光剂主要有膏状、乳状、液状、汽化状等形态。

使用家具抛光剂要注意下列几项:物体表面必须干净;要注意适量;使用细软抹布擦拭;不得掺水使用;注意防火;用后应将容器封盖好,防止溶剂挥发。

(2)地面抛光剂(面蜡)。地面抛光剂主要用于地面的清洁保养,其品种有油性(溶剂型)和水性(水基型)两种。油性抛光剂适用于木质和多孔质地面,待溶剂挥发后会留下一层蜡质保护层,但它容易变暗,需经常打磨以恢复和保持光泽。水性抛光剂适用于少孔的塑料地板、花岗岩和大理石等面层。它是一种混合了蜡和雾脂物的乳状液体,干后能留下一层坚硬的保护层,且具有防滑作用。

(3)封蜡(底蜡)。封蜡是一种填充剂,使用后能通过渗透作用将细微的孔隙封住并在地表形成一层牢固的保护层,以防止污垢、液体、油脂以及细菌等的侵入。根据使用情况的不同,这层封蜡约可在1年~5年内保持有效。封蜡主要有油性和水性两种。其适用范围与油性和水性的抛光剂相同。在具体的使用中可参阅产品说明书或咨询有关厂商。

(4)金属抛光剂。金属抛光剂能清除金属表层的锈蚀和轻度刮痕,它含有温和腐蚀剂、脂肪酸、有机溶剂和水。高效金属抛光剂通常含有能在金属表面形成保护膜的成分,可以延缓锈蚀的形成。金属抛光剂的品种很多,功效不同。要因材选用,否则,难以达到理想的效果,甚至产生严重的副作用。

(5)省铜剂(擦铜水)。为糊状,主要原理是氧化掉铜表面的铜锈而达到光亮铜制品的目的。只能用于纯铜制品,镀铜制品不能使用,否则会将镀层氧化掉。

三、清洁剂的管理

(一)清洁剂的选购

清洁剂的选购关系到能否有安全高效的清洁剂可用,能否有效地控制清洁剂的费用等。因此,选购清洁剂时必须考虑以下几个方面:①尽可能购买有利于环境保护的绿色产品,避免选购含氯、氟、烃的产品;②需要哪些品种,它们将分别用于何种去污;③需要多少数量,一次购进多少,可用多长时间;④有无存放处,谁来负责保管、分发和消耗统计;⑤买哪些生产厂家或供应商的产品,其售后服务如何;⑥同质比价,同价比质。

(二)清洁剂的储存

清洁剂要定点储存、专人保管。饭店或客房部要有专门存放清洁剂的地方,以便集中储存购进的各类清洁剂。清洁剂要专门分类,要有识别标志,特别是散装清洁剂,不能混淆、错发错用。保管人员要尽心尽责,要熟悉各类清洁剂的性能、用途,要能按照要求稀释和配制,要能告知使用者如何使用,还要了解清洁剂领发和控制制度,能有效地控制清洁剂的使用和消耗。

(三)清洁剂的分配与控制

合理分配各种清洁剂,既能满足清洁保养工作的实际需要,又能减少浪费、控制消耗、降低费用。这项工作通常由一名主管或领班负责,其主要职责是:①根据各部门或人员清洁保养工作的任务及标准,制定各种清洁剂的配发标准;②按时配发和补充各部门或人员所需的清洁剂;③了解各部门或人员清洁剂的使用情况,并统计消耗量;④定期盘点,并制作清洁剂的消耗统计表和分析报告;⑤制订申购计划。

(四)清洁剂的安全管理

清洁剂如果使用不当、管理不好,就会存在安全问题,甚至会造成严重事故。其中主要有下面几个方面的问题:一是可能会对使用者造成伤害;二是可能会对清洁保养的对象造成损坏;三是可能会造成火灾和爆炸事故。因此,对清洁剂的安全管理尤为重要。

(1)制定专门的安全操作规程。

(2)加强人员培训,使得每个人都能了解有关规定和要求,掌握各种清洁剂的使用方法。

(3)必须使用强酸和强碱清洁剂时,要先做稀释处理并尽量装在专用的喷瓶内,再进行领发。

(4)加强防护,配备使用相应的防护用具,如手套等。

(5)明确责任、加强检查。

(五)清洁剂使用和管理中的误区

(1)在清洁保养工作中,清洁剂的用量越多越好。

(2)只注重清洁保养,忽视环境保护。

(3)与固定厂商签订长期合同,以期获得价格优惠。

案例

整洁的环境是饭店服务质量的重要内容之一,不少饭店在建饭店时都非常重视地面及墙面材料的选购,如购买纯羊毛地毯、从国外进口名贵的大理石或花岗石铺设地面。但在饭店运营时,却舍不得花钱买相应的清洁设备及清洁剂,往往采取比较原始的方法做清洁卫生工作。某饭店对饭店的大堂的大理石地面采用稀释的硫酸、煤油加锯末粉的方法进行清洁,不到一年的时间,大理石地面的表面失去了光泽,而且油污渗透到大理石的内层,饭店洁美的环境被破坏,大堂的清洁卫生状况引起不少客人的投诉和不满,直接影响了饭店的经济效益和社会效益。

分析

天然大理石的主要成分是碳酸钙,应完全避免使用酸性清洁剂和油类的物质,它会与大理石发生化学反应,在表面形成细孔,使大理石表面失去光泽,同时污渍还可通过煤油渗透到大理石的内部。对大理石的性能不熟悉,没有购买相应的抛光机、吸水机及封蜡和上光蜡,不重视保养工作是导致饭店大理石地面毁坏的主要原因。

本章小结

物质条件是做好清洁保养工作的保障,采用环保型的清洁器具和清洁剂,既反映饭店的档次,又是饭店文明操作的标志。合理选用清洁器具和清洁剂(与地面材料和墙面材料相对应的),按程序与标准用合理的方法进行清洁保养,既可保证饭店的清洁卫生,又能延长设施设备的使用寿命。

思考与练习

➤ 记忆型

1.饭店常用的机械清洁设备有哪些,各有什么用途?

2.吸尘器的主要部件有哪些？试述吸尘器的种类及使用、保养方法。

3.试述清洁剂的种类、用途及使用方法。

➤ 思考型

1.为什么说必要的清洁设备与相应的清洁剂，既是质量和效率的保证，又是文明操作的标志？

2.为什么说饭店对清洁剂的投资是很有必要的？如何能让一些饭店管理者重视这个问题？

➤ 实践应用型

1.在实习饭店或客房专业教室进行吸尘、去垢以及喷蜡磨光练习。

2.清洁剂是化学制品，尽量选用环保制品是建设绿色客房的重要措施，调查本地饭店环保制品的使用情况。

➤ 案例分析

某四川火锅餐厅装饰档次很高，餐厅大堂地面用材是天然花岗石，由于客人吃火锅会经常将牛油及香油弄在地面上，为了保持整洁的环境，餐厅经理让负责大堂卫生的服务员用碱粉及去污粉来去除油污，以保证地面的整洁卫生。

请问：此种保洁方法正确吗？为什么？

第 3 章　客房的清洁保养

> **学习重点**
> - 客房清洁保养的工作内容
> - 客房清洁的有关规定及意义
> - 客房清洁卫生的质量标准
> - 客房清洁整理的程序、标准
> - 客房清洁整理的基本技能
> - 房间、卫生间及杯具的消毒程序及方法
> - 常见虫害的防治方法

客房的清洁保养是客房部的主要任务之一。这项工作的基本目标：一是搞好清洁卫生，即去除尘土、油垢、杀菌消毒，以保持客房清新的环境；二是更换添补客房用品，为客人提供一个舒适、方便的"家"；三是维护保养，保证并延长客房设施设备的使用寿命，满足客人对客房产品质量的要求，增加客房的利润。

第一节　客房清扫的准备

为了保证客房清洁整理的质量，提高工作效率，给客人创造一个温馨安宁的环境，清洁前必须做好各项准备工作，了解客房清洁整理的有关规定。

一、客房清扫的规定

客人一旦入住房间，该客房就应看成是客人的私房，因此，任何客房服务员都不得擅自进入客人房间，且必须遵守相应的规定，具体地讲，有以下几条：

（1）例行的客房大清扫工作，一般应于客人不在房间时进行；客人在房间时，必须征得客人同意后方可进行，以不干扰客人的活动为准。

（2）养成进房前先思索的习惯。客房服务员的主要任务是让客人住得舒适、安宁，像在家里一样方便。因此，服务员在进房前，要尽量替住客着想，揣摩客人的生活习惯，不要因清洁卫生工作或其他事情干扰客人的休息和起居。同时，还应想一想，是否还有其他事情要做。例如，客人在房间里用了早餐，去整理房间时，就应想到顺便把托盘带上及时收拾餐具。这样做，既是为客人着想，也减少了不必要的折返。

（3）注意房间挂的牌子。凡在门外把手上挂有"请勿打扰"（don't disturb）牌子或有反锁标志，以及房间侧面的墙上亮有"请勿打扰"指示灯时，不要敲门进房。如果到了下午 2 时，仍未见客人离开房间，里面也无声音，则可打电话询问。若仍无反应，说明客人可能生重病或发生其他事故，应立即报告主管。

(4) 养成进房前先敲门通报的习惯。饭店的每个员工都应养成进房前先敲门通报,待客人允许后,再进入房间的习惯。敲门通报、等候客人反应的具体步骤有:①站在距房门约30厘米~50厘米远的地方,不要靠门太近;②用食指或中指敲门三下(或按门铃),不要用手拍门或用钥匙敲门,同时敲门应有节奏,以引起房内客人的注意;③等候客人反应约5秒钟,同时眼望窥视镜,以利于客人观察;④如果客人无反应,则重复②至③的程序;⑤如果仍无反应,将钥匙插入门锁内轻轻转动,用另一只手按住门锁手柄,不要猛烈推门,因为客人可能仍在睡觉,或许门上挂有安全链;⑥开门后应清楚地通报"整理房间"(Housekeeping),并观察房内情况,如果发现客人正在睡觉,则应马上退出,轻轻将门关上;⑦敲门后,房内客人有应声,则服务员应主动说:"整理房间"(Housekeeping),待客人允许后,方可进行房间的清扫。

(5) 在房内作业时,必须将房间打开,用顶门器把门支好。如果客人不在房内,应用工作车将房门挡住。

(6) 讲究职业道德,尊重客人生活习惯。主要包括:①保持良好的精神状态,吃苦耐劳,保证应有的工作效率;②不得将客用布件作为清洁擦洗的用具;③不得使用或接听住客房内的电话,以免发生误会或引起不必要的麻烦;④不得乱动客人的东西;⑤不得享用客房内的设备用品,不得在客房内休息;⑥不能让闲杂人员进入客房。如果住客中途回房,服务员也需礼貌地查验住宿凭证,核实身份;⑦如果客人在房内,除了必要的招呼和问候外,一般不主动与客人闲谈。客人让座时,应婉言谢绝,不得影响住客的休息和在房内的其他活动;⑧注意了解客人的习惯和要求,保护客人隐私,满足客人合理要求;⑨完成工作后即离开客房,不得在客房内滞留;⑩服务人员只能使用工作电梯。

(7) 厉行节约,注意环境保护。主要包括:①尽可能使用有利于环境保护的清洁剂和清洁用品;②在保证客房清洁整理质量前提下,尽量节约水、电及其他资源;③将废纸、有机废物、金属塑料废物分类处理,回收旧报纸、易拉罐、玻璃瓶和废电池;④清洁保养以保养为首,减少清洁剂对物品的损伤。

案例

一副假牙引起的风波

一位香港客人下榻四川某宾馆。一天中午,他气冲冲地找到大堂副理投诉,说客房服务员打扫房间时,将他的一副价值8000港元的假牙弄丢了,要求饭店赔偿。

饭店接到投诉后,立即进行了调查:这位香港客人的一副假牙是头天晚上从嘴里取下放在卫生间水杯中的。但第二天,客房服务员在打扫卫生间时,粗心大意,随手将水杯中的水和泡在水中的假牙倒进了抽水马桶。客人投诉成立,饭店应负有赔偿责任。怎么办呢?饭店只好请来工人,把下水道挖了个底朝天,花了整整一天的时间才从污物中掏出了客人的假牙。看来事情似乎解决了,但客人说,经过化验,这副假牙已经被严重污染,根本不能用了,坚持要饭店赔偿。无奈,饭店只得照价赔偿。

分析

(1) 客房服务中,清洁整理房间和清理垃圾是每天例行的工作。但是服务员要明确一点,所有服务工作都有其严格的服务操作程序和规范,所有程序和规范都是在总结了多年服务经验和进行科学测算基础上制定出来的。这些服务程序和规范,是保证服务质量和消除各种隐患的法规,必须严格遵守。在客房清扫过程中,服务员对属于客人的一切东西,只能是稍加整理,不能随意挪动位置,更不能将客人的东西或客人用过的东西自作主张地进行处理,哪怕是空瓶、空纸盒,只要客人没有扔进垃圾袋中,就要谨慎对待,更不能随意扔掉或倒掉。前述的一副假牙就是由于服务工作时粗心大意,不按操作程序去做,结果酿成大祸。这一桩不愉快的事情不仅会使饭店承受直接或间接的经济损失,更严重的是给客人的生活带来不便与痛苦,使饭店的声誉蒙受损害。这些深刻的教训是应该认真吸取的。"细微之处见功夫",养成细心负责的工作作风,认真按服务程序与规范去操作,才能保持饭店较高的服务水准,避免此类不愉快的事情发生。

(2)饭店的服务人员必须在思想上树立一种意识:客人一旦填好入住登记单,交了房租,住进饭店的房间,就形成了饭店与客人的契约关系。顾客是这个房间租用期间的唯一占有人,房间的使用权属于这位客人,客人即是房间的主人。饭店方面有义务尊重客人的权利,即使是例行的客房清洁整理工作,也要充分尊重客人对房间的使用权。饭店有关敲门通报、等候客人的程序,不能乱动客人东西的规定等,正是根据尊重客人权利的原则而制定的。有的饭店服务人员缺少这种服务意识,总认为我才是饭店客房的主人,所以工作粗心大意,不经客人同意随意进出住客房间,不断骚扰客人,结果闹出了不少笑话、闯出了许多祸事、得罪了不少客人。

饭店服务工作看起来是一些简单的事,就拿清扫客房来说,一个生手,经过7天的培训,完全可以应付。但要懂得如何尊重客人的权利,按服务标准与程序操作,形成良好的职业习惯和服务意识,却是一件需要经过长期培训和磨炼才能称职的事。

二、客房的清洁卫生质量标准

客房的清洁卫生质量标准,一般来说包括两方面:一是感官标准,即客人和员工凭视觉、嗅觉等感觉器官感受到的标准;二是生化标准,即防止生物、化学及放射性物质污染的标准——往往由专业卫生防疫人员来作定期或临时抽样测试与检验。

(一)感官标准

关于感官标准,不少饭店将其规定为"十无"和"六净"。

1."十无"

主要包括:①四壁无灰尘、蜘蛛网;②地面无杂物、纸屑、果皮;③床单、被套、枕套表面无污迹和破损;④卫生间清洁,无异味、毛发、水迹和皂迹;⑤金属把手无污锈;⑥家具无污渍;⑦灯具无灰尘、破损;⑧茶具、冷水具无污痕;⑨楼面整洁,无"六害"(老鼠、蚊子、苍蝇、蟑螂、臭虫、蚂蚁);⑩房间卫生无死角。

2."六净"

清扫后的房间要做到:①四壁净;②地面净;③家具净;④床上净;⑤卫生洁具净;⑥物品净。

(二)生化标准

1.茶水具、卫生间洗涤消毒标准

主要包括:①茶水具:每平方厘米的细菌总数不得超过5个;②脸盆、浴缸、拖鞋:每平方厘米的细菌总数不得超过500个;③卫生间不得查出大肠杆菌群。

2.空气卫生质量标准

主要包括:①一氧化碳含量每立方米不得超过5.5毫克;②二氧化碳含量每立方米不得超过0.07%;③细菌总数每立方米不得超过2000个;④可吸入尘每立方米不得超过0.15毫克;⑤氧气含量应不低于21%。新风量不低于18立方米/人·小时,空气清新、无异味。

3.微小气候质量标准

主要包括：①夏天：室内适宜温度为24℃~28℃；相对湿度为40%~50%；适宜风速为0.1米/秒~0.15米/秒；②冬天：室内适宜温度为16℃~22℃；相对湿度为50%~55%；适宜风速不得大于0.25米/秒；③其他季节：室内适宜温度为22℃~24℃；相对湿度为50%；适宜风速为0.15米/秒~0.2米/秒。

一般来说，室内外温度差以保持在5℃以内为妥。

4.采光照明质量标准

主要包括：①客房室内照明度为50勒克司~100勒克司；②楼梯、楼道照明度不得低于25勒克司。

5.饮用水

主要包括：①客房饮用水要求水质透明、无色、无异味和异物，不含病原微生物和寄生虫卵；②每毫升水中细菌总数不超过110个，大肠菌群不超过5个；③经加氯消毒完全接触30分钟后，游离余氯每升不超过0.2毫克。

6.环境噪声允许值

客房内噪声允许不得超过40分贝(A)，走廊噪声不超过45分贝，客房附近基本无噪声源。

小知识：化学性污染包括哪些控制项目？

包括甲醛、苯、氨、氡等污染物质，还包括可吸入颗粒物、二氧化碳、二氧化硫等13项化学污染物质。

三、客房清扫前的准备工作

为了保证清扫的质量，提高工作效率，必须做好客房清洁整理前的准备工作。这些准备工作可以分为两部分，即到岗前的准备工作和到岗后的准备工作。

(一)到岗前的准备工作

服务员进入楼层之前，通常需要做好下列几项工作：

(1)更衣。客房服务员来到饭店后，首先必须到服务员更衣室更衣。

(2)接受检查。客房服务员更衣后到规定的地方，需接受值班经理或主管的检查。

(3)签到。签到的方式包括机器打卡和到客房部签字报到。

(4)接受任务。服务员签到后，值班经理或主管给每位服务员分配具体的工作任务，包括书面和口头两种。给客房服务员分配任务主要是用书面形式，通常是给每位服务员一张工作单(表3-1)。填好的工作单经值班经理或主管检查后发给有关服务员。

(5)领取钥匙和呼叫机。服务员要在离开客房中心之前领取所在楼层的工作钥匙和呼叫机等。

(6)进入楼层。

以上几项任务完成后，客房服务员即可进入各自的客房楼层。进入楼层必须乘工作电梯或通过楼梯步行，而不能乘客用电梯。

(二)到岗后的准备工作

服务员进入楼层后，除了要做好有关的其他工作外，还要为清洁整理客房做必要的准备。具体内容有：

1.准备好房务工作车

房务工作车的准备工作——看用品是否齐全。工作车的整理布置必须做到以下要求：一是清洁整齐，工作车要擦拭干净，用品摆放整齐；二是物品摆放有序，工作车上的各种物品要按重物在下、轻物在上的原则摆放，以保证使用方便和工作车的平稳性；三是贵重物品不能过于暴露，要有一定的隐秘性，通常放在专用的盒子里，防止路人顺手牵羊，以减少物品的流失；四是将布草袋挂牢，将垃圾箱套上垃圾袋。如果用品不全或不足，要补齐补足，如果工作车整理布置得不合要求，要重新整理布置。房务工作车的准备步骤如下：

表 3-1 客房服务员工作单

楼层_____ 姓名_____ 日期___月___日　早班□　中班□　晚班□

房号	状况	居住	清扫时间		补充消耗品									备注	特殊任务特殊要求
			入	出	肥皂	手纸	洗发液	沐浴露	润肤露	牙具	购物袋	咖啡	拖鞋		
01	S														当日计划卫生
02	L														
03	L														
05	VD														
06	VC														
07	S														
08	S														VIP
09	L														经理指令
10	L														
11	OOO														
12	S														
15	S														
16	L														
17	S														
18	S														

（1）清洁工作车。在工作间将空置的工作车用湿毛巾内外擦拭干净。检查房务工作车有无损坏。

（2）挂好垃圾袋和布件袋。将干净的垃圾袋和布件袋挂在车钩上。要把各袋钩或扣挂紧，确保各袋有足够的支撑力以放置垃圾和脏布件。

（3）放置干净布件。将干净的布件放在车架中。床单、枕套放在工作车的最下格；大浴巾、小浴巾、面巾和脚巾等放在上面的两格。

(4) 放置房间用品。将房间用品整齐地摆放在工作车的顶架上。房间用品包括经过消毒的茶杯、冷水杯以及杯垫、卫生卷纸、女士卫生袋、香皂、浴液、发液、浴帽、面巾纸（香巾纸）、烟灰缸、信封、信纸、圆珠笔、铅笔、洗衣单、明信片、征求意见表、便笺、服务指南、一次性拖鞋、擦鞋器、火柴等，都应有其固定的位置，并必须摆放整齐。有些饭店还为豪华房间和总统套间配备化妆品和其他高档用品。

(5) 准备好清洁桶或清洁盆。将塑料清洁桶或清洁盆放在工作车最底层的外侧，内放清洁剂、消毒剂、尼龙刷、胶皮手套等清洁用具。注意将清洁便器和其他设备的用具严格分开，专项专用。

(6) 准备好干净的抹布。准备干净的干抹布两条、湿抹布两条、抹地布一条，有的饭店还使用百洁布、泡棉（快擦布）等。

抹布的使用一定要注意：将房间的抹布和卫生间的抹布分开；将清洁便器的同清洁脸盆和浴缸的抹布分开；将抹地布同其他抹布分开。一般可采用不同颜色和尺寸的抹布来区别。同时抹布一定要干净、卫生和经过消毒。

房务工作车通常还应备有擦布若干。

2. 准备吸尘器

服务员要检查吸尘器是否清洁、电线及插头是否完好，集尘袋是否倒空或换过，附件是否齐全完好，同时要把电线绕好，不可散乱。

3. 了解核实房态

服务员在清扫整理客房前，必须了解和核实每间客房的状况，包括住客和总台的特殊要求，以便合理安排客房的清扫整理顺序，确定清扫整理的标准。了解核实客房状况的办法是看工作单和实地查房。通常工作单上已经标明每间客房的状况，服务员只要看工作单就可以了解。但是，由于客房状况是经常不断地变化的，服务员还是应该到实地去了解核实，这样既能掌握准确的客房状况，又了解客人的一些特殊要求，如"请即打扫"、"请勿打扰"等。客房服务员所需了解掌握和识别的客房状况主要有下列各种：①住人房（Occupied，OCC）：客人正在住用的房间；②走客房（Check out，C/O）：表示客人已结账并已离开客房；③空房（Vacant，V）：昨日暂时无人租用房间；④未清扫房（Vacant dirty，VD）：表示该客房为没有经过打扫的空房；⑤外宿房（Sleep out，S/O）：表示该客房已被租用，但住客昨夜未归，为了防止发生逃账等意外情况，客房部应将此种客房状况通知总台；⑥维修房或称待修房（Out of order，OOO）：亦称病房，表示该客房因设施设备发生故障，暂不能出租；⑦已清扫房（Vacant clean，VC）：表示该客房已清扫完毕，可以重新出租，也称"OK房"；⑧请勿打扰房（Do not disturb，DND）：表示该客房的旅客因睡眠或其他原因而不愿服务人员打扰；⑨贵宾房（Very important person，VIP）：表示该客房住客是饭店的重要客人；⑩常住房（Long staying guest，LSG）：长期由客人包租的房间，又称"长包房"；⑪请即打扫房（Make up room，MUR）：表示该客房住客因会客或其他原因需要服务员立即打扫；⑫轻便行李房（light baggage，L/B）：表示住客行李很少的房间，为了防止逃账，客房部应及时通知总台；⑬无行李房（No baggage，N/B）：表示该房间的住客无行李，应及时通知总台；⑭准备退房（Expected departure，E/D）：表示该客房住客应在当天中午12点以前退房，但现在还未退房；⑯加床（Extra bed，E）：表示该客房有加床。

4.确定客房清扫的顺序

服务员在确定完成客房清扫任务的选房顺序时,应考虑以下几点:一是满足住客的需要;二是有利于客房的销售,提高客房的出租率;三是方便工作、提高效率;四是有利于客房设备用品的维护保养。由于要综合考虑以上四点,客房清扫整理的选房顺序也就没有绝对的标准,往往是根据具体情况临时制定、灵活调整。一般情况下,可以参考下列安排:①请即打扫房:挂有"Make up room"的房间或客人口头上要求打扫的房间,应优先安排清洁整理,满足客人的要求;②总台或领班指示打扫的房间;③VIP房间;④走客房;⑤普通住客房;⑥空房;⑦长住房应与客人协调,定时打扫。

第二节 客房的清洁整理

客房的清洁整理又称做房。为了使清洁整理工作能有条不紊地进行,同时避免不必要的体力消耗和意外事故的发生,客房服务员应根据不同状态的房间,严格按照做房的程序和方法进行清扫,使之达到饭店规定的质量标准。

一、客房清扫的基本方法

客房清扫的基本方法主要有以下几条:

(1)从上到下。例如,在擦洗卫生间和用抹布擦拭物品的灰尘时,应采取从上到下的方法进行。

(2)从里到外。地毯吸尘和擦拭卫生间的地面时,应采取从里到外的方法进行。

(3)环形清理。即在擦拭和检查卫生间、卧室的设备用品的路线上,应按照从左到右或从右到左,即按顺时针或逆时针的路线进行,以避免遗漏死角,并节省体力。

(4)干、湿分开。擦拭不同的家具设备及物品的抹布,应严格区别使用。例如,房间的灯具、电视机屏幕、床头板等只能使用干抹布,以避免污染墙纸和发生危险。

(5)先卧室后卫生间。即住客房应先做卧室然后再做卫生间的清洁卫生,这是因为住客房的客人有可能回来,甚至带来亲友或访客。先将客房的卧室整理好,客人归来即有了安身之处,卧室外观也整洁,他当着访客的面也不会尴尬;对服务员来说,这时留下来做卫生间也不会有干扰之嫌。

整理走客房则可先卫生间后卧室。一方面可以让弹簧床垫和毛毯等透气,达到保养的目的;另一方面又无须担心会有客人突然闯进来。

(6)注意墙角。墙角往往是蜘蛛结网和尘土积存之处,也是客人重视的地方,需要留意打扫。

【特别提示】
◆将房间的抹布和卫生间的抹布分开。
◆将清洁便器同清洁脸盆和浴缸的抹布分开。
◆将抹地布同其他抹布分开,一般可采用不同颜色和尺寸的抹布来区别。
◆抹布一定要干净、卫生和经过消毒。

二、走客房的清扫程序

(一)走客房清扫的基本要求

对客人刚结账退房的房间进行清扫,称为走客房的清扫。其基本要求是:

(1)客房服务员接到通知后,应尽快对客房进行彻底清扫,以保证客房的正常出租。

(2)进入房间后,应检查房内是否有客人丢失的物品,房间的设备和家具有无损坏或丢失。如发现以上情况,应立即报告领班,并进行登记。

(3)撤换茶水具,并严格洗涤消毒。

(4)对卫生间各个部位进行严格洗涤消毒。

(5)客房清扫并经领班检查合格后,立即通知总台,即及时通报为OK房,以便总台及时出租。

(二)卧室清扫程序(见图3-1)

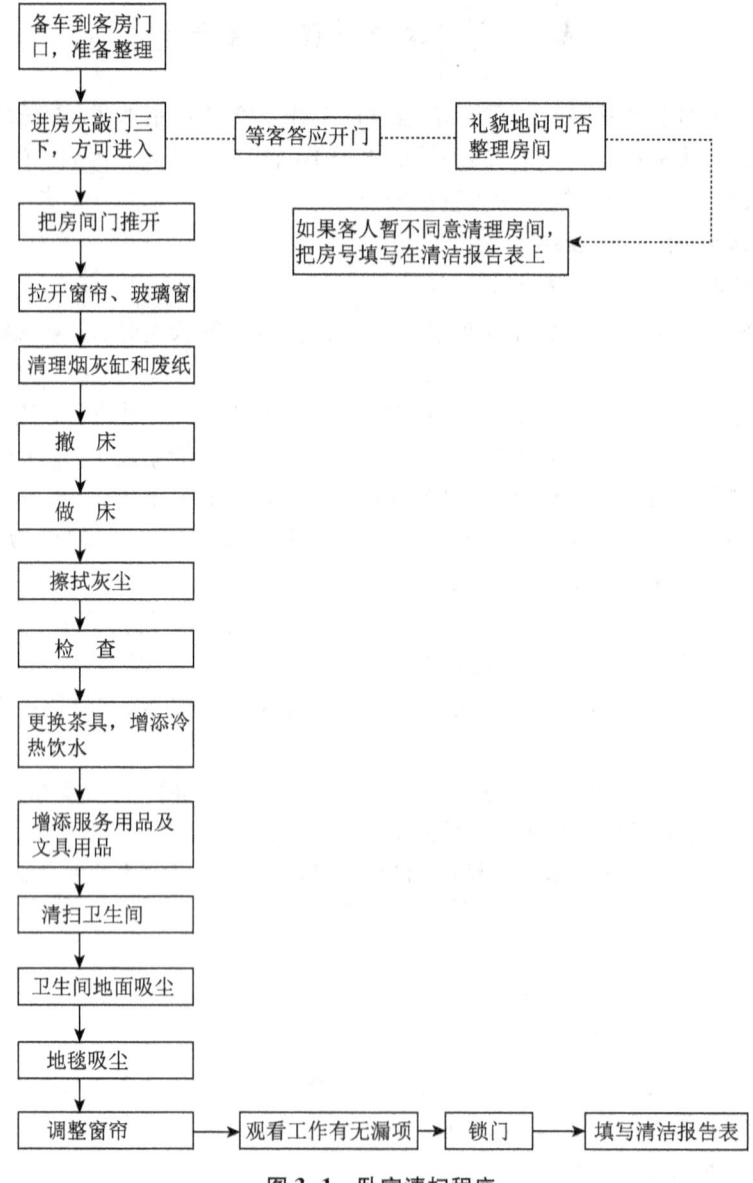

图3-1 卧室清扫程序

1. 卧室清扫程序"十字诀"

(1) 开:开门、开灯、开空调、开窗帘、开玻璃窗。

(2) 清:清理烟灰缸、废纸篓和垃圾(包括地面的大垃圾)。

(3) 撤:撤出用过的茶水具、玻璃杯、脏布件。如果有客人用过的餐具也一并撤去。

(4) 做:做床。

(5) 擦:擦家具设备及用品。从上到下,环形擦拭灰尘。

(6) 查:查看家具用品有无损坏,配备物品有无短缺,是否有客人遗留物品。边擦拭边检查。

(7) 添:添补房间客用品、宣传品和经洗涤消毒的茶水具(此项工作后应进行卫生间的清扫整理)。

(8) 吸:地毯吸尘由里到外,同时对清扫完毕的卫生间地面吸尘。

(9) 关(观):观察房间清洁整理后的整体效果;关玻璃窗、关纱帘、关空调、关灯、关门。

(10) 登:在"服务员工作日报表"上做好登记。

2. 卧室清扫的具体操作规范

(1) 按照饭店规定的进入客房的规范开门进房。将房门完全打开(可用顶门器把门支好),直到该房间清扫完毕。

(2) 检查灯具。将房间里所有的灯具开关打开,检查灯具是否有毛病。检查后随手将灯关上,只留清洁用灯。一旦发现灯泡损坏,立即通知维修人员前来更换。

(3) 拉开窗帘、打开玻璃窗。拉开窗帘时应检查帘子有否脱钩和损坏情况。必要时应打开空调,加大通风量,保证室内空气的清新,同时检查空调开关是否正常。

(4) 观察室内情况。主要是检查客人是否有遗留物品和房内设备用品有无丢失和损坏,以便及时报告主管。

(5) 清理烟灰缸和垃圾。

(6) 撤走房内用膳的桌、盘、杯、碟等。

(7) 撤走用过的茶水具、玻璃杯。

(8) 撤走用过的床单和枕套,把脏布件放进清洁车内。撤床的程序见表3-2。收去脏布件后,带入相应数量的干净布件,放置在椅子上。

表3-2 撤床程序

主要步骤	注意事项
1. 卸下枕头套	1. 注意枕下有无遗留物品 2. 留意枕头有无污渍
2. 卸下被套或揭下毛毯	将毛毯放在扶手椅上。禁止猛拉毛毯,留意被芯有无污渍
3. 揭下床单	1. 从床褥与床架的夹缝中逐一拉出 2. 注意垫单是否清洁 3. 禁止猛拉床单
4. 收取用过的床单、枕套、被套	点清数量

(9) 做床。按铺床的程序换上新的床单、枕套,铺床的方法由于各饭店要求不同而多少有些差异。中、西式铺床程序见表3-3(a)、表3-3(b)。

(10) 擦拭灰尘,检查设备。从房门开始,按环形路线依次把房间各家具、用品抹干净,不漏擦。在除尘中注意需要补充的客用品和宣传品数量,检查设备是否正常。注意擦拭墙脚线。

表3-3(a)　西式铺床程序

主要步骤	注意事项
1.将床拉到容易操作的位置	屈膝下蹲,用手将床架连床垫慢慢拉出约50厘米
2.将床垫拉正放平	注意褥子的卫生状况
3.将第一张床单铺在床上(甩单、包边、包角)	1.床单的正面向上,中折线居床的正中位置 2.均匀地留出床单四边,使之能包住床垫
4.将第二张床单铺在床上	1.将正面向下,中折线要与第一张床单重叠 2.床单上端多出床垫(床头)约5厘米
5.将毛毯铺在床上(盖毯、包边、包角)	1.毛毯的商标须在床尾,商标在上 2.毛毯上端应距床头25厘米
6.将床单与毛毯下垂部分掖入床垫与床架之间	1.将长出毛毯30厘米的床单沿毛毯反折作被头 2.将毛毯和第二张床单在床尾反折15厘米 3.两侧下垂部分掖入床垫后再将尾部下掖入床垫,并包好角
7.装枕(装芯、定位整形)	1.将枕芯装入枕套 2.注意不要用力拍打枕头 3.将枕头放在床头的正中,距床头约5~10厘米 4.单人床,将枕套口对墙;双人床,枕套口互对;两张单人,枕套口反向于床头柜 5.枕套的缝线对床头
8.盖上床罩(定位、罩枕、整形)	1.床罩下摆不要着地(指未定型床罩) 2.床罩顶端与枕头平齐,多余部分压在枕头下面,注意两条枕线的平直
9.将床推回原处	1.以腿部将床缓缓推进床头板下 2.再看一遍床是否铺得整齐美观

表3-3(b)　中式铺床程序

主要步骤	注意事项
将床拉到容易操作的位置	同西式铺床
将床垫拉正放平	同西式铺床

续表

主要步骤	注意事项
将第一张床单铺在床上	同西式铺床
套被芯	1.甩被套。一次定位,被套开口边位于床尾或床侧,中线缝中 2.将被芯四角套入被套四角,四角重合饱满,四边重合饱满,床面平整
甩被子定位	1.站在床头、床尾或床侧,甩被子一次定位 2.被子中线缝中,两边吊边一致 3.将床头处翻折约45厘米,离床头约45厘米 4.整理,被子表面平整美观
套被芯	同西式铺床
将床推向回原处	同西式铺床

①房门:房门应从上到下、由内而外抹净;把窥视镜、防火通道图擦干净;看门锁是否灵活;"请勿打扰"牌、"早餐"牌有无污迹。

②风口与走廊灯:风口和走廊灯一般定期擦拭。擦走廊灯时应注意使用干抹布。

③壁柜:擦拭壁柜要仔细,要把整个壁柜擦净。抹净衣架、挂衣杆,检查衣架、衣刷和鞋拔子是否齐全。

④酒柜。

⑤行李架(柜):擦净行李架(柜)内外,包括挡板。

⑥写字、化妆台。需要注意以下方面:

A.擦拭写字台抽屉,应逐个拉开擦。如果抽屉仅有浮尘,则可用干抹布"干擦"。同时检查洗衣袋、洗衣单及礼品袋(手拎袋)有无短缺。

B.从上到下擦净镜框、台面、梳妆凳,注意对桌脚和凳腿的擦拭。可用半湿抹布除尘。

C.擦拭梳妆镜面要用一张湿润的和一张干的抹布。操作时要小心和注意安全。擦拭完毕,站在镜子侧面检查,镜面不得有布毛、手印和灰尘等。

D.擦拭台灯和镜灯时,应用干布,切勿用湿布抹尘。如果台灯线露在写字台外围,要将其收好,尽量隐蔽起来。灯罩接缝朝墙。

E.写字台上如有台历,则需每天翻面。

F.检查写字台物品及服务夹内物品,如有短缺或破旧,应添补或调换。

⑦电视机:用干抹布擦净电视机外壳和底座的灰尘,然后打开开关,检查电视机有无图像,频道选用是否准确,颜色是否适度。如有电视机柜则应从上到下、从里到外擦净。

⑧地灯:用干抹布抹净灯泡、灯罩和灯架。注意收拾好电线,将灯罩接缝朝墙。

⑨窗台:先用湿抹布,然后再用干抹布擦拭干净。推拉式玻璃窗的滑槽如有沙粒,可用刷子加以清除。将玻璃窗和窗帘左右拉动一遍。

⑩沙发、茶几:擦拭沙发时,可用干抹布掸去灰尘,注意经常清理沙发背后与沙发垫缝隙之间的脏物。先用湿抹布擦去茶几上的污迹,然后用干抹布擦干净,保持茶几的光洁度。

⑪床头板:用干抹布擦拭床头灯泡、灯罩、灯架和床头挡板,切忌用湿抹布擦拭。擦完床头后,再次将床罩整理平整。

⑫床头柜。需要注意以下几个方面:

A.检查床头柜各种开关,如有故障,立即通知维修。

B.调整好床头柜的电子钟。

C.擦拭电话机时,首先用耳朵听有无忙音,然后用湿抹布抹去话筒灰尘及污垢,用酒精棉球擦拭话机。

D.检查放在床头柜的服务用品是否齐全,是否有污迹或客人用过。

⑬装饰画:先用湿抹布擦拭画框,然后再用干抹布擦拭画面,摆正挂画。如果服务员身高不够,需要借助他物以增高,应注意垫一层干净的抹布或脱鞋操作,防止弄脏他物。

⑭空调开关:用干抹布擦去空调开关上的灰尘。

(11)按饭店规定的数量和摆放规格添补客用品和宣传品。

①用干净托盘带进已消毒的茶水具、玻璃杯等。

②更换添补的物品均应无水迹和脏迹。

(12)清洁卫生间。按卫生间的清扫程序操作。

(13)吸尘。吸尘按地毯表层毛的倾倒方向进行,由里到外,梳妆凳、沙发下、窗帘后、门后均要吸到,同时拉好纱帘,关好玻璃窗,调整好家具摆件。

用吸尘器吸干净卫生间地面残留的尘埃。

(14)离开客房之前自我检查和回顾一遍,看是否有漏项,家具摆放是否正确,床是否美观,窗帘是否拉到位,等等。如发现漏项应及时补做。

(15)关掉空调和所有灯具,然后将房门锁好。

(16)登记客房清洁整理情况。每间客房清扫完成后,要认真填写清扫的进出时间,布件、服务用品、文具用品的使用和补充情况,以及需要维修的项目和特别工作等。

(三)卫生间清扫程序(见图3-2)

卫生间是客房中尤为客人注意的区域之一,因为其中的不少设备用品都要与客人的皮肤直接接触,又是客人沐浴、梳洗化妆的场所。卫生间是饭店等级水平的重要设施和标志之一,既要清洁美观,又必须符合卫生标准。

1.卫生间清扫"十字诀"

(1)开:开灯、开换气扇。

(2)冲:放水冲马桶,滴入清洁剂。

(3)收:收走客人用过的毛巾、洗漱用品,以及垃圾。

(4)洗:清洁浴缸、墙面、脸盆和抽水马桶。

(5)擦:擦干卫生间所有设备和墙面。

(6)消:对卫生间各个部位进行消毒。

(7)添:添补卫生间的棉织品和消耗品。

(8)刷:刷洗卫生间地面。

(9)吸:用吸尘器对地面吸尘。

(10)关(观):观察和检查卫生间工作无误后即关灯并把门虚掩。将待修项目记下来上报。

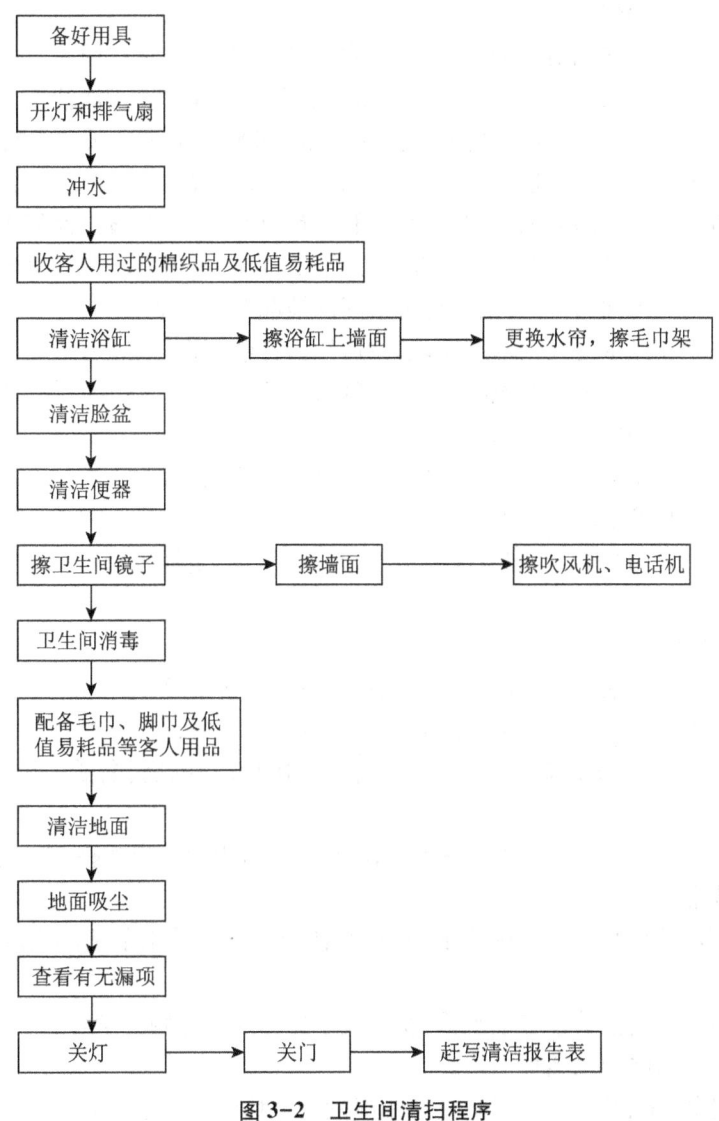

图 3-2 卫生间清扫程序

2.卫生间清扫的具体操作规范

（1）开亮浴室的灯，打开换气扇（一般换气扇和浴室灯开关是连在一起的，但有的饭店是分开的）。将清洁工具盒放进卫生间。有的饭店还在卫生间入口放上一块毛毡，防止将卫生间的水带入卧室。

（2）放水冲净坐厕，然后在抽水恭桶的清水中倒入饭店规定数量的恭桶清洁剂。注意不要将清洁剂直接倒在釉面上，否则会损伤抽水恭桶的釉面。倒入清洁剂是为下一步彻底清洁恭桶提供方便，因为恭桶清洁剂要浸泡数分钟后方能发挥效用。

（3）取走用过的"五巾"放入清洁车上的布袋中（可留下一大浴巾和脚巾，以备后用）。

（4）收走卫生间用过的消耗品，清理纸篓垃圾，注意收走皂缸内的香皂头。

（5）将烟灰倒入指定的垃圾桶内。烟灰缸上如有污迹，可用海绵块蘸少许清洁剂去除（烟灰缸的清理也可与卧室烟灰缸一并进行）。

(6)清洁浴缸及沐浴间。
①在浴缸及淋浴间喷洒清洁剂,等待一段时间,使其产生化学作用。
②将浴缸旋塞关闭,放少量热水,用百洁布从墙面到浴缸里外彻底清洁;开启浴缸活塞,放走污水,然后打开水龙头,让温水射向墙壁及浴缸(可配备1米多长的塑料管冲水用),冲净污水后可将浴帘放入浴缸加以清洁;最后把墙面、浴缸、浴帘及浴缸旋塞用干抹布擦干。
③用百洁布擦洗淋浴间墙面及玻璃面。用手持花洒对墙面及玻璃面洒水,并冲洗干净。在玻璃上喷洒清洁剂,用玻璃刮刀将玻璃门内外清洁干净,再用玻璃刮刀将淋浴间墙面的积水刮除。擦拭淋浴间地面后,用百洁布对淋浴间的地漏进行清洁。
④将防滑垫用相应浓度的清洁剂刷洗,然后用消毒液消毒,最后可用一块干抹布擦干。
⑤用海绵蘸少许中性清洁剂擦除镀铬金属件,包括开关、龙头、浴帘杆、置物架及晾衣绳盒上的皂垢、水斑,并随即用干抹布擦干、擦亮。
⑥注意清洁并擦干墙面与浴缸或玻璃的接缝处,以免发霉。
⑦注意清洁浴缸及淋浴间的外侧。
⑧清洁金属时,注意不要使用酸性清洁剂,以免"腐蚀"电镀表层。
⑨清洁浴缸及淋浴间应由上至下。
(7)清洁脸盆和化妆台(云台)。
①用百洁布蘸上清洁剂将台面、脸盆清洁,然后用清水刷净,用布擦干。
②用海绵块蘸少许中性清洁剂擦除脸盆不锈钢件的皂垢、水斑,然后用干布擦干、擦亮。
(8)注意将毛巾架、浴巾架、卫生间服务用品的托盘、吹风机、电话副机、卫生纸架等擦净,并检查是否有故障。
(9)擦干镜面。可在镜面上喷少许玻璃清洁剂,然后用干抹布擦亮。
(10)清洁恭桶。
①用恭桶刷清洁坐厕内部并用清水冲净,要特别注意对抽水恭桶的出水孔和入水孔的清刷。
②用中性清洁剂清洁抽水恭桶水箱、座沿盖子的内外及外侧底座等。
③用专用的干布将抽水恭桶擦干。
④浴缸、恭桶的干、湿抹布应严格区别使用,禁止用"五巾"做抹布。
(11)对卫生间各个部位消毒。卫生间消毒的方法有多种,无论选用哪种方法,都必须对卫生间进行严格消毒。
①客人退房后,服务员的第一项工作就是卫生间消毒。
②擦拭完卫生间卫生洁具后,将含有溶剂的消毒剂装在高压喷罐中,进行喷洒消毒。喷洒几分钟后,既可达到消毒的目的,又不会留下任何水迹和消毒剂的残渣。此种方法比较符合客房清扫的基本要求。
③在清洁剂中加入适量的消毒剂,或者采用杀菌去污剂,以达到清洁消毒的双重目的。此种方法操作比较简便,但消毒剂的腐蚀性和有毒性会对人体造成损害,故必须小心使用并注意防护。最后还必须清洁和擦干所有痕迹和残留的余渣,以免损伤客人的肌肤。
(12)补充卫生间的用品。按规定的位置摆放好"五巾"和浴皂、香皂、牙具、浴帽、浴液、洗发液、梳子、香巾纸(面纸)、卫生卷纸及卫生袋等日用品。走客房的客用品必须全部更新,为下一位客人提供全新的住宿条件。

(13) 把浴帘拉好,一般拉出 1/3 即可。
(14) 清洁脸盆下的排水管。
(15) 从里到外边退边抹净地面。
(16) 吸尘。
(17) 环视卫生间和房间,检查是否有漏项和不符合规范的地方。然后带走所有的清洁工具,将卫生间门半虚掩,关上浴室灯。

3. 清洁卫生间注意事项

主要包括:①清洁卫生间时必须注意不同项目使用不同的清洁工具和清洁剂,绝不能一张抹布抹到底;②卫生间的清洁一定要做到:整洁、干燥、无异味、无毛发、无污迹、无皂迹和水迹;③对于浴缸的旋塞,必要时可以取出来清洁,清洁时,需彻底冲洗滤网,重新安上旋塞时,要拧紧,清洁脸盆活塞也须如此做;④可在卫生间金属上涂上一层薄蜡,以免因脏水溅污而产生锈斑;⑤清洁卫生间必须配备合适的清洁工具和清洁用品。

案例

规范并非一成不变——尘埃与黄斑的启示

北方某大酒店的客房部王经理办公室里,一位南方客人反映他下榻的房间经常打扫马虎。每晚他回到房间里总能发现写字桌、茶几等家具上有一层薄的尘埃,洗手间马桶内还有一圈微黄的斑迹。年轻的王经理送走客人后陷入了沉思。这位客人住在 818 房,八楼的几位服务员个个经验丰富,责任心也很强,她们从不偷懒——这究竟是怎么回事呢?

午后,他到八楼看了几个房间,发现客人所说基本属实,连地板上都隐约可见一层蒙蒙的尘土。于是他把当班的服务员小杨叫到办公室。"我相信你是尽职尽力的,"王经理开门见山地说,"但是桌面和地板上有尘土也是事实。今天请你来探讨一下其中的缘由。"小杨显得十分茫然,她几年来一直不折不扣地遵照酒店制定的服务程序打扫客房。两个人琢磨了许久,没有什么结果。

第二天上午,小杨开始了每天常规的清洁工作。就在此时,王经理来到了现场,他在一旁不声不响地仔细看小杨的一举一动,的确无可挑别。房间打扫完毕,小杨进洗手间,换上消毒茶杯,补充易耗品,接着在马桶内喷洒清洗液。不到一分钟,她弯下身子用干净抹布擦去清洗液。"你知道为什么马桶内喷上清洗液后必须马上擦去吗?"他想考考这位得意的下属,"清洗液腐蚀性较强,时间一长马桶表面易起化学反应,影响清具光洁和使用寿命。"小杨对答如流。

王经理满意地点了点头,小杨的操作滴水不漏,丝毫没有偏离规程,他怀着极大的疑惑回到办公室。办公室的对面建筑工地上一台打桩机正有节奏地上下活动着。那儿正在新建一幢 20 层大厦。他下意识地打开抽屉,视线正好落在一份清洗液的说明书上。他发现这份说明书的插图和文字编排不同于他常见的那种。他马上抽了出来,果然,这是一种新牌子的清洗液,他连忙浏览了一遍。

"哦,原来是这个道理!"他长舒了一口气。

这种新的清洗液去斑能力特强,且对洁具表面无损,唯一的条件是喷上液体后必须经过 10 分钟后方可擦洗,否则效力将大打折扣。马桶黄斑问题真相大白。对面工地上仍是一派热火朝天的景象,空中弥漫着淡黄褐色的灰土。"怪不得这些日子办公室灰尘特别多,"他眼前忽然一亮,"客房里灰尘多不是出于同一个原因吗?"他顿时醒悟了。

他翻开客房服务的操作程序，逐条仔细研究。他的脑中勾勒出改进措施的蓝图。他随即招来几位经验丰富的领班和服务员。

"我认为原有的操作程序已经出现了不适合新形势的若干不足。首先，擦洗马桶必须在喷清洗液10分钟之后才能进行。其次，目前城市建设正在加大步伐，灰尘急剧增加，整理床铺之后紧接着抹尘，缺乏科学依据，因为床单上抖落下来的短纤维和地面上扬起的灰尘在空中有一段时间的逗留。我们在擦桌面时，灰尘仍在空中飞扬，几分钟后灰尘又落到刚擦净的桌面上。"王经理的分析有板有眼，在座的人无不点头称是。他接下去又说："我们必须改变原来的操作程序。我建议进客房打扫时首先在马桶内喷清洗液，然后整理床铺、做别的工作，之后再去打扫卫生间，黄斑问题就可以解决。然后再去房间抹尘，因为此时空中的尘土差不多已经全部掉落下来。"

他的建议得到大家的一致赞同，会上决定第二天便试行。几天下来，效果很好。

三、其他状态客房的清扫

(一) 住客房的清扫

住客房清洁的程序大致与走客房相同，但要注意以下几点：

(1) 进入客人房间前先敲门或按门铃。房内无人方可直接进入；房内若有人应声，则应主动征求意见，得到允许后方可进房。

(2) 如果客人暂不同意清理客房，则将客房号码和客人要求清扫的时间写在工作表上。

(3) 清扫时将客人的文件、杂志、书报稍加整理，但不能弄错位置，更不得翻看。

(4) 除放在纸篓里的东西外，即使是放在地上的物品也只能替客人做简单的整理，千万不要自行处理。

(5) 客人放在床上或搭在椅子上的衣服，如不整齐，可挂到衣柜里，睡衣、内衣也要挂好或叠好放在床上。女宾住的房间更需小心，不要轻易动其衣物。

(6) 擦壁柜时，只搞大面卫生即可，注意不要将客人衣物搞乱、搞脏。

(7) 擦拭行李架时，一般不挪动客人行李，只擦去浮尘即可。

(8) 女性用的化妆品，可稍加整理，但不要挪动位置；即使化妆品用完了，也不得将空瓶或纸盒扔掉。

(9) 要特别留意不要随意触摸客人的照相机、计算机、笔记本和钱包等物品。

(10) 房间有客人时，可将空调开到中挡，或遵从客人意见；无人时则可开到低挡上。

(11) 房间整理完毕，客人在房间时，要向客人表示谢意，然后退后一步，再转身离开房间，轻轻将房门关上。

(二) 空房的整理

客房的整理虽然较为简单，但必须每天进行，以保持其良好的状况。主要包括：①每天进房开窗、开空调，通风换气；②用干抹布除去家具、设备及物品上的浮尘；③每天将浴缸和脸盆的冷热水及恭桶的水放流1分钟~2分钟；④如果房间连续几天为空房，则要用吸尘器吸尘一次；⑤检查房间有无异常情况，检查浴室内"五巾"是否因干燥而失去弹性和柔软度，必要时，要在客人入住前更换。

(三) 夜床的整理

夜床的整理，即"夜床服务"或"做夜床"，又称"晚间服务"。

1.夜床服务的意义

夜床服务的内容包括做夜床、房间整理、卫生间整理三项任务,是一种高雅而亲切的对客服务形式。其意义主要有三点:①做夜床以便客人休息;②整理环境,使客人感到舒适温馨;③表示对客人的欢迎和礼遇规格。

2.夜床服务操作程序

夜床服务通常在晚上6时以后开始,也可在客人到餐厅用晚餐时进行,或者按服务台的要求进行。

(1)进客房要敲门或按门铃,并通报自己的身份和目的:"夜床服务(Tum down service)。"如果客人在房内,则应经住客同意方可进入,并礼貌地向客人道晚安。如果客人不需要开夜床,服务员应在夜床表上做好登记。

(2)开灯,并将空调开到指定的刻度上。

(3)轻轻拉上遮光窗帘和二道帘。

(4)开床:①将床罩从床头拉下,整齐好,放在规定的位置;②将靠近床头一边的棉被向外折成45°角,以方便客人就寝。③拍松枕头并将其摆正,如有睡衣应叠好放置于床尾;④按饭店规定在床头柜上放上晚安卡、早餐牌或小礼品等;⑤双床房住一人时,以床头柜为准,开墙边近浴室的一张床,折角应朝向卫生间;双人床睡两人时,可两边都开;二人住双床间,则各自开靠床头柜的一侧,也可同方向开;⑥饭店如果规定有一次性拖鞋,则在开夜床折口处摆好拖鞋。

(5)清理烟缸、桌面和倒垃圾,如有用膳餐具也一并撤除。

(6)整理卫生间:①冲抽水恭桶;②脸盆、浴缸如使用过,应重新擦洗干净;③将地巾放在浴缸或淋浴间外侧的地面;④将浴帘放入浴缸内,并拉出1/3,以示意客人淋浴应将浴帘拉上并放入浴缸内,避免淋浴的水溅到地面;⑤将用过的毛巾收去并换上干净的毛巾,也可将用过的毛巾按规定整理后摆好;⑥如有加床,增添一份客用品。

(7)检视一遍卫生间及房间。

(8)除夜灯和走廊灯外,关掉所有的灯并关上房门。如果客人在房内,不用关灯,向客人道别后退出房间,轻轻将房门关上。

(9)在开夜床报表上登记。

3.夜床服务注意事项

主要包括:①上述夜床服务内容和操作程序源于美式酒店规程,因此在具体的夜床服务中,应了解客人的风俗习惯后加以调整,如英式夜床服务中的开夜床,其内容仅为将床罩从床头拉下折好,然后放在规定的地方即可;②是否进行夜床服务,应根据饭店的档次和经营成本而定;③同样,是否需要重新更换毛巾和杯具等客用品,也应根据房间的等级和经营成本而定。

【特别提示】

服务员开夜床时,发现床上有许多客人的物品,应注意:

发现这种情况暂时不开夜床。

◆不要挪动客人床上的物品。

◆在床头柜上放一张留言给客人,告诉客人不开夜床的原因,请客人需要此服务时通知客房服务中心。

（四）小整服务

小整服务的内容大致与夜床服务相似，主要是整理客人午睡后的床铺，必要时补充茶叶、热水等用品，使房间恢复原状。有的饭店还规定对有午睡习惯的客人，在其去餐厅用餐时应迅速给客人开床，以便客人午休。

【特别提示】

只有高档酒店和 VIP 房才需要这种服务，考虑到服务成本等因素，四星级以下的饭店没有必要提供房间小整服务。

（五）"请勿打扰房"服务

凡在门外把手上挂有"请勿打扰"（don't disturb）牌子或有反锁标志，以及房间侧面的墙上亮有"请勿打扰"指示灯时，不要敲门进房。如果到了下午 2 时，仍未见客人离开房间，应按以下程序进行：

（1）与总台查对，看客人是否前一天很晚才入住，或是早晨才登记入住。前一天很晚或早晨入住的客人可能还在休息，不想被打扰。这样的房间应在当天迟些时候做特别的清扫安排。

（2）试着通过电话与客人联系。

（3）如无人接答，就亲自去客房。找一个员工同去，以便在需要时协助。

（4）敲敲客房房门，大声地说"客房服务"。

（5）如无回应，查看房门是否反锁。

（6）如未反锁，打开门，在进入前大声表明自己的身份。

如屋内无人且无异常情况，则离开房间，关上门，保留门把手上的"请勿打扰"牌。

如发现室内有客人生病或失去知觉，则立即求助。

（7）如门已反锁，并且无法从连通门或推拉玻璃门进入房间，则立即通知当班的经理做出进一步调查。

案例

规范操作——两块相同的示意牌

上午，服务员小吴在 12 楼打扫卫生时发现 1208 房挂出了打扫牌，他知道按操作规范除了重点房外，挂打扫牌房间应先打扫卫生，于是他把工作车拉过来准备先整理这间房。他按照进门规范打开了 1208 房，一阵忙碌后，很快就做完了 1208 房的卫生。在他整理门后的服务示意牌时忽然发现门后还有一块打扫牌。"怎么会这样，房间居然挂了两块打扫牌，那勿扰牌呢？"小吴一边想着一边换了一块勿扰牌放进房间。这时，1206 房的客人带小孩乘电梯下楼了，那个六七岁的小孩还对着小吴做了"鬼脸"，小吴心想：这小孩真够调皮的。接着小吴就近把工作车推到 1206 房门口，准备趁客人外出时把卫生搞好。或许是受刚才两块打扫牌的影响，刚打开房门，小吴就发现门后挂了两块勿扰牌，"怎么这么奇怪？"小吴心想，突然脑海里浮现出 1206 房客人小孩那张"鬼脸"，"刚才那小孩一直在通道玩耍，会不会是看到 1208 房王先生房门挂勿扰牌，'恶作剧'地将自己房间的打扫牌挂在 1208 房门把手上，而将 1208 房原先挂的勿扰牌收回自己的房间？"想到这里，小吴暗暗叫了声"不妙"，因为知道客房操作规范中对勿扰房的规定，很清楚客人挂出勿扰牌意味着什么以及进入勿扰房的后果。小吴立刻将整件事情的经过报告给服务中心，并转告大堂副理给客人做留言解释这一切。当 1208 房客人王先生回来经过大堂时，大堂副理及时向他讲述了整件事的过程并道歉，王先生也回想起外出时隔壁房间的小孩确实在门口张望,他不但没恼怒,反而赞赏酒店服务员的诚信,连声说:"不要紧,没关系。"

分析

从打扫房间的顺序到进入房间,以及事后的处理,服务员都认真按规范操作,而且这位服务员很细心,从两间房各有两块相同的示意牌以及看到在通道跑来跑去玩耍的小孩,联想到可能发生的出错,主动采取措施,避免了客人的投诉。

四、清洁和职业安全

客房服务员在清扫房间或从事其他项目的清洁作业过程中,必须注意安全,严格遵守饭店规定的安全守则,以杜绝事故的发生。事实证明,80%的事故都是由服务人员不遵守规程,粗心大意,工作不专心造成的,只有20%是由设备所致。因此,所有当值的服务员无论进行何种清扫工作,都必须增强安全工作意识。

(一)造成事故的主要原因

主要原因有:①进房不开灯;②将手伸进废纸篓取垃圾;③清洁卫生间时没有注意刮胡刀片;④挂浴帘时不使用梯形凳而站在浴缸的边缘上;⑤搬动家具时不注意而被尖物刺伤;⑥没有留意地面上的玻璃碎片;⑦电器的电源线没有靠墙角放置,人被绊倒;⑧关门时,不是握住门把而是扶着门的边缘拉门;⑨使用清洁剂和消毒剂时,图省事、方便,不戴胶皮手套和使用相应的工具,因而造成人体肌肤的损伤。

(二)安全操作注意事项

客房服务员在进行清洁卫生工作时,应注意以下安全事项:

(1)工作时,应按规程操作,留意有无不安全因素,如照明不良、电源线漏电等,一旦发现,立即向主管报告。

(2)如需推车,要用双手推动,以防闪腰。

(3)如需从高处拿取物品,应利用梯架。

(4)如工作地带湿滑或有油污,应立即抹去,以防滑倒。

(5)不要使用已损坏的工具,也不可擅自修理,避免发生危险。

(6)举笨重物品时,切勿用腰力,须用腿力,应先下蹲,挺直上身,然后将物举起。

(7)走廊或公共场所放置的工作车、吸尘器、洗地机等,应尽量放置在走道旁边,注意电线是否可能绊脚。

(8)家具或地面如有尖钉、硬物,须马上拔去或除掉,以防刺伤客人或员工。

(9)所有的玻璃窗和镜子,如发现有破裂,必须马上向主管报告,立刻更换;来不及更换的,应立即用强力胶纸贴上,防止划伤宾客和员工。

(10)发现有不牢固的桌椅,须尽快修理。

(11)职工的制服裤不宜太长,以免绊脚。

(12)不可伸手到垃圾桶或垃圾袋内,以防被玻璃碎片、刀片等划伤。

第三节 客房的计划卫生

为了保证客房的清洁保养工作的质量,不仅要重视日常的清洁整理,而且还应重视客房的计划卫生。坚持日常卫生和计划卫生工作相结合,不仅省时、省力、效果好,还能有效地延长客房设备和用品的使用寿命。

一、计划卫生的意义

客房的计划卫生是指在做客房的日常清洁卫生的基础上，拟订一个周期性清洁计划，采取定期循环的方式，将客房中平时不易清扫或清扫不彻底的地方全部清扫一遍。

1. 保证客房的清洁卫生质量

客房服务员每天的清洁整理工作，一般工作量都比较大。为了坚持清洁卫生的质量标准，使客人不仅对客房那些易接触部位的卫生感到满意，而且对客房的每一处卫生都放心，同时又不致造成人力浪费或时间的紧张，客房部必须通过定期对清洁卫生死角或容易忽视部位进行彻底的清扫整理，来保证客房内外环境的卫生质量。

2. 维持客房设施设备的良好状态

不论客房楼层还是公共区域，有些家具设备不需要每天都进行清扫整理，但又必须定期进行清洁保养。

二、客房计划卫生的内容

计划卫生的内容及时间安排，各饭店要根据自己的设施设备情况和淡旺季进行合理的安排。

（一）计划卫生的分类

（1）除日常的清扫整理工作外，规定每天对某一部位或区域进行彻底的大扫除，例如，客房清洁员在他所负责的12间客房中，每天彻底大扫除1间客房，12天即可完成他负责的所有客房的清洁打扫；也可以采取每天对12个房间的某一个部位进行彻底清扫的办法，例如，对日常清扫不到的地方排定日程，每天或隔天清扫一部分，经过若干天的对不同部位的彻底清扫，也可以完成全部房间的大扫除。其日程安排可见表3-4。

表3-4　客房计划卫生日程表

星期	一	二	三	四	五	六
日程安排	门窗玻璃	墙角	天花板	阳台	卫生间	其他

（2）季节性大扫除或年度性大扫除。这种大扫除不仅包括家具，还包括设备和床上用品。一个楼层通常要进行一个星期，因而只能在淡季进行。客房部应和前厅部、工程部取得联系，以便对某一楼层实行封房，维修人员对设备进行定期检查和维修保养。

（二）楼层周期性计划卫生项目

表3-5介绍了某饭店楼层计划卫生项目及时间安排。

表3-5　楼层计划卫生项目及时间安排表

每天	3天	5天
1.清洁地毯、墙纸污迹 2.清洁冰箱，扫灯罩尘 3.(空房)放水	1.地漏喷药（长住逢五） 2.用玻璃清洁剂清洁阳台、房间窗玻璃和卫生间镜子 3.用鸡毛掸清洁壁画	1.清洁卫生间抽风机(味)机罩 2.清洁(水洗)吸尘机真空器保护罩 3.清洁职工卫生间虹吸水箱、磨洗地面

续表

10 天	15 天	20 天
1.空房马桶水箱虹吸 2.清洁走廊出风口 3.清洁卫生间抽风主机网	1.清洁热水器、洗杯机 2.冰箱除霜 3.酒精球清洁电话机 4.清洁空调出风口、百叶窗	1.清洁房间回风过滤网 2.用 BRASSC 擦铜水擦铜家具、烟灰缸、房间指示牌
25 天	**30 天**	**一季度**
1.清洁制冰机 2.清洁阳台地板和阳台内侧喷塑面 3.墙纸、遮光帘吸尘	1.翻床垫并红外线消毒 2.抹拭消防水龙带和喷水枪及胶管	1.干洗地毯、沙发、床头板 2.干(湿)洗毛毯 3.吸尘机加油
半年	**一年**	
清洁纱窗、灯罩、床罩、保护垫	1.清洁遮光布 2.红木家具打蜡 3.湿洗地毯(2、3项由PA负责完成)	

三、计划卫生的管理

计划卫生涉及范围广,一般又以高空作业居多,因此客房部必须加强对计划卫生的管理。

1.做好计划卫生的安排和检查记录

客房部拟定好客房的计划卫生后,应做好计划卫生的落实和安排工作,并根据具体情况专门设计不同计划卫生项目的完成表,以利于管理者及时根据完成表对计划卫生完成情况进行检查评估,确保计划卫生能按质按量完成(见表3-6)。

表 3-6(a)　早班计划卫生完成表

日期	班种	早班	
		项目	工作内容及要求
1~5	16~20	抹房间墙纸	用湿布抹,干布再抹,有污渍用牙刷刷
6~7	21~22	抹走廊窗玻璃	用玻璃刮、洗洁精、清水抹、要求无水渍,光亮
8~10	23~25	抹走廊墙身	用清水刷墙身,用干布抹干
11	26	洗浴帘	拆下浴帘,擦洗,要求无渍,干后挂上
12	27	拖电机房地面及抹尘	无杂物,无蜘蛛网,抹尘、拖地、清理杂物
13	28	清除走廊蜘蛛网	走廊抹蜘蛛网,抹墙身浮尘
14	29	抹电梯门及大理石	电梯门及大理石先用湿布抹,再用干布抹
15	30	洗灯罩	拆下房间灯罩,用漂白粉、洗洁精刷,晾干后装上

表 3-6(b) 中班计划卫生完成表

内容\日期\班种	中班	
	项目	工作内容及要求
星期日	工作间大清洁	抹洗各处，清理布草柜及多余的物品
星期一	抹走廊设施	抹管井、门牌、门铃、门柜、灯箱、消防器材
星期二	抹走廊地脚线	抹走廊、电梯厅所有地脚线浮尘，拾地脚线底边物
星期三	抹风机口	抹走廊、大厅出风口
星期四	抹走廊天花板	抹天花板、走廊窗帘导轨及灯泡
星期五	清洁露台、走火梯	清扫露台、走火梯及拖地
星期六	公共卫生间	用洗洁精刷墙身后抹干，马桶内外清洗

表 3-6(c) 卫生班计划卫生完成表

内容\日期\班种			卫生班		
			项目	工作内容及要求	注意事项
1	15	25	抹地脚线	包括柜后地脚线，用半湿布抹，要求无污渍和浮尘	破损要报修
2	16	26	洗抹家具木器	将柜身、柜脚、凳脚洗抹，除去家具表面的顽渍	
3	17	27	抹电话	用棉花、酒精，注意酒精不能漏入电话内，要求清洁无异味	检查是否正常
4	18	28	洗马桶污渍	用洗洁精、抹布、百洁布，洗马桶内外及水箱	可用草酸清除顽渍
5	19	29	洗卫生间墙壁	用洗洁精擦洗墙身，用水冲净，用干布抹干，要求无水渍	
6	20	30	清洁布草车	做完房后用半湿布、洗洁精将车身内外清洁干净后抹干	
7	21		洗垃圾桶	用洗洁精清洁后抹干	
8	22		清除蛛网	用长竹竿、抹布将天花板、墙身、墙角等处的蜘蛛网清除	
9	23		抹风机口	包括卫生间和卧房的出风门，用湿布抹尘	抹后叶片要放好
10	24		抹卫生间天花板	用半湿布抹卫生间天花板，清洁抽风罩	
	11		卫生间光管白片	拆下白片抹尘，要求无杂物，摆放整齐，用湿布抹	
	12		冰箱除霜	先停冰箱(约1小时)把冰拿出柜外，把冰箱箱里抹好再抹外面	干布抹后面

续表

日期 \ 内容 \ 班种	卫生班		
	项目	工作内容及要求	注意事项
13	房间床底吸尘	包括柜后、床下边、窗台下面等地毯边吸尘及挑毛	
14	翻床垫	A.2~4月 B.5~7月 C.8~10月 D.11月~次年1月	英文文字在床尾向上

表 3-6(d)　夜班计划卫生完成表

日期 \ 内容 \ 班种	夜班	
	项目	工作内容及要求
	星期日	抹电梯厅天花板
	星期一	清洁消防器材
	星期二	清洁电梯门及大理石
	星期三	清洁电梯厅角灯
	星期四	服务台
	星期五	抹所有门（除客房门外）
	星期六	擦烟灰桶

2.加强督导工作

(1)将客房的周期性清洁卫生计划表贴在楼层工作间的告示栏内或门背后。楼层领班还可在服务员做房报告表上每天写上计划卫生的项目,以便督促服务员完成当天的计划卫生任务。

(2)服务员每完成一个项目或房间后即填上完成的日期和本人的签名(见表3-7)。

表 3-7　客房周期清洁表

楼层＿＿＿＿＿＿＿＿＿＿　　　　　　　　　　　日期安排＿＿＿＿＿＿＿＿＿＿

姓名、日期\项目\房号	地毯	墙面	卫生间	家具	窗户	小酒吧	备注

(3)领班等根据检查记分表(表3-8)予以检查,以保证质量。

表 3-8　客房计划卫生项目检查记分表

房间	
项　目	得　分
门(面、框、锁眼、房号、把手、窥视镜、防火通道图)无积灰和污迹	6
门碰头无积灰	2
鞋篓、小酒柜无灰尘	6
过道顶板无灰尘	4
新风口无灰尘	6
冰箱柜内外无积灰和杂物	4
组合柜抽屉内外无积灰和杂物	6
电视机座转座及转盘无积灰	4
窗玻璃、窗帘无灰尘污迹	4
垃圾桶内外无污垢、斑迹	4
茶具、茶叶缸底部无污垢、斑迹	6
家具缝、沙发缝内清洁	8
地毯边缘(含家具四周)无积灰	12
墙纸、地毯无斑迹	4
床底无灰尘、杂物	8
窗帘整齐、不脱钩,床脚无积灰	4
壁橱顶无积灰	2
卫生间	
项　目	得　分
门(面、框、锁眼、把手)无积灰及污迹	6
皂洞无污迹	8
金属器(晾衣线盒、龙头、开关)无污迹和水渍	12
马桶内外无污迹	12
水箱内部无泥沙,外部无斑迹	8
镜框除锈、上油	6
浴帘无污迹,边缘无破损	8
天花板无黄迹	6

续表

项 目	得 分
取暖灯无斑迹	8
装饰板无斑迹	14
人体秤及秤套无灰迹、斑迹	6
垃圾桶内外无污垢、斑迹	6

(4)客房服务中心根据各楼层计划卫生的完成情况绘制柱形图,显示各楼层状况,以引起各楼层和客房部管理人员的重视。

3.注意安全

客房的计划卫生中,有不少是需要高空作业的项目,如通风口、玻璃窗、天花板等。因此,清扫天花板、墙角、通风口、窗帘盒或其他高处物体,要用脚手架或凳子;站在窗台上擦外层玻璃要系好安全带。处处注意安全,防止事故发生。

4.准备好清洁工具和清洁剂

要做好客房的计划卫生,就要重视清洁工具及清洁剂的准备工作。如果这一环没抓好,不仅会浪费清洁剂和降低工作效率,而且往往达不到预期的清洁、保养效果,甚至带来额外的麻烦。例如,给木质地板上蜡,本应用油性蜡,如误用水性蜡,不仅不美观,而且会对木质地板造成损坏。因此,根据计划卫生的内容,选择适合的清洁工具和清洁剂是搞好计划卫生的重要一环。

第四节 客房的消毒及虫害控制

消毒和除虫害是饭店清扫卫生工作的一项重要内容,是预防各种疾病流行,保证宾客健康的重要措施。

一、客房消毒

在客房的消毒工作中,每个服务人员都必须加强责任心,明确消毒目的,了解消毒的基本原理,熟悉常用的消毒方法。

(一)客房消毒的要求

1.房间

房间应定期进行预防性消毒,包括每天的通风换气、日光照射以及每星期进行一次紫外线或其他化学消毒剂灭菌和灭虫害,以保持房间的卫生,预防传染病的传播。

2.卫生间

卫生间的设备、用具易被病菌污染,因此,卫生间必须做到天天彻底清扫,定期消毒,经常保持整洁。

主要应做到:①每换一位旅客就必须进行严格消毒;②每周对地面喷洒杀虫剂一次,尤其注意对地漏处的喷洒。

3.茶水杯、酒具

主要应做到:①走客房的杯具必须统一撤换,进行严格的洗涤消毒;②住人房用过的杯具每天都必须撤换,统一送杯具洗涤室进行洗涤消毒;③楼层应配备消毒设备和用具。

4.客房工作人员

主要应做到:①严格实行上下班换工作服制度,让工作服起到"隔离层"的作用;②清洁卫生间时,应戴好胶皮手套;③每天下班用肥皂清洁双手,并用消毒剂对双手进行消毒;④定期检查身体,防止疾病传染。

(二)常用的消毒方法

1.通风与日照

(1)室外日光消毒。

(2)室内采光。

(3)通风。

使用空调器应注意定期更换空调器的滤膜,防止细菌的滋生繁殖。因为在适宜的湿度和温度中,一些致病微生物(霉菌)会在空调器内繁殖生长。

2.物理消毒

(1)高温消毒。高温消毒可分为煮沸消毒与蒸汽消毒两种。其原理是在高温中,菌体内的蛋白质凝固致其死亡。主要包括:①煮沸消毒法:将洗刷干净的茶水具置于100℃的沸水中煮15分钟~30分钟即可。此法适用于瓷器,但不适用于玻璃器皿。②蒸汽消毒法:将洗刷干净的茶水具和酒具等放到蒸汽箱中,蒸15分钟即可。此法适用于各种茶水具、酒具及餐具的消毒。

(2)干热消毒。主要是通过氧化,破坏微生物细胞原生质,致其死亡。主要包括:①干烤:多采用红外线照射灭菌,目前客房楼层常用的消毒柜多属此类。操作程序是将洗刷干净的杯具放入消毒柜中,然后将温度调至120℃,干烤30分钟即可;此方法也可用于床垫消毒。②紫外线消毒:可用于卫生间的空气消毒。一般安装30瓦灯管一支,灯距地面2.5米左右,每次照射2小时,可使空气中微生物减少50%~75%,甚至90%以上。

3.化学消毒剂消毒方法

化学消毒剂能使微生物菌体内的蛋白质变性,干扰微生物的新陈代谢,抑制其快速繁殖,以及溶菌。

(1)浸泡消毒法。浸泡消毒一般适合于杯具的消毒。使用浸泡消毒法,必须先把化学消毒剂溶解,同时严格按比例调制好,才能发挥效用。如果浓度过低,达不到消毒的目的;浓度过高则易留下余毒,损害人体。浸泡消毒的操作方法是:将洗刷干净的杯具分批放入消毒溶液中浸泡5分钟,然后用净水冲净并擦干即可。

(2)擦拭消毒法。即用药物水溶液擦拭客房设备、家具,以达到消毒的目的。具体方法有:①房间。服务员打扫完卫生后即可用化学消毒溶液进行擦拭消毒。例如,用10%浓度的石碳酸水溶液、2%浓度的来苏水溶液擦拭房间家具、设备。②卫生间。用2%~3%的来苏水溶液或"八四肝炎"消毒剂擦拭卫生间洁具。消毒完毕,紧闭门窗约2个小时,然后进行房间通风。

化学消毒溶液对人体有一定的腐蚀作用,因此在进行消毒时,应注意采取防护措施。如有接触用清水冲洗即可。

(3)喷洒消毒法。为了避免对人体肌肤的损伤,可采用喷洒方法消毒。例如,用浓度为1%~5%漂白粉澄清液对房间死角和卫生间进行消毒。但禁止将漂白粉与酸性清洁剂同时使用,以免发生氯气中毒。喷洒消毒以采用快干型的消毒剂为好,如空气清新剂、"杰雪"消毒剂("杰雪"的有效成分是戊二醛,无刺激气味和不腐蚀金属,对皮肤无刺激,能迅速杀死甲肝、乙肝等病毒)。

二、虫害的控制

(一)虫害的诱因和类别

了解虫害的诱因和类别,我们就能够从各方面对虫害加以控制。

1. 虫害的诱因

(1)所有的虫害都需要一个温暖和不受干扰的栖身之地,而食物和水又是其生存和繁衍的必要条件。如果饭店内有通风不佳、环境潮湿、垃圾生根、残羹剩饭乱倒、新鲜食物控制不当的现象,虫害的滋生和蔓延就有了可乘之机。

(2)先天或外界的一些因素也能造成虫害。例如,对建筑地基的隐患未予以勘察与处理、饭店周围有建筑物拆迁或公共设施整修以及每天进出饭店的各种车辆和物品等,都使虫害成为可能。对于那些地处郊外或庭院较大的饭店来说,野猫野狗不仅会给饭店环境带来骚扰,而且也能造成虫害。

2. 虫害的类别

(1)昆虫类——蠹虫、臭虫、虱子、跳蚤、苍蝇、蟑螂、蚊子等。

(2)啮齿类——褐家鼠、小家鼠等。

(3)菌类——霉菌等腐生菌。

(二)虫害防治的基本办法

1. 控制虫害的起因

主要应做到:①外来货物必须经过检查认可;②食物不许随手乱丢;③垃圾要严格卫生管理;④做好地下室、库房、阳台等死角的计划卫生;⑤饭店必须从各个环节控制好环境卫生,这包括对于建筑装饰材料的防护处理,堵塞漏洞及纱帘等。

2. 及时发现和治理虫害

3. 聘请专家或专业公司

(三)常见虫害的防治方法

1. 蠹虫

其控制方法为:①保持衣物、布料、床上用品、皮革制品及软木制品等的干净;②储存以上物品时,要将其置于密封的聚乙烯口袋中,并安放在壁橱或抽屉等阴凉处;③在储存物中放入樟脑丸、精萘或对位二氧化苯等防蛀药剂;④经常清洁地毯,并定期在地毯边缘和家具底下喷洒灭虫药剂;⑤在壁橱等处挂放驱虫药盒或药带;⑥对地毯进行防蛀处理(当然,纯化纤地毯即不必有此担心了)。

2. 臭虫

其控制方法为:①保持卧室地面、墙面、床体和床上用品等的清洁卫生;②喷洒六氯化苯喷剂或请卫生防疫专业人员前来处理。

3. 虱子

其控制方法为:①保持个人清洁卫生,使用的梳子要干净;②使用具有杀菌作用的洗发香波和护发素;③梳子专用,不提倡在洗手间设公用木梳;④定期清洁床头板、头靠垫等;⑤不允许带动物进入饭店。

4. 跳蚤

其控制方法为：①保持地面、床具、床裙等清洁无尘；②发现沾有跳蚤的床具、衣物等应立即拿到安全处烧毁，因为跳蚤一次产卵往往就可达数百个；③防止猫、狗、鸟类等动物进入饭店，并尽可能清除饭店建筑物上的鸟巢；④定期对床架、地面喷洒杀虫剂。

5. 苍蝇

其控制方法为：①及时处理掉食物空瓶、空罐和残羹残饭之类；②经常彻底清洁废物箱和垃圾房等；③垃圾桶要盖严，盖子大小要合适；④时常开启的窗户上要安装防蝇纱窗；⑤经常喷洒杀虫剂，安装电子灭蝇灯；⑥夏、秋季要特别注意垃圾房、废物桶和外围环境卫生，定期清洁消毒，消灭或破坏苍蝇的滋生条件与环境。

6. 蟑螂

其控制方法为：①保持环境整洁，食物要收藏好，死角要定期打扫；②向蟑螂出没的地洞、管理井、水池等喷洒专业杀虫剂，并确保药剂渗入到裂缝与孔洞之中；③请有经验的专家指导喷洒或布放药粉、诱饵于蟑螂出没之处；④根据环境要求选用药物熏蒸法或灭蟑粉等方法。

7. 甲虫

其控制方法为：①保持木制品表面清洁，并要对其进行油漆、打蜡或上塑；②用专业杀虫剂喷涂所有可能发生虫害的地方，如底座、背面和抽屉里壁等；③在进行喷涂之前，先用杀虫剂将蛀洞灌满；④定期使用有杀虫、防虫作用的抛光蜡剂；⑤聘请专家勘察和处理虫害问题。

8. 蚊子

其控制方法为：①保持室内外环境清洁，消灭蚊子滋生的死角，如废旧容器、臭水沟等；②室内外定期喷洒杀虫剂；③在许可的情况下安装纱门窗，以防止蚊子进入；④在室内外合适的地方安置蚊灯，以诱杀成蚊。

9. 白蚁

其控制方法为：应请当地白蚁防治所的专业人员前来予以解决；作为预防的手段，平时要及时清除废旧木料，木质建筑材料应涂防蚁油；有必要的话，一些库房内也要定期喷洒专业杀虫剂或灭蚁灵等。

10. 蜘蛛

其控制方法为：①定期进行全面彻底的清洁工作；②随时清除蛛网并在其出没处喷洒杀虫剂（夜晚喷洒效果尤佳）。

11. 螨

其控制方法为：①改善通风的空调效果；②及时处理掉废弃的食物和瓶罐等；③喷洒杀虫剂；④定期清除床垫和家具饰物上面的尘污；⑤勤洗毛毯和地毯。

12. 老鼠

其控制方法为：①堵塞所有可供其出入的洞口；②清除所有能做巢的废料；③保持环境的清洁卫生，切断其食物来源；④投放鼠药，禁止用"毒鼠强"等违禁杀鼠剂（包括氟乙酰胺、氟乙酸纳、毒鼠硅、甘氟等）；⑤采用粘鼠板、捕鼠器等其他方法灭鼠，特别是在老鼠变得狡猾，不肯吃鼠药的情况下；⑥请专业人员治理。

13. 菌害

其控制方法为：消除多余的湿度。

由于大多数菌害的发生是饭店设计、施工的错误或工程维修保养较差的结果,如天花板漏水、墙壁渗水等,所以客房部的任务是要能及时发现问题并报告饭店工程部。当发现以下情况时即应予以关注:①墙纸脱壳、变色或渗色;②墙面涂料剥落、褪色;③物体有萎缩或膨胀现象;④水龙头滴水和管道外溢、落水不净;⑤有强烈、刺鼻的气味;⑥小虫的出现,如毛衣虫等;⑦歪曲的踢脚线或墙面上的砖头或泥灰等有盐花析出。

本章小结

客房的清洁保养工作主要有清扫客房、添补客用品及对客房的维护保养三项内容。要为顾客创造一个清洁、舒适、安宁的住宿场所,应通过标准和程序来控制客房清洁保养工作的质量,必须尊重住店客人对房间的使用权,必须贯彻清洁卫生要"预防为主"的方针,同时要搞好客房楼层的计划卫生与立体卫生及虫害的控制。

思考与练习

➢ 记忆型

1. 客房清扫的基本方法有哪些?
2. 晚间服务与小整服务有何区别,其意义何在?
3. 走客房、住客房、空房的清洁有何区别?

➢ 思考型

1. 客房的清扫有哪些规定,为什么?
2. 为什么必须重视客房的生化标准?

➢ 动手与操作

1. 按房务工作车装配的标准,具体配备一架房务工作车。
2. 进行中式铺床练习(建议在100次以上),最后达到4分钟内完成铺床操作。
3. 客房服务员进客房前应注意哪些事项?按进房规范进行模拟练习。
4. 在学校客房专业教室或实习饭店进行客房清扫的实际训练,最后达到35分钟内独立完成一间客房的清扫工作。

➢ 实践应用型

1. 客房清扫前要做哪些准备工作?一个服务员要完成每天的房间清扫任务,究竟要配多少种类和多少条抹布?请到多家饭店进行调查研究。
2. 到饭店了解情况后,谈谈该饭店客房舒适度是否达到星级饭店的要求。
3. 客房常用的消毒方法有哪些?到当地饭店了解饭店常用的消毒剂及消毒的方法。
4. 客房的计划卫生有何意义?到当地饭店了解客房计划卫生的项目及时间安排。

➢ 案例分析

可以先打扫810房间吗?

住在810房的两位客人上午刚抵达杭州,用完早餐后回到房里,一位原定下午来与他们商谈一宗出口业务的杭州某大公司副总经理来电,因故欲将会谈改到上午进行。由于这宗买卖关系到温州客人半个年度的经营计划,同这位副总经理洽谈是他们此次来杭的首要目的,所以尽管上午已有安排,他们还是一口答应。挂上电话,马上与另外两家公司联系,把原定上午会面的计划推迟到下午。

"刑副总还有半小时便要到达,房里还是乱七八糟的,请服务员快来打扫吧。"年纪较大的那位营业部经理对助手说道。

　　经理的助手开门出去找楼层值台服务员时发觉,一辆服务车已停在801房外面,801房的门敞开,显然服务员已经站在那儿做客房清洁卫生。

　　助手在801房,十分斯文地请两位服务员立即打扫810房,最后没有忘记说声"谢谢"。

　　两位服务员听到他的要求面面相觑,似乎有什么难处。

　　"是否我的要求会给你们带来什么困难?"助手还是彬彬有礼地询问。

　　一位年纪稍大的服务员开口了,她说:"我们每天打扫房间都必须按规定的顺序进行,早上8点半开始打扫801房,然后是803、805等,先打扫单号,接着才是双号。打扫到810房估计在10点左右……"

　　"那么能不能临时改变一下顺序,先打扫810房呢?"助手十分耐心地问道。

　　"那不行,我们的主管说一定要按规范中既定的顺序进行。"他们面露难色。显然服务员能理解客人的心情,也很愿意满足他的要求,但却不敢违反饭店的规定。

　　你认为应该怎样处理这件事?为什么?

第 4 章 公共区域及面层材料的清洁保养

> **学习重点**
> - "洁美环境"是公共区域清洁保养的目标与任务
> - 饭店常用的地面及墙面材料的种类与相应的清洁保养方法
> - 公共区域常用清洁保养设备、清洁剂的操作技能

饭店是为公众提供吃、住、行、游、购、娱等服务的场所,又是一座压缩了的"城"、一个有声有色的小社会。除了住店客人之外,开会、用餐、购物甚至参观游览的人等,也会常常在公共区域驻足,而且客人习惯于根据饭店公共区域是否整洁来判断饭店的水平。因此,公共区域面临的评判者比客房区域更多,其清洁保养工作质量的好坏,将会给饭店的声誉带来极大的影响。

第一节 公共区域的清洁保养

一、公共区域清洁保养工作的特点

饭店的公共区域是指饭店公众共有、共享的区域和场所。根据饭店公共区域的功能和使用者的类别来分,可分为客用部分和服务员使用部分;根据其所处的位置,又可分前台部分、后台部分、室外部分和室内部分。客用部分主要包括停车场和营业场所及客人临时休息场所、洗手间等;服务员使用部分主要包括服务员更衣室、服务员食堂、倒班宿舍、培训教室、阅览室、活动室等。

饭店公共区域清洁保养工作具有要求高、任务繁杂、专业性较强等特点。

1. 众人瞩目,要求高,影响大

饭店的公共区域是人流过往频繁的地方,只要到饭店来,任何人都能接触饭店的公共区域。可以说,饭店的公共区域是饭店的门面。很多人对饭店的第一印象都是从饭店的公共区域获得的,这种印象往往影响着他们对饭店的选择。因此,饭店必须高度重视公共区域的清洁保养工作,并以此为饭店添光加彩,增强饭店对公众的吸引力。

2. 范围大,情况多变,任务繁杂

饭店的公共区域范围大、场所多、活动频繁、情况多变,因此,清洁保养工作的任务也就非常繁杂,而且有些工作是难以计划和预见的。人数多少、活动安排、天气变化等多种情况都可能带来额外的任务。

3. 专业性较强,技术含量较高

饭店公共区域的清洁保养工作、尤其是其中的一些专门性工作与其他清洁保养工作相比,专业性较强,技术含量较高。因为工作中所需使用的设备、工具、用品和所清洁保养的设

施设备和材料等种类繁多,服务员必须掌握比较全面的专业知识和熟练的操作技能才能胜任这些工作。

二、公共区域的任务及要求

(一)公共区域的业务范围

主要包括:①负责饭店室内和室外的清洁卫生(厨房除外);②负责饭店所有下水道、排水排污等管道系统、沟渠、河井、化粪池的清疏工作;③负责饭店卫生防疫、喷杀"六害"的工作;④负责饭店的绿化布置及花木的养护工作(有的饭店专设有"绿化部")。公共区域的业务范围,是根据饭店的档次和习惯而定的。但根据专业化分工原则,由客房部下属的公共区域组来负责此项工作为佳。它既可提高清洁保养的质量,又节约人力和物力,同时又可避免部门之间的责任推卸。

(二)公共区域清洁保养的准备工作

1.安排好清洁保养时间

原则上不能影响客人的正常活动。一般日常清洁可在营业时或客人活动间隙进行,而彻底的清洁保养则应在营业结束后或基本无客人活动时进行。

2.领取工作钥匙和有关的工作报表

清扫前,服务员应先到领班处领取某些公共区域如餐厅、酒吧、商场、康乐场所、行政办公室等处的工作钥匙和有关的工作报表,同时应听取领班对当天工作任务的安排和要求。

3.准备好清洁剂和清洁器具

(1)清扫公共区域卫生前,先根据不同的清洁区域和清扫任务,准备好相应的清洁设备和各种清洁工具。

(2)根据被清洁对象的化学特性及要求,准备好各类清洁剂,并按规定进行稀释,盛放在一定的容器中。

4.做好公共区域场地的准备工作

清扫公共区域前,应根据清洁任务的不同要求,对某些场地做些准备工作:

(1)地毯吸尘前,最好把家具先挪开,等吸完尘再复位,以确保吸尘效果。

(2)清洗地面前,应先把家具等挪开,等清洗完毕、地面干燥后(地毯应吸好尘),再把家具等复位。若清洗地毯,应先除去地毯上的污渍;若清洗硬质地面,应先吸尘;硬质地面打蜡前,应在场地放好标志牌,告知客人注意行走安全。

5.检查仪表仪容

准备工作结束后,服务员再检查一遍自己的仪表、仪容是否符合饭店的要求。

(三)公共区域清洁保养的任务及要求

饭店公共区域的各个部分由于所处的位置不同、功能不同、设备材料及装饰布置不同等多种原因,其清洁保养工作的任务和要求就不可能完全一样。下面概要地介绍部分主要场地的清洁保养工作的任务及具体要求。

1.大厅

(1)入口。大厅入口处的清洁保养工作主要是清洁地面和指示标牌等。通常,饭店大门处都有车道,由于车辆和人员往来,很容易有尘土杂物,因此,这里需要不断地清洁。白天要不断地有计划进行清扫,夜间要进行冲洗。北方地区的饭店冬季最好不要冲洗,防止地面结冰,导致行人滑倒或车辆交通事故。为了防止或减少行人将尘土带进室内,门外行人必经之处要铺上脚垫,踏脚垫要及时更换清洗。另外,此处还要放置雨伞架,在雨雪天气,安排专人照看;配备一些伞套,防止客人将雨水带进室内,减轻室内的污染。这里的指示标牌也要经常擦拭,保持清洁光亮。

(2)门、拉手。门和拉手需要经常擦拭,清除灰尘、手印、污迹,保持清洁光亮。

(3)扶手。扶手需要经常擦拭,保证无灰尘、无手印、无锈蚀,光洁明亮。金属扶手须用金属上光剂(省铜剂、不锈钢清洁剂)擦拭。木质扶手需用清洁蜡除污上光,通常每天一次。

(4)室内地面。大堂内地面白天用拖把或吸尘器清除灰尘杂物、脚印等,晚间客人较少时用打蜡机抛光,还要定期清洁打蜡。大堂地面必须保持无灰尘、无污迹、无杂物,清洁明亮。

(5)沙发、座椅。要随时清除沙发、座椅上面的灰尘杂物,并经常整理复位,如有污迹,要及时安排清洗,保证整洁整齐。

(6)茶几、茶台。茶几、茶台上面的烟灰缸要经常更换。客人正在使用的烟灰缸,里面的烟灰烟蒂不得积聚过多;要经常擦拭台面,保证无灰尘、无污迹、无杂物,摆放整齐;更换清洁烟灰缸时要注意是否有未熄灭的烟头,确保安全。

(7)公用电话。电话间要经常进行清洁,保证无灰尘、无污迹、无垃圾杂物。电话机要整理复位,并经常消毒。电话间里面的垃圾桶和烟灰缸要及时清倒。

(8)植物花草。及时清除枯死的枝叶、花朵,并按规定浇水施肥、喷药,要及时清除花草中的烟蒂杂物和花盆、盆套上泥土、灰尘、污迹。如果是人造植物花草,可以直接清洗。

(9)水池。要及时清除水池内的杂物及沉积的泥沙,定期洗刷。

(10)告示牌、画牌。要经常擦拭玻璃面和金属框架,还要整理复位,保证无灰尘、无污迹,摆放整齐。

(11)烟灰桶。饭店大厅通常都有很多烟灰桶(兼做垃圾桶)。这些烟灰桶要经常清洁,定期清洗。平时,还要检查有无没有熄灭的烟头、火种等。

2.电梯、自动扶梯

电梯、自动扶梯也是使用频繁、需要经常清洁保养的地方。具体内容包括地面、四壁、顶部的除尘除迹,对金属部分用金属上光剂擦拭。如果地面铺着地毯,要经常吸尘除迹,适时更换清洗。白天吸尘时,应避免噪声对客人的影响。另外,对电梯进行清洁保养时要合理安排时间,既要保持电梯清洁,又要防止影响电梯的正常运行和客人的进出。自动扶梯在运行时,可以擦拭扶手、清除杂物。停止运行后,进行进一步的清洁保养,主要是清除油污和台阶护板上的尘土污迹,检查灯箱,更换烧坏的灯泡等。

3.餐厅、酒吧

在对餐厅、酒吧进行清洁保养时,必须注意尽量不影响客人的活动或给客人留下不好的印象。尽量安排在营业结束后或非营业高峰时间进行清洁保养,所使用的工具要清洁美观,化学清洁剂无刺激性气味等。

餐厅、酒吧的清洁保养工作主要有下列内容:①清除餐桌、工作台等处的食物、酒水饮料等的残留物和污迹;②沙发、座椅的除尘除迹;③地面的除尘除迹,定期清洗、打蜡;④墙面的除尘除迹;⑤灯具及装饰物体的除尘除迹;⑥金属器件的除锈上光;⑦门、窗、风口处的除尘除迹;⑧木质家具及装饰物的打蜡保养;⑨植物花草的清洁与养护;⑩除虫灭害。

4.多功能厅

多功能厅是用于举行大型宴会及其他大型活动的场所,其使用频率通常没有餐厅、酒吧高,一般不需每天进行清洁保养,而是根据这里的活动安排来计划、安排其清洁保养工作。活动前,客房部要对多功能厅进行台面的清洁保养,并协助有关部门进行场地布置;活动中,客房部要合理调配人力,保持场地的清洁;活动后,客房部要及时协助有关部门清理恢复场地工作,并做必要的清洁保养工作。另外,客房部还要做好计划,定期对多功能厅进行全面彻底的清洁保养,如清洗地毯、清洁天花及吊灯、墙面的除尘除迹等。

5.康乐场所

饭店的康乐场所较多,各个康乐场所的营业时间、设施设备的配置及活动内容各有不同。因此,对这些场所的清洁保养工作的安排必须考虑其具体情况,并与相关部门协调配合,既要保证其清洁保养的质量,又不能影响其正常经营活动。

6.客用洗手间

饭店客用洗手间的清洁保养工作可分为一般性清洁保养和全面彻底的清洁保养。清洁进行之前应先把清洁工具与用品准备好,清洁标准则为干净无异味,光鲜亮丽。

(1)马桶与小便斗。主要包括:①用洁厕剂少许倒入水中搅匀后以马桶刷洗刷马桶内外及底座,并用水冲净;②用海绵蘸万能清洁剂擦拭马桶盖、坐垫并用水冲洗,接着用干抹布把水抹干,再用消毒毛巾对坐垫进行消毒,最后把地拖干;③小便斗清洗方法同上,如发现水锈、水迹必须用酸性清洁剂,否则水迹无法洗净。应注意酸性清洁剂不能滴在地上,以免损坏地面。

(2)洗脸台。主要包括:①先喷洗洁精在洗脸盆内,用海绵来回洗刷,直到污迹洗净为止;②用湿布将台面上之水滴拭干,并用干布将水龙头及其他配件擦亮;③用玻璃清洁剂把镜面擦亮;④补充擦手纸、卫生纸卷及洗手乳液。

(3)室内清洁。主要包括:①地面以万能清洁剂加水洗刷干净,尤其在小便斗的周围要特别加强;②用拧干的拖把将地面拖干净;③大理石的地面要定期除蜡打蜡,使地面保持亮丽光洁;④空调出风口、墙角、如厕的隔间壁面及门要保持无灰尘、无污迹。

饭店在洗手间入口处后面都贴有一张"公共清洁维护记录表",服务员在完成客用洗手间之清洁整理时,必须在表上填写记录(见表4-1),同时房务部主管巡察时,根据检查状况签名以示督导,若有应加强处则记录下来并加以追踪。

表4-1 公共清洁维护记录表

公共清洁维护记录表			
		年 月 日	
整理时间	清洁员签名	清洁状况	检查人签名
时 分			
时 分			

7.后台区域

各个饭店都有后台区域,即服务员活动区域,包括服务员通道、电梯、更衣室、服务员卫生间、服务员食堂、办公室、倒班宿舍等。后台区域的使用频率高、区域范围广、清洁保养难度大。饭店后台清洁保养工作做得好坏,能够直接反映饭店的管理水平,影响服务员的工作环境质量和人员士气。后台的清洁保养工作应根据各个场所的功能用途、使用频率等具体情况,进行合理安排。

(1)员工通道。员工通道通常都是混凝土或砖石地面,日常的清洁保养主要是清除地面的垃圾杂物及污迹,但要注意防滑。定期清洁保养主要是洗刷地面,清除墙面的污迹。

(2)服务员电梯。服务员电梯的清洁保养工作与客用电梯的清洁保养工作基本相同。

(3)服务员更衣室。服务员更衣室通常安排专人照看,其清洁保养工作的内容和要求有保持地面清洁、清除垃圾杂物、收拾衣架并送布件房、整理长条凳、清洁浴室卫生间、补充卫生用品、家具设备的除尘除迹等。

(4)办公室。办公室的清洁保养工作一般在上班前或下班后进行,中间方便的时候整理一次,清理垃圾。在对办公室进行清洁保养时要特别小心,防止文件丢失。有些办公室由于保密和安全的原因,清洁保养需做特别的安排,通常要与有关人员或部门协调安排。

8.吊灯

对吊灯的清洁保养工作应主要注意以下几点:

(1)选择适当的时间。清洁保养公共区域的吊灯应根据各场所的使用情况安排时间,以不影响这些场所的使用为原则。

(2)选择合适的人员。这项工作必须由有经验、责任心强、工作细致认真的服务员承担,因为饭店使用的吊灯大多价格昂贵、易损坏,甚至有些配件还不易采购。在作业过程中,领班或主管要加强现场监督,并要求工程部配合协助。

(3)更换烧坏的灯泡。一般大型吊灯都有很多灯泡,有些饭店要求每次清洁保养时可将全部灯泡换掉。已烧坏的丢弃,尚能使用的用到别处。

(4)配齐设备工具用品。清洁保养吊灯时,必须要有齐全的设备工具和用品,如升降梯、长梯、软刷、各种抹布、专用清洁剂等。

(5)注意安全。清洁保养吊灯时,必须注意安全,一是防止发生工伤事故,二是防止损坏灯具。

9.饭店垃圾的处理

主要包括:①饭店里所有的垃圾,包括定期从垃圾管道里清除的垃圾,都要集中到垃圾房,统一处理;②将垃圾中有用物品,如餐具、用具、设备零件等,分拣出来,做好登记,移交给有关部门处理。移交时要办好登记和签收手续,有严重问题的要调查处理,追究责任;③清理垃圾时,若发现客人遗弃的黄色书刊不得私自拿走,必须交保安部处理;④将经过清理的垃圾喷洒药物后装进垃圾桶加盖,以便杀灭虫害和细菌;⑤定时将垃圾运往垃圾工厂或垃圾处理场。若饭店有焚烧垃圾的设施,可先将垃圾焚烧后,再运往垃圾场处理,一定要在当天处理完;⑥保持垃圾房的清洁卫生,垃圾桶要排放整齐,配备垃圾桶盖子,保证地面无遗留垃圾,尽量减少异味;⑦垃圾房是处理垃圾的场所,无关人员不得进入。

三、公共区域清洁卫生的质量控制

(一)重视清洁服务员的选择与培训

饭店公共区域的清洁保养工作具有要求高、任务繁杂、技术性强、劳动强度大等特点,因此并非一般人能够胜任。饭店要确保做好这项工作,首先必须选择合适的清洁服务员,加强对他们的培训,使他们具备应有的素质。合格的公共区域清洁服务员必须符合以下要求:①热爱公共区域的清洁工作,具有高度的自觉性和责任感;②能吃苦耐劳;③有丰富的清洁保养知识和熟练的操作技能;④熟悉饭店的情况,能回答客人的有关问题;⑤有良好的服务态度和较强的应变能力;⑥身体健康,形象较好。

（二）制定清洁保养制度及标准

根据公共区域清洁卫生繁杂琐碎、人员变动大的特点,必须制定清洁保养制度及标准,以保证公共区域清洁卫生质量的稳定性。公共区域的清洁保养制度一般包括日常的清洁保养制度和分期清洁保养计划。

1. 日常清洁保养制度

根据各区域的活动特点和保洁要求,列出所有责任区域的日常清洁基本标准,以便进行工作安排和检查对照。后台区域清洁保养的一般形式和主要内容有:①行政办公室:每日下班后清洁一次;②员工更衣室:每日早中班各清洁一次;③员工通道与服务员电梯:每班清洁一次。

2. 分期清洁保养计划

分期清洁保养计划类似于客房的计划卫生,但公共区域范围广,各处的使用情况和环境要求也不一样,所以分期清洁保养计划应以片、区分列为宜。

3. 公共区域维修保养及清洁卫生质量标准

可参见 GB/T14308—2010《旅游饭店星级的划分及评定》中有关公共区域的周围环境、公共场所、公共卫生间、前厅部分的维修保养及清洁卫生质量评定标准。

（三）配备齐全的设备用品

公共区域的清洁保养工作需要一些专门的设备工具和用品,这是做好公共区域清洁保养工作的基本条件之一。饭店要根据具体的任务和要求配齐、配全、配好设备工具和用品,并加强管理。

（四）划片包干,责任落实到人

为了保证清洁保养计划实施和便于检查效果,应将各项工作落实到早、中、晚三个班,再根据工作量的大小确定各班次所需要的服务员人数,最后还要划片包干,责任落实到人。通常,早、中班各责任区服务员应根据客房部制定的工作流程和时间分配表进行工作,而夜班则只需列出其工作内容即可。

一般清洁项目所需的时间见表4-2。

表4-2　一般清洁项目所需时间

工作类别	地点	时间与工作量
打　扫	小房间	每20分钟90~100平方米
打　扫	无障碍的走廊	每10分钟90~100平方米
打　扫	楼梯	每12分钟40~50平方米
水　拖	无障碍地带	每10分钟90~100平方米
湿拖及清洗	较无障碍的地带	每30分钟90~100平方米

续表

工作类别	地点	时间与工作量
机械擦洗	无障碍地带	每小时 90~100 平方米
真空吸尘	无障碍地带	每 45 分钟 90~100 平方米
打蜡	无障碍地带	每 30 分钟 90~100 平方米
机械摩擦	无障碍地带	每 15 分钟 90~100 平方米
擦净灰尘	各办公室	每 10 分钟 90~100 平方米
水抹灰尘	各客房	每 12 分钟 90~100 平方米
浴室清洁	浴缸、地面	每小时 45~50 平方米
墙壁清洗		每小时 35~40 平方米
窗户清洗		每 8 小时 60~80 平方米

(五)加强巡视检查,保证质量

公共区域管理人员要加强巡视检查,同时要制定卫生检查标准和检查制度,以及制作相应的记录表格(见表 4-3)。客房部的管理人员也要对公共区域的清洁卫生进行不定期或定期的检查和抽查,才能保证公共卫生的质量。

表 4-3 大厅的洗手间卫生检查记分表

年　月　日

项目 \ 得分地点	MA	MP	LA	LP	MA	MP	LA	LP	MA	MP	LA	LP
1.地面、墙角无积灰、杂物、污渍	15											
2.马桶、小便池内外干净无污渍	15											
3.四壁瓷砖无污迹、积灰	10											
4.大、小各扇门无灰尘、污渍	5											
5.间隔墙顶无积灰、杂物	5											
6.马桶底座及垫边无积灰、污渍	5											
7.脸盆四周及水龙头清洁无水迹	5											
8.膶翁下水口、溢水口无污迹	5											
9.各小垃圾箱或烟缸内外清洁	5											
10.托盘无污渍、皂盘无水渍	3											
11.水池下弯管无积灰、污渍	3											
12.镜面无水迹、镜框无锈迹	3											

续表

得分地点 项目	MA	MP	LA	LP	MA	MP	LA	LP	MA	MP	LA	LP
13.大理石台面无灰尘	2											
14.踢脚板、缓冲器无积灰	2											
15.镜框顶无杂物、积灰	2											
16.水箱内无大沉淀物,外无污渍	2											
17.风口无积灰	2											
18.壁画、卷纸架无积灰	2											
19.梳子、衣刷上无头发、污渍	3											
20.工作间物品归位整洁	6											
合　计												

公共区域管理人员的清洁卫生检查,白天应以检查清洁卫生质量、了解员工的工作状态和操作细节,包括是否正确使用清洁剂和清洁工具为重点;晚上则以督促工作为重点。因为在晚间灯光下,地面、玻璃及门柱等处是否光洁,是无法一目了然的。

案例

卫生间怎么弄得干净

我国北方某城市一家二星级酒店,建筑外观还不错,设备也算得上齐全,在当地也算是个名流常来之地。

住在306房间的客人,清晨起身发现室内卫生间地面有积水,便叫服务员来收拾。自己因急于要方便,便下楼到大堂公共卫生间去了。一进卫生间门,一股难闻的异味扑鼻而来,差一点作呕起来。他憋住气勉强蹲下方便以后火速离开,然后便去找服务员提意见了。

谁知服务员回答说:"卫生间总会有臭味的,我们酒店人来人往,有些客人用过以后不冲水,有的人还不小心,拉在地面上,怎么弄得干净?"

这位客人听后很恼火,就去找酒店部门经理,谁知那位经理也是个善于打"太极拳"的人,还是同样的话:"卫生间就是有臭味的,你就将就一些吧!"

客人听后火冒三丈,他说:"你们也算是家星级酒店,公共卫生间竟搞成这个样子!我要向你们的上级单位反映,并且告诉熟人,出差时不要住在你店。"

分析

"卫生间怎么能弄得干净!"这句话乍听起来似乎不无道理,因为卫生间,特别是公共卫生间,由于使用者不讲究文明,进出人杂,很容易造成脏臭。但也正因为如此,才需要由专人管理,及时清扫,经常检查。

在经济落后的地区和国家,人们往往把脏臭看成是卫生间代名词,其实这是人们的一种偏见。越是讲究现代文明的国家、单位和个人,就越加重视厕所的文明和卫生。厕所应当是不脏不臭的。

国际上一些发达国家,十分重视厕所设施和卫生状况,他们流传着一种说法:"卫生间占人生的一半",可见他们对卫生间的重视程度。美国甚至把卫生间说成化妆间或休息间(restroom),妇女喜欢在卫生间梳妆打扮。如果那里臭气冲天,人们还有什么雅兴涂脂抹粉?既然我们要与国际接轨,就要从观念上根本转变对厕所的各种偏见。

现在,我国绝大多数省、市和地区,不仅星级酒店,甚至连许多公厕都采用微电脑来调节冲水。还引进一批"绿房子"——移动公厕,在粪便器里溶了化粪除臭剂并注入天然味香水,使异味全消,芳香满室。国家旅游局也早在20世纪80年代就多次召开各省市旅游部门负责人会议,专门讨论厕所问题,并明确指出:厕所文明不"达标过关",不能称为文明城市、文明单位。作为对外开放的窗口,酒店卫生间的脏臭状况必须彻底改观。

第二节 地面材料的清洁保养

地面的清洁保养是饭店清洁保养工作的重要内容,做好地面的清洁保养工作,既可美化环境,又能延长地面装饰材料的使用寿命,减少饭店维修或更换地面装饰材料的投资。

随着科学技术的不断进步,能够用于饭店地面装饰的材料越来越多,这就给饭店的清洁保养工作提出一些新的课题和新的要求。下面主要介绍饭店常用的地面装饰材料的清洁保养。

一、地毯

(一)地毯的种类及其特性

地毯的分类主要有两种方法,一是根据地毯的纤维种类分类,二是根据地毯的构造分类。不同种类的地毯各有其特性。

(1)羊毛地毯。羊毛地毯的优点是华贵、柔软、装饰性强、保温效果好,不易产生静电;缺点是吸潮、易缩水变形、易霉烂、易生虫、易被虫蛀,价格昂贵,难以保养。

(2)聚酯纤维地毯。聚酯纤维又称涤纶,用于织造地毯的纤维的突出优点是有优良的抗皱性和保形性,耐热性好(优于锦纶),耐磨性强(仅次于锦纶),并具有良好的绝缘性和耐碱性,不燃烧;缺点是染色性能差,织物易起毛球,遇到火星易被烧坏。

(3)聚酰胺纤维。地毯聚酰胺纤维又叫尼龙、锦纶。这种纤维以强度优异而著称,特别是耐磨度高,具有不蛀不霉、遇火熔化但不燃烧、耐碱不耐酸等优点。其缺点是耐热性差、织成地毯后会有蜡状手感(发涩)、不抗静电等。

(4)聚丙烯纤维(丙纶)地毯。聚丙烯纤维是目前所有化纤中密度最小的一种,它强度高,回复性好,耐磨性仅次于锦纶,有良好的耐腐蚀性;几乎不吸水,不沾染污物,不燃烧;耐光性和染色性差,耐热性不强,易收缩。

(5)聚丙烯腈纤维(腈纶)地毯。聚丙烯腈的手感、外观都很像羊毛,故有"合成羊毛"之称,被广泛用来代替羊毛,或用羊毛混纺,弹性和保形性较好,易洗易干,不霉不蛀,耐光性是所有纤维中之最,易染色。其缺点是耐磨性较差,不太耐碱。

(二)地毯的清洁保养

1.采取必要的防污防脏措施

采取适当的预防性措施,可以避免和减轻地毯的污染,这是地毯清洁保养最积极、最经济、最有效的办法。具体的做法有:①喷洒防污剂;②阻隔污染源;③加强服务。

2.经常吸尘

吸尘是清洁保养地毯最基本、最方便的方法。吸尘可以清除地毯表层及藏匿在纤维里面的尘土、沙砾。吸尘时可交替使用吸尘器和滚擦式吸尘器。筒式吸尘器一般只能吸除地毯表面的尘土,而滚擦式吸尘器既可吸除地毯表面的尘土,又可通过滚刷的作用,将藏匿在纤维里面的尘土、沙砾清除,同时,还能将黏结、倒伏的纤维梳理开,使之直立,恢复地毯的弹性及外观。在平时的清洁保养中,不能等到地毯已经很脏时再对地毯吸尘。因为,当肉眼能够看出地毯上有灰尘时,地毯已经很脏,纤维组织已经积聚了大量的尘土,仅靠吸尘已经不能解决问题。

地毯吸尘方法见表4-4。

表4-4 地毯吸尘方法

所需用具用品:告示牌、硬扫帚、吸尘器及吸尘袋	
步骤	方法
1.如有必要,设置告示牌	
2.将房间角落及地毯边缘的垃圾清除	□用一把小的硬扫帚将角落里及边缘处的垃圾扫到吸尘器可以够得着的地毯上
3.吸尘器接通电源	□压着扫帚向自身方向拖,即远离墙的方向 □尽量使用靠近门的插座 □确保电线远离通道,以免使人绊倒
4.从房间的一侧到另一侧开始吸尘	□从房间的里侧角落开始吸尘。在吸尘时不要站在湿的地方,以免触电。 □向门的方向吸尘,这样可以清洁到踩过的地方。 □请特别注意角落、边缘及人流过往频繁的区域。 □如发现地毯上任何破损,请向工程部汇报以便修理
5.检查并倒空真空袋,定期清洁搅拌刷	□倒空并清洁真空袋的步骤在不同饭店中又有不同
6.切吸尘器的电源,将线绕好,然后将吸尘器放回工作车	□拔掉电源时,要抓住插头,而不是拉电线 □绕电线的方法在不同饭店中又有不同

3.局部除迹

地毯上经常会有局部的小块斑迹,如饮料迹、食物斑迹、化妆品迹等。对于这些小块斑迹不可轻视,应及时清除。否则,一方面降低了清洁保养的水准,影响地毯的外观;另一方面这些污迹可能会渗透扩散。另外,污迹滞留时间过长往往会变成顽迹而难以清除,即使最终清除掉,也会给地毯造成损害。

常见的地毯污迹的种类及清除方法见表4-5。

表4-5 常见的地毯污迹的种类及清除方法

污迹的种类	清除方法	备注
酒精、尿液、烟灰、铁锈、血迹、啤酒、果酒、果汁、盐水、芥末、漂白剂、墨水	1.将溶液浸在清洁的抹布上 2.轻轻抹去污渍 3.用纸巾或干布吸干 4.用吸尘器吸尘	溶液：以30毫升的地毯清洁剂加一匙白醋，溶在120毫升水中
巧克力、鸡蛋、口香糖、冰激凌、牛奶、汽水、呕吐物	1.将溶液浸在清洁的抹布上 2.轻轻抹去污迹 3.用干布或纸巾吸去液体 4.施用溶液 5.用干布或纸巾吸去液体 6.干后用吸尘器吸尘	溶液：将7%的硼砂溶在300毫升水中
奶、水果、果汁、油脂、食油、药膏、油漆、香水、鞋油、油渍、蜡	1.将溶液浸在清洁的抹布上 2.轻轻抹去污渍 3.用干布或纸巾吸去液体 4.等待变干 5.用溶液浸湿脏处地段 6.轻轻擦拭 7.用干布或纸巾吸干 8.干后用吸尘器吸尘	
地毯烧伤	1.用软刷轻刷 2.或者用剪刀将烧焦的部分剪掉 3.用吸尘器吸一遍	必要时用清洁溶液清洁
地毯严重烧伤	1.用利刀去掉烧焦部分 2.用同样的地毯胶巾或织补 3.清除痕迹	
地毯上有压痕	1.用蒸汽熨斗熨烫 2.用软刷轻刷或用吸尘器吸，消除痕迹	

清除污迹时应做到：①必要时，先用清水湿润污迹周边地毯，以防止污迹潮湿后向周边扩散；②用刷子擦刷时，采用湿刷的办法，以减轻对纤维的损伤；③在清洗污迹前必须先采用有效的方法清除污物；④根据污迹的种类和性质选用合适的清洁剂；⑤使用清洁剂后，必须用清水过清，以减轻清洁剂对地毯的损伤；⑥避免清洁方法不当而留下新的痕迹，如褪色等。

4.适时清洗

一般来说，当地毯使用了一段时间、脏到一定程度时，就应对地毯进行全面彻底的清洗，以保持应有的清洁水准。但是必须注意，这种清洁的频率必须适度，清洁的方法必须得当。因为清洁地毯这种做法是有一些弊端的，如成本费用高、影响使用、对地毯有损伤等，特别要注意对地毯的损伤问题。清洁地毯的损伤主要有以下几点：机器设备对地毯的磨损；化学清洁剂对地毯的腐蚀；地毯受潮后缩水、变形、霉烂、褪色、加速老化；洗过的地毯难以恢复原有的弹性和外观。因此，地毯不宜频繁清洗，即使不得不清洗，也要选择好设备工具和清洁剂，采用正确有效的方法。目前，饭店常用的清洗地毯的方法主要有湿旋法、喷吸法、干泡擦洗法、干粉除污法等。

清洗地毯时要注意以下几点：①要有齐全适用的设备、工具；②清洁剂要合理配制；③水温不能过高；④清洁前要先移开家具和其他障碍物；⑤边角部位要用手工处理；⑥如果很脏，不要指望能一次性清洗干净；⑦必须等完全干燥后才能使用；⑧局部严重污迹，可先用手工清除；⑨安全操作。

地毯抽洗方法见表4-6。

表4-6 地毯抽洗方法

地毯抽洗	
所需用品：告示牌、水抽洗机、地毯点清洁预处理剂、清洁剂、消泡剂及吸尘器	
步骤	方法
1.在工作区域设置告示牌	
2.移动设备及家具	□小心地将可移动的设备及家具移至主管准许暂时放置的区域
3.地毯吸尘	□小心地将家具移开，尽量露出需要清洁的地毯
4.在污迹严重的地方喷上地毯清洁预处理剂	
5.去除蜡迹	□用吸水纸巾将变干的蜡迹盖住 □将热的平熨斗放在纸巾上，促进纸巾吸收融蜡
6.准备好水抽洗机	□往水箱中充水及清洗剂的步骤在不同饭店有不同的操作方法
7.将抽洗机通电，加热水箱中的水（如果水箱有加热器）	
8.将消泡剂加入水箱中，以避免产生太多的泡沫	
9.根据制造商的指示操作抽洗机	□由内向外抽洗地毯，从最里面开始，直至门口 □将水注入地毯中 □尽量加快工作速度，以避免地毯过湿。千万不要使地毯浸泡在水中 □特别注意预处理的区域 □操作抽洗机时，不要站在水中，否则可能会触电
10.将脏水倒入拖把水池中，不要倒在客用洗手间	

续表

步骤	方法
11.让地毯完全干透	
12.再吸一次尘	
13.整理以使房间恢复原状	□将先前移开的设备及家具等恢复原位 □将铝箔片或硬纸板垫在家具脚下,以免地毯上产生污迹
14.清洗抽洗机	□清洗抽洗机的步骤在不同饭店中又有不同
15.将设备工具等存放于正确地点	

二、大理石地面

(一)大理石的种类及特性

1.天然大理石

天然大理石是石灰岩经过地壳内高温高压作用而形成的变质岩,属中硬材料,主要由分解石和白云石组成,其主要成分有50%以上的碳酸钙。天然大理石颜色有白、黑、红、灰、黄、绿等几种基本色。大理石主要用于大厅地面和高档客房卫生间地面的铺设。由于大理石含有杂质,碳酸钙在大气中受二氧化碳、硫化物、水汽的作用容易风化和腐蚀,使其表面失去光泽,故不宜用在室外。

2.人造大理石

人造大理石又分为水泥型人造大理石、复合型人造大理石、烧结型人造大理石等几种。①水泥型人造大理石:优点是光洁度高,花纹耐久,抗风化性、耐火性、防潮湿性都优于一般人造大理石;②聚酯型人造大理石:其光泽好、颜色浅,并可调制出各种不同明度的颜色;③复合型人造大理石:复合型人造大理石是因其制造过程中所用的黏合剂既有无机材料,又有高分子有机材料而得名;对板材而言,底层用廉价而性能稳定的无机材料,面层用聚酯和大理石粉制作,可以获得最佳装饰效果;④烧结型人造大理石。

总体而言,人造大理石表面光洁度很高,其花色或模仿天然大理石、花岗石,美观大方,富有装饰性,具有良好的耐久性和可加工性,表面抗油污性能也很好,不易染色。人造大理石价格较天然大理石低,是比较理想的地面装饰材料。

(二)大理石地面的清洁保养

对大理石地面进行有效的清洁保养,既可保持其清洁美观,又可延长其使用寿命。对大理石地面进行清洁保养时,一定要方法得当,否则,会对大理石地面造成损伤,既影响其外观,又会缩短其使用寿命。在清洁保养工作中,要避免使用酸性清洁剂。因为酸性清洁剂会与大理石产生化学反应,使大理石表面变得粗糙,失去光泽和韧性。碱性清洁剂也需选择使用。因此部分碱性清洁剂如碳酸钠、碳酸氢钠、磷酸钠等也会对大理石造成损伤。在清洁时,不能使用肥皂水,因为用后会留下黏性沉淀物而不易清除,使大理石地面变滑,影响行人安全,也不要将清洁剂直接泼洒在地面上,而应将地面预湿,使清洁更加容易,而且可以防止清洁剂中的盐分被大理石表面的细孔吸收,造成大理石的损伤。

新铺的大理石地面在启用前必须清洗打蜡。第一次打蜡可打两层底蜡和两层面蜡。打蜡后,可防止污物渗透,使其表面光洁明亮。启用后,在日常清洁保养中,要及时除尘,通常用尘推干推。必要时,用中性清洁剂湿拖或清洗。平时,只要用高速抛光即可保持光泽。当表面污迹积聚较多时,用低速洗地机清洗,清除逐渐积累的上光剂和污物,然后重新涂上上光剂。

为了减轻污染,在周围的出入口处铺放踏脚垫。但不能直接在大理石上放置踏垫或有橡胶底的地毯,因为它们会与蜡粘连,形成难以清除的脏痕。大理石地面还要防止被坚硬物体擦伤。

在大理石的清洁保养工作中,比较复杂的是清洗和打蜡工作,下面简单介绍这两项工作的操作程序。

1. 大理石地面的清洗

(1)器具、用品:①警示牌;②附有驱动盘和粗尼龙或聚酯垫的抛光机;③吸水机及其他工具;④碱性清洁剂(pH10~pH11)。

(2)方法:①通风;②设置警示;③清除障碍;④将清洁剂溶液放入清洁桶,用地拖或机器将清洁剂溶液洒到地面上(注意适量);⑤用机器分段分块清洗;⑥用手工擦洗边角部位;⑦及时用吸水机或地拖清除溶液和污物(如不及时清除,污物又会黏附在地面上);⑧用清水彻底清洗。在最后一次清洗时,要在水中加入适量的醋,用以中和碱;⑨将地面处理干燥;⑩清洁所用设备、工具;妥善收放好设备、工具和用品;⑪打蜡抛光;⑫撤销警示。

大理石地面清洁、封蜡及上蜡方法见表4-7。

表4-7 大理石地面清洁、封蜡及上蜡方法

所需用具用品:警示牌、抹布、干拖把、蜡拖、湿拖、地拖桶、防水封蜡剂、许可的清洁剂、地蜡、带刷子或垫子的旋转型机器以及干净的软抹布	
步骤	方法
1.在工作区域设置告示牌	
2.用干抹布或干拖把除尘	
3.用蜡拖将干净的防水封蜡剂涂于大理石地面上	□用在大理石上的封蜡剂在不同饭店中又有不同
4.清洗封蜡过的大理石地面	□将干净抹布或地拖浸入干净温水和温和去污剂混合液中 □刮擦地面,除去所有顽固污迹 □清洗大理石的程序各个饭店又有不同 □用干抹布将大理石地面擦干。水如果渗入大理石中会使石面变色
5.地面上蜡	□用抛光机将许可使用、不会发黄的地蜡均匀地涂于地面 □用旋转式洗地机给地面均匀上蜡
6.将用过的湿拖或蜡拖清洗干净,挂起风干 7.卸下抛光刷或垫,清洗后挂起风干 8.收拾好告示牌及设备工具	

2. 大理石地面的打蜡

（1）器具、用品：①警示牌；②涂蜡拖把（棉或羊毛制品）；③蜡液容器；④抛光机；⑤封蜡、上光蜡；⑥其他用具。

（2）方法：①设置警示；②通风；③用胶纸带封住离地面60厘米以下的插座；④面对自然光；⑤涂蜡动作流畅，用力均匀；⑥不可遗漏，把两个区域的交界处轻轻带过；⑦每涂一层，要等干后用机器磨去粗糙不平处，然后再涂另一层蜡；⑧封蜡要在12小时~16小时后才干；⑨上光抛磨；⑩清洗工具、设备；妥善收放工具、设备和用品；⑪撤销警示。

（3）打蜡抛光常见的问题及原因见表4-8。

表4-8　打蜡抛光常见的问题及原因

问题	原因
全部涂层很差	1.对碱性清洁剂清除不彻底,有残留 2.上光剂太少 3.前一层未干就涂后一层 4.上光剂太差
地面过滑	1.上光剂太多 2.上光剂是从另一处移过来的 3.地面未在打蜡抛光前清洁干净
涂层呈粉状	1.地面已受过污染 2.封蜡时湿度过高或过低 3.地面下有热度 4.地面下有热度定期保养用错刷垫
耐久性差	1.交通负荷超过地面承受能力 2.错用清洁剂 3.日常保养错用刷垫 4.上光剂太少 5.上光剂上在受污染的地面上 6.清洗时碱性不够

打蜡注意事项：

（1）蜡有底蜡、面蜡之分。底蜡用于封死硬质地面上的小气孔,面蜡用于日常的保养。

（2）大理石、花岗石、水磨石等孔隙多的地面通常使用水性底蜡及面蜡。水性底蜡可保持1年~3年。木质材料使用油性底蜡及面蜡,油性底蜡可保持3年~5年。

（3）打蜡时应选择晴好的天气、避免尘土带入打蜡区域。

（4）打蜡时防止碰撞墙面和其他物件上。

3. 大理石晶面处理

打蜡对于石质地面有较好的面层保护作用,但对于坚硬的鞋底及沙砾等硬物则难以抵御,而且蜡层会随日常的清洁和磨损而消失。晶面处理弥补了普通打蜡的不足,它可使石质地面变得更平滑、光洁，保护石质地面不受任何酸碱物质的侵蚀，抵御坚硬物质的磨损，使地面经久长新。晶面处理即通过机械将化学剂加热浓缩并压缩成结晶膜铺在地面上，这层透明的无色薄膜光亮、坚固。

（1）晶面处理材料和工具：晶面处理机带抛光钢丝垫、洗地机带吸水机、晶面处理剂（针对被处理的地质材料和地面污损程度选择相应型号的晶面处理剂）、地面清洁剂等。

（2）晶面处理程序：①彻底清洁地面并风干；②将选择好的晶面处理剂倒入处理机的相应装置内，开启机器；③处理剂被均匀地喷涂到地面上，高速转动的钢丝垫迅即抛光；④地面上很快形成一层透明薄膜牢固地附着在地面表层，约两小时后即可在上面行走。

（3）晶面处理时的注意事项：①做晶面处理时，须防止灰尘、沙砾进入工作场地；②晶面处理剂在使用时须摇匀，如不小心撒在地面上需迅速擦净；③生锈的抛光钢丝垫不能使用，所以在工作结束后应妥善保管钢丝垫；④如地面表层已凹凸不平，在晶面处理前应先用特殊的钻石垫对不平处进行研磨和砂磨，使地面恢复平滑后再进行晶面处理。这种处理被称为石质地面翻新。

三、水磨石地面

水磨石地面造价相对较低，而且美观耐用，通常铺在出入口、服务员走道、楼梯等场所。水磨石地面对碱敏感，使用碱性清洁剂会使质地粉化。在清洁保养时，通常选用含碘硅酸盐等清洁剂和合成清洁剂。

水磨石地面表层孔隙多，需用水基蜡密封，常规清洁保养的要求是：经过除尘除迹，避免沾染油脂类污物，可适时清洗。清洗前，用清洁的水预湿，然后用合适的清洁剂溶液清洗，最好用清水冲洗干净并擦干。

四、混凝土地面

混凝土地面强度好，吸水性强，比较耐用，若加工精细表面也能光洁平整，但色彩单一。如果不做处理，混凝土地容易起粉尘，而且不耐酸碱及油脂的腐蚀污染。其多用于停车场、楼梯、运输通道等处。

混凝土地面启用前，需用聚酯、环氧树脂、水基蜡或酚醛清洁处理。日常清洁保养中，可用扫帚、湿拖把清洁，必要时用中性清洁剂清洗。

五、瓷砖地面

瓷砖通常不上釉，因为上釉会增加表面的滑度。瓷砖用耐火土烧成，一般为红、黑或奶白色，有不可渗透的特性，表面光滑。瓷砖可抗酸、油脂和水，但可被强酸侵蚀。在湿水或使用不正确的清洁剂时，地面会很滑。日常清洁保养中一般无特别要求。

六、木质地面

木质地板的特点是自重轻，导热性能低，有弹性，舒适度好，美观大方，但容易因温度、湿度的影响而裂缝、起翘、变形，耐火性差，清洁保养难，易腐朽。现在越来越多的新型复合地板投入使用，这些地板的材料和加工工艺比普通地板有很大改善，克服了普通地板的上述缺点，是很好的地面装饰材料。

根据木质地面的特性，清洁保养时要注意以下几点：①木地板在启用前要用油性蜡密封上光，以隔热防潮、防渗透、防磨损；②日常清洁保养中，可用牵尘剂浸泡过的拖把除尘除迹；③特殊污迹要采用合理的方法清除，不能蛮干；④一般污垢应用经稀释过的中性清洁剂清洗;⑤定期清除陈蜡并重新打蜡:清除陈蜡时,要使用磨砂机干磨,边角部位用钢丝绒手工处理。所选用的蜡应为油性蜡;⑥防止碰撞或擦伤,防火忌水。木质地面的清洁及上蜡方法见表4-9。

表4-9 硬木或镶木地板的清洁及上蜡方法

所需用具用品:警示牌、扫帚或尘推、畚箕、地蜡、抹布及带垫子的旋转式洗地机。	
步骤	方法
1.在工作区域设置警示牌	
2.在该区域清扫或用干拖把清扫	□将可移动的设备搬离此区域 □用扫帚或干净的干拖把及畚箕去除地面上的垃圾和灰尘 □不要用水清洁 □请遵循安全守则,以保护客人、其他员工及本人的安全
3.检查洗地机上的电线	□确保电线没有缠结在一起或损坏 □尽量不要将电线拉置在过往频繁的区域
4.将抛光垫安装在机器上	□确信机器没有通电 □将机器向后倾斜,直至操作杆碰到地面 □确信抛光垫清洁,否则地面可能会受到损伤 □对准螺纹,逆时针旋转抛光垫
5.用手指或抹布涂抹少量蜡在抛光垫上	
6.抛光地面直至光亮	□插上洗地机的电源 □从房间的里面开始向入口处抛光地面 □从左到右以扇形形状向后慢慢地抛光 □一只手操作洗地机,另一只手清理电线,以免绊倒 □如果地面面积很大,也许需要在抛光垫上多加些蜡 □等地面上的蜡全干 □在难操作地面处上第二层蜡,使上蜡均匀,并等蜡干 □再在旋转式洗地机上安装一个清洁的、未涂过蜡的垫子 □从里到外再抛光一次
7.卸下抛光垫或刷子,清洁干净后挂起风干 8.收拾好机器、告示牌及其他一些工具设备	□清洁抛光垫的步骤在不同饭店中又有不同

第三节 墙面材料的清洁保养

与地面材料一样,墙面的装潢也是日新月异,装饰材料的品种繁多。墙对公共区域的视觉感应可能是首先的,它的好坏直接影响到客人对饭店的印象和评价。因此,饭店投入大量资金用于墙面装饰,以使整个饭店更具特色和吸引力。

一、硬质墙面

饭店很多地方的墙面都为硬质材料,常见的有瓷砖和大理石等。这些墙面材料的特性与相同的地面材料有许多相同之处。但在清洁保养的做法和要求上却有所不同。作为墙面,很少受到摩擦,主要是尘土、水和其他污物,日常清洁保养一般只是对其进行除尘除迹。定期清洁保养大多是全面清洗,光滑面层可用蜡水清洁保养。厨房卫生间的墙面用碱性清洁剂清洗,但洗后用清水洗净,否则,时间一长,表面会失去光泽。

硬质墙面除尘方法见表4-10。

表4-10 硬质墙面除尘方法

步骤	做法	标准
1.掸尘	(1)每天用鸡毛掸掸去表面浮尘 (2)卫生间墙面,定期使用中性清洁剂清洁,洗后用清水过净	保持墙面干净无污渍
2.上蜡	用喷雾蜡水上蜡,上蜡后再用干抹布擦亮,在面层形成透明保护膜	1.上蜡要薄而均匀 2.墙面洁净、光亮、美观
3.善后	清洁工具、用品按规定存放	保持工具、用品清洁、妥善存放

二、墙纸、墙布

墙纸、墙布是饭店使用最广的墙面材料,主要用于客房、办公室、会议室、餐厅酒吧等。墙纸、墙布的种类很多,常见的有:

(1)纸基深塑墙纸。这种墙纸的优点是图案逼真,立体感强,装饰效果好,具有较好的吸音功能,不易褪色,表面可用湿布轻擦,有一定的耐老化度;缺点是透气性差,受潮后易从边缘处脱胶。

(2)纸基织物墙纸。这种墙纸如果加进金银光丝能够显得富丽堂皇,还可压制成雕绒图案,起到很好的装饰效果。这种墙纸的特点是透气性较好,不能用水擦洗,湿度大时会变霉。

(3)聚氯乙烯塑料墙纸。这种墙纸的特点是有一定的伸缩性和耐裂强度,花型多,富有质感和艺术感,耐水擦等。

(4)玻璃纤维印花墙布。这种墙纸的特点是色彩鲜艳,花色繁多,不褪色,不老化,防火耐潮湿,可用碱性清洁剂擦洗,但质地较脆,易破损。

(5)化纤装饰墙布。这种墙布的特点是可以与房间内的家具、窗帘等配套装饰,整体协调,具有无毒、无味、透气、防潮、耐磨等优点,具有广泛的使用价值。

(6)无纺墙布。这种墙布的特点是富有弹性,不易折断,不易老化,色彩鲜艳,图案雅致,具有较好的透气性和防潮性,可擦洗而不褪色,故被广泛使用。

墙纸、墙布的清洁保养主要是除尘除迹。除尘时,可使用干布、鸡毛掸、吸尘器等;除迹时,需按规范谨慎操作。对耐水的墙纸、墙布可用中性、弱碱性清洁剂和毛巾、软刷擦洗,擦洗后用纸巾或干布吸干同时,注意不要损伤墙面。对不耐水的墙纸、墙布只能使用干擦的方法,如用橡皮擦拭或用毛巾蘸少许清洁剂溶液轻擦。

三、木质墙面

木质墙面主要有微薄木贴板和人造木纹板等几种,常用于大厅、会议室、餐厅、办公室、客房等。微薄木贴板是一种新型的高级装饰材料,它是用珍贵树种如柚木、水曲柳、榉木等,经过精细的刨切,制成厚度为 0.2 毫米~0.5 毫米的微薄木,以胶合板为基础,采用先进的黏胶工艺制成的,特点是花纹美丽,真切感和立体感强,容易清洁,但易损坏。人造木纹板也是一种新型的饰面板。它是在人造板表面用凹版花纹胶辊套色印刷机印刷出各种花纹而制成的。人造木纹板的种类主要有印刷木纹胶合板、印刷木纹纤维板、印刷木纹刨花板等,其特点是花纹美观逼真,色彩鲜艳协调,层次丰富清晰,表面耐磨,有光泽、耐温、抗水、耐污染、易清洁,但不阻燃。

木质墙面的清洁保养主要是除尘除垢,定期打蜡上光,防碰撞或擦伤。除尘除垢可用潮抹布;打蜡上光需选用家具蜡;如有破损则需由专业人员维修。

木质墙面修补方法见表 4-11。

表 4-11　木质墙面修补工作方法

步骤	做法	标准
1.填补	将破损处填上油灰,用小刀刮平整	填补要平整,尽量不留痕迹
2.油漆	用刷子刷上油漆	漆的颜色要与原有的相同
3.上蜡	待油漆干透后上家具蜡	光亮、平整
4.善后	修补工具、用品,妥善存放	保持工具、用品清洁

四、软墙面

软墙面主要是用锦缎等织品浮造墙面,内衬海绵等材料。这种墙面装饰具有独特的质感和触感,格调高雅华贵,吸音保温,立体感强。

软墙面的清洁保养主要是除尘除迹。除尘时可用干布或吸尘器,如有污迹,可选用适当的方法清除。一般不宜水洗,防止褪色或形成色斑。用溶剂除迹时,要注意防火。

五、油漆墙面

油漆墙面色彩丰富多样,易与家具等的色彩搭配,使得整体协调,易清洗,寿命长。但空气湿度大时容易脱落,故适用于干燥的场所。在清洁保养时,可用潮布擦拭,以清除灰尘污垢,忌用溶剂。

六、涂料墙面

涂料可分为溶剂涂料、水深性涂料和乳胶漆涂料等几种。溶剂型涂料生成的涂膜细而坚韧,有一定的耐水性,但易燃,挥发后对人体健康有害。水溶性涂料是以水溶性合成树脂为主要成膜物质,会脱粉。乳胶漆是将合成树脂以极细微粒分散于水中构成乳液(加适量乳化剂),以乳液为主要成膜物质,其效果介于溶剂型涂料和水溶性涂料之间。色泽变化多,不易燃,无毒无怪味,有一定的透气性,但过分潮湿时会发霉。

涂料墙面的清洁保养主要是除尘除迹。灰尘可用干布或鸡毛掸清除,污迹可用干擦等方法清除。另外,要定期重新粉刷墙面。

第四节　特殊器具的清洁保养

一、金属的清洁保养

在饭店设施中常用的金属主要包括:铝、铜、锡、金、银、不锈钢等。

上述金属在作为装饰材料或设备时,若不经过特殊保护和清洁保养,表面便会易于晦暗、划伤和生锈,从而失去金属应有的光泽。

1. 铝制品的清洁保养

铝制品主要用作灯具、家具、门窗以及一些家具附件,它的特点是怕碱、怕酸,易产生划痕。一般铝制品表面均有一层氧化膜保护层。因此,清洁时不能使用含摩擦成分的清洁剂及器械,宜用中性清洁剂擦拭,对于像灯具等装饰性强的铝制品应定期使用液体蜡进行擦拭抛光。

2. 铜制品的清洁保养

铜又分为黄铜、红铜,黄铜多用于客房装饰,红铜多用于餐厅厨具装饰,铜制品以其特有的金属光泽和华贵气质而被广泛使用,但铜制品易氧化而产生铜锈,从而影响观赏效果。因此,对铜制品必须定期用专门的清洁剂进行擦拭和抛光,也可用醋、面粉进行调和来擦拭铜制品,其主要原理是腐蚀铜制品表面的氧化物(铜锈),这种方法只适用于纯铜制品,而不能用作镀铜制品。

擦拭程序:①擦铜器器材:擦铜油一瓶,质地较软表面平整的抹布数块;②将抹布叠成四折(大小视所擦铜器而定);③将擦铜油均匀地涂在叠好的抹布上,均匀并用力擦拭铜器;④用干净抹布将铜器上的铜油擦掉;⑤用干净抹布快速反复用力擦拭铜器,直到光亮为止。

3. 锡制品的清洁保养

锡主要被用作装饰物和餐厅用具等,其特有的可表现民族风情的装饰效果不仅运用在饭店装饰中,在旅游纪念品中也有大量的锡制工艺品。锡制品一旦沾上油污或脏污便很难清除,因此使用中要特别注意,清洗前可先用酒精擦除污渍,再在中温的合成洗涤溶液中洗涤,清洗干净后用抛光剂进行抛光。

4. 金银制品的清洁保养

饭店装饰或使用的大多为镀金制品和纯银制品,两者均为贵金属,也是软金属,易于划伤,或受不良物质侵蚀即失去光泽。定期使用专门的银器擦亮剂进行擦拭,尽可能将纯银制品置于干燥环境较好的地方;镀金制品的保养须更加小心,不能使用含磨砂成分的擦亮剂,易使镀层受损,应使用专门的上光剂用柔软的布料擦拭。

5. 不锈钢制品的清洁保养

不锈钢以其特有的强度而被大量用在家具和厨具中。正常情况下,不锈钢不会生锈,但若在装配过程中使用了会生锈的工具或使其表面受损,那么,不锈钢便成为锈钢了。因此,要特别小心。不锈钢遇酸、碱均会受损,怕潮湿,清洁时可用稀释过的中性清洁剂进行擦洗,清水洗净后必须立即用柔软的干布擦拭干净。若表面有擦痕,则可用专业的金属抛光剂去除划痕,再用抛光剂磨光即可。

金属制品在展现其实用和装饰价值的同时,也给客房部的清洁保养工作带来许多问题。因其特殊的金属特性,致使清洁保养的技术要求高,保养成本高。清洁保养的目的是要使金属制品能够处于常新状态。因此,了解金属制品的特性,选择相应的清洁保养剂,适当的清洁保养方法不仅可以延长金属制品的使用寿命,还可降低清洁保养成本,减少环境污染。

二、塑料制品的清洁保养

在饭店建筑装饰及设备配置上通常使用两类塑料,即热固塑料和热涪塑料。热固塑料坚固,遇热不会溶化,主要作餐具、电话、门把手、恭桶坐板、电器设备和层压板等。热涪塑料则对热较敏感,多作为餐具、刷子、灯具和灯罩、窗帘附件、毯垫等。

1.塑料制品在使用中的注意事项

主要包括:①要避开直接的热或明火,如烟头、热盘或热管等;②避免用粗糙物直接摩擦后在表面产生划痕;③避免与强酸、强碱直接接触而造成腐蚀;④不宜在塑料件上进行切削或拖曳重物。

大多数的塑料物品有易伤、褪色和在某种情况下会融化和开裂(塑料老化)的特点,所以,应针对性地选择塑料的适用场所并加以维护便能达到使用和装饰效果。

2.塑料制品的清洁保养

塑料制品的清洁保养工作较之金属制品要方便一些,通常,饭店应配置专门的塑料清洁剂,这种清洁剂应针对性强,除污方便,操作简单。若无专门的塑料清洁剂可采用中温合成洗涤剂溶液擦拭,再用清水漂清擦干即可。常与食品接触的塑料,如冰箱,用 18ml 的碳酸钠加入 600ml 水稀释后擦拭,既可清洗冰箱,又不会造成异味污染食品。

三、玻璃的清洁保养

玻璃的日常保养要用不会起毛的布或纸擦拭,报纸上的油墨为溶剂,对清除玻璃表面的污垢很有效,并且不会在玻璃表面留下纤维物质,是一种既省钱又高效的清洁物品。用等量的醋和水溶液擦拭玻璃表面也很有效。对于有条件的饭店可配备高压罐装的玻璃清洁剂,虽价格高,但高效,清洁后在玻璃表面留下一层透明的保护层,使玻璃不易沾染污物,所以,定期使用玻璃清洁剂可达到清洁保养的功效。

对于磨砂玻璃或花纹玻璃,清洁保养的方法只能是用柔软的干抹布擦拭,若有油污等可用牙膏擦拭即可。

下面列举外窗玻璃清洁程序:

(1)检查并准备擦玻璃所需器材:玻璃刮、玻璃涂水器、铲刀等;也可准备玻璃清洁器。高空作业还必须检查升降机、吊篮的运转情况,安全带的接头是否牢固等(一般在白天进行高空作业)。

(2)准备玻璃清洁剂,按规定配制溶液(如玻璃受污程度轻亦可用清水)。

(3)擦拭方法:①用玻璃涂水器蘸洗涤溶液均匀擦洗玻璃表面;②用玻璃刮子将玻璃上的溶液刮净;③用玻璃涂水器蘸清水洗涤玻璃表面;④用玻璃刮子将玻璃上的水刮净;⑤用抹布将玻璃表面未刮净的水迹和边框上的水迹抹净;⑥如仍有斑迹可在局部用清洁剂或铲刀去除(铲刀要锋利,但不可将刀刃正对玻璃操作)。

本章小结

饭店的公共区域是饭店的重要组成部分,公共区域的清洁保养水准直接影响或代表整个饭店的水准,是饭店洁美环境的重要保证,饭店公共区域的设施、设备、品种繁多、性能各异、清洁保养工作专业性较强,技术含量较高,服务人员必须具备比较全面的专业知识,掌握熟练的操作技能才能顺利完成公共区域的清洁保养的任务。

思考与练习

➢ 记忆型

　　1.公共区域清洁卫生工作有何特点？

　　2.了解金属、塑料和玻璃等特殊器具的特点及保养的基本方法。

➢ 思考型

　　1.为什么说公共洗手间是饭店的"名片"？

　　2.为什么木质地面要用油性蜡,而大理石要用水性蜡？

　　3.请用表格的形式归纳出各类墙面饰材的优点和缺点？

➢ 动手与操作

　　1.学会地面清洗和打蜡的操作技能。

　　2.学会地毯常见污渍的清除方法。

➢ 实践与应用

　　到一家饭店调查地面装饰材料的种类、名称及产地。

➢ 案例分析

　　1.洗手间里翻花样

　　在上海浦江饭店二楼海霸金阁酒家用餐的3位福建来客中,有一位身材修长的英俊小伙子,酒喝多了点,讲起话来口齿已不大清楚。他经不住朋友的怂恿,又喝了一杯,然后蹒跚地朝洗手间走去。

　　客人还未走到门口,洗手间的门便"自动"打开,服务员小匡随即问好致意。客人便后洗手,小匡又主动打开水龙头,先后滴上两种不同功效的洗手液,随即又递上小毛巾,这些动作衔接自然,配上诙谐的语言,福建客人的醉意已消去一半。

　　"先生今天用餐一定很愉快。"小匡打开另一条毛巾,"请让我为先生在这块洁白如雪的毛巾上滴上四滴神奇的清凉液,保先生事事('四'是'事'的谐音)如意。"话音未落,毛巾已轻轻送到客人的手上。就在客人擦脸的瞬间,小匡已转身到了客人的身后,右手握着小巧玲珑的健身锤,不无幽默地说:"请允许我在先生左右两边用这把功效奇特的小锤子轻轻敲上几下,把您一天的辛劳统统敲光。"一会儿又抽出健身球,在客人的背部、腿部上下滚动,亲切地对客人说:"先生现在一定有一种神仙般飘飘然的感觉吧。"几乎就在同时,小匡又出现在客人面前,取出一瓶清脑神液。"请再允许我在您的太阳穴上搽这种妙不可言的药水,包您万分舒适。好,先生,让我再在您的额头正中央也滴上一滴,效果将会更好。最后一滴我要搽到您神经系统高度集中的人中处。"所有这些动作都是环环相扣,一气呵成。

　　说时迟,那时快,小匡又迅速选出一把适合福建客人使用的木梳,再用刷子刷去衣服上的屑物,然后用电动剃须刀为客人刮胡子,用剪刀剪去伸出的鼻毛,接着是五花八门的化妆用品……福建客人正待举步要走时,小匡又从一溜儿鞋油中取出一只,蹲下给客人擦鞋。

　　"你在洗手间工作,何以这般卖力？"客人感到不解地问。

　　"孔子曰:'有朋自远方来,不亦乐乎？'来客都是我的朋友,我当然要为朋友热情周到地服务喽！"小匡笑着说。

　　公共洗手间常被人们同"肮脏"两个字联系起来,对服务员小匡的服务你有何感想？

2.有人在大堂里吐痰

浙江省某市的××宾馆初建不久时,客人中不乏一些卫生习惯较差的客人,宾馆的卫生工作很不容易搞好。

客房服务员经常反映地毯上有痰迹、呕吐物和烟灰,甚至有烟蒂烧穿的洞孔;墙上则乱涂"×××到此一游"的字迹,间或还有下流污秽的话语。客人外出后,房间里往往一片狼藉,十分肮脏。服务员的工作量可想而知。

最令人头痛的地方是大堂等公共区域,连锃亮的大理石地板上都有客人吐上大口浓痰,烟蒂、废纸等杂物更是随地乱扔,负责公共区域卫生的员工必须眼观六路、耳听八方才能及时清除,真是难为了工作人员。

客房部曾经想过许多办法,但都收效不大,贴上标志、插块牌子全都无济于事。不讲文明的客人对此视而不见,绝不因此而改变他们的习惯;而且,他们明白自己在宾馆里的"皇帝"地位,故我行我素,旁若无人。客房部经理苦思良久,终于想到一个妙法,决定"以诚感人"。

某天,三位本省来的乡村企业销售人员走进大堂,只听得其中一位"噗"的一声,一口浓痰吐到刚擦净的地板上。说时迟,那时快,一名中年服务员及时赶到用拖把擦去。同来的客人看在眼里,记在心中。接下来在办理住店手续的10分钟的时间里,那位中年服务员始终提着拖把站在离他们不近不远的地方,两眼露出警惕的目光。正在此时,背后又有"噗"的一声,中年服务员又转身去擦,擦完后只见他大步朝右边走去,蹲到大堂一角沙发旁,用纸片拼命擦地面。一位乡村企业销售人员过去一看,原来是一口已风干多时的痰迹,由于位置隐蔽,没有被及时发现。

三位客人办完手续乘电梯,电梯里贴着一张"请勿吸烟"的标志画,可是他们谁都没有掐灭手中正在燃烧的烟,照吸不误。就在这个当儿,旁边一位身穿宾馆服装的中年服务员悄然无声地伸过一个烟灰缸,在电梯运行的这段时间里,他始终托着烟灰缸,直到三位客人走出电梯。

几位客人在房间里略事休息后,再乘电梯下楼时,手里不再拿香烟了。

你怎样评析此案例?

第5章 对客服务工作

学习重点
- 服务及服务质量的理念
- 客房员工职业道德、礼貌礼节要求
- 对客服务的内容及程序
- 客人投诉的处理

服务是构成客房产品的重要因素。对客服务工作主要是指服务人员面对面地为客人提供各种服务,满足客人提出的各种符合情理的要求。客人住店期间,不仅要求客房清洁、舒适,还要求提供相应的服务,一方面处处倍感"宾至如归",另一方面在精神上形成超值享受的印象。因此,向住客提供有效的亲情般的服务,是客房服务的主要内容之一。

第一节 对客服务的概念

一、衡量对客服务质量的标准

(一)服务的定义

2015年9月,国际标准化组织(ISO)发表了2015年新版的ISO 9001质量管理体系的标准,我国也随之发布GB/T 19001质量管理体系的标准,在新版标准中,对服务和质量均有了更为简洁、清晰的表述。服务是:"为满足客人的需要,供方与客人接触的活动和供方内部活动所产生的结果。"服务的定义告诉我们:

1."客人"是产品或服务的接受者

"客人"(Customer)是个广义的概念,它不仅指来饭店消费的客人,也包括饭店内部得到二线部门和人员支持和帮助的一线部门和员工,也就是我们常说的"下道工序是客人"。树立"二线部门为一线部门服务"观念,是为客人提供优质的保障。

2.服务必须以满足客人的需要为核心

饭店在提供产品与服务时,要满足客人一切合理的需要,尽力帮助客人,始终把客人置于关注的中心,每一位员工都要以解决客人的问题,满足客人的需要为己任。同时,客人的需要不是一成不变的,随着社会的发展,人们的需要会不断发生变化,因此,饭店应不断地改善服务,以适应和满足客人的需要。满足需要不仅要从客人的角度出发,还应考虑到社会的需要,符合国家法律、法令、法规、环境、资源保护、能源利用等多方面的要求。

3.与客人的接触是服务的"关键时刻"

客人是从所接触到的员工身上认识饭店的,在他们的眼里,员工是饭店的代表。每一次不良的服务,都有可能给饭店造成不可挽回的损失。因此,饭店的员工要确立每次与客人的接触和"面对面"的服务,都是"关键时刻"。服务既是为客人的利益进行工作的过程,又是饭店员工与客人感情"交融"的过程。做好"面对面"的服务,以满意的员工去争取满意的客人,才可使饭店在竞争中获胜。

(二)服务的理念

服务的质量首先取决于对服务的理解,通过对服务定义的分析,结合现代服务业中成功的经验,可以归纳出饭店业服务的一些基本理念如下。

(1)服务是人与人之间一种基本的关系。
(2)服务于别人是接受别人服务的前提。
(3)作为一种工作的服务是展示才华的舞台。
(4)尊重客人才能得到客人的尊重。
(5)宽容和理解是做好服务工作的基本心理素质。
(6)高质量的服务是向人间传播的一种文明。

(三)衡量对客服务质量的基本标准

饭店的服务质量是反映饭店产品与服务的固有特性和满足顾客和社会明示或隐含需求的程度。因此,饭店服务质量的优劣,最终取决于客人的感受和客人的评定。

客人对服务的要求可以概括为以下四个方面:

1. 宾至如归感

客人对饭店的期望,不仅是希望使用饭店里的设备设施,更重要的是亲切感和饭店特有的氛围。广州的白天鹅宾馆之所以在国际和国内享有很高的声誉,究其原因,就是服务的尽善尽美和浓厚的人情味。

2. 舒适感

客人下榻饭店前,往往经过了长时间的车船、飞机旅行,到达饭店时一般都比较疲惫。他们迫切需要立即解决他们的吃住问题,舒适已成为客人此时生理和心理上的主导需要。饭店向客人提供快而准的服务,房间温湿度适宜、隔音效果良好、室内各区域照明适度、空气清新,客人在松软整洁的床上,自然就会产生一种舒适的感觉。

3. 吸引力

饭店要以设计新颖,外观独特,视野开阔,采光良好,色调和谐的建筑来吸引客人,同时饭店环境,特别是公共场所要有常绿植物和四季花卉点缀;饭店工作人员的着装要美观大方,对客人要彬彬有礼;饭店的经营和服务项目独具特色,这就使客人不仅乐于选择这样的饭店投宿和进行各种社交活动,而且离店时客人还会自然产生一种被饭店所吸引的依依惜别之情,成为饭店的回头客。

4. 安全感

客人住进饭店,希望能保障他的财产和人身安全,保障他在饭店的隐私权利,因此,饭店应有完备的防火、防盗、防止自然事故和保密的安全设施和保安措施。客人住进饭店,服务人员应适时地介绍安全通道以及电器、门锁的正确使用方法,同时饭店还应有严格的卫生检查制度和措施,尽量减少任何可能导致不安全的因素。另外任何服务人员进门都必须遵循敲门、通报,得到客人允许方可进去的规范要求,这样才能使客人住进饭店感到放心和安心,从而产生一种安全感。

(四)优质服务的基本要求

从客房服务本身的角度讲,怎样的服务才是优质服务呢?大致可以归纳为:真诚、讲效率、随时做好服务的准备、做好"可见"服务、树立全员推销意识和礼貌待客。

1. 真诚

客房的最佳服务,首先要突出"真诚"二字。要实行感情服务,避免单纯的任务服务,这是一个服务态度问题。客房服务员为客人提供的服务必须是发自内心的,热情、主动、周到、耐心、处处为客人着想,也就是"暖"字服务。饭店里许多服务质量差的现象,都是由于服务人员的态度不好造成的。

2. 讲效率

什么是效率服务?效率服务就是快速而准确的服务,即服务动作要快速准确,服务程序要正确无误恰到好处地满足客人的合理需求。这是一个过程的两个方面,缺一不可。

高效率服务,是为了迎合和满足宾客的快步调活动规律,是优质服务的一项重要内容。

3. 随时做好服务的准备

随时做好服务的准备包括两方面的内容:一是做好心理方面的准备;二是做好物质方面的准备。客房的服务工作不仅是面对客人所进行的服务,还包括了服务前所做的一切准备工作。做好服务的心理准备和物质准备,是优良服务的基础。"工欲善其事,必先利其器",良好的准备工作,定会提高服务效率和质量。

4. 做好"可见"服务

客房服务员所负责整理的房间、添补的各种用品和酒水饮料,都会成为客人评价服务员工作好坏的标准。让客房员工明白服务的价值,明确"见物如见人"的道理,才能使他们自觉地随时把自己的工作置于客人的监督之下,进而搞好客房的服务工作。

5. 树立全员营销意识

一家服务优良的饭店,依赖于饭店全体员工的共同努力以及他们的受训程度。受过良好训练的员工懂得如何为客人提供最满意的服务,懂得如何在他们为客人提供服务的同时,向客人销售或推荐饭店内的其他产品。因此,现代饭店流行这样的说法:饭店的每个员工都是饭店商品的积极推销员。

6. 礼貌待客

由于客人缺乏对具体服务项目的专业知识和直接接触的机会,所以当他们评价一项服务是否满意时,人际关系、服务态度方面比服务项目效用方面有更高和更直接的评判作用。因此,注重礼节、礼貌,是客房服务最重要的职业基本功之一,它体现了饭店对客人的基本态度,也是搞好优质服务的重要一环。

二、客房员工的职业道德规范

职业道德是员工基本素质的重要组成部分,遵守职业道德是做好本职工作的基本保证。客房员工的职业道德主要包括对待工作、对待集体、对待客人三方面的内容。

(一)对待工作

1. 热爱本职工作

热爱本职工作是一切职业道德最基本的道德原则。客房部员工应该破除各种落后的旧观念,正确认识旅游业和酒店业,明确自己工作的目的和意义,明确客房部工作的重要性,热爱本职工作,乐于为旅游者服务,忠实地履行自己的职责,并以满足客人的需求为自己最大的快乐。

2.遵守劳动纪律

不迟到,不早退,不随意旷工。严格遵守酒店的请假制度及各项规章制度。

3.自洁自律

主要包括:①不利用工作之便贪小便宜,谋取私利;②不索要小费,不暗示客人赠送物品,客人主动赠送而又婉拒不了的物品,要及时上交;③自觉抵制各种精神污染。

(二)对待集体

1.坚持集体主义

集体主义要求员工的一切言论和行为以符合集体利益为最高标准。在处理个人与他人、个人与集体的关系中,能够先公后私、先人后己,个人利益服从集体利益,在维护集体利益的前提下,追求并实现个人的正当利益。

2.严格的组织纪律观念

严格的组织纪律是用以约束集体中的每个成员,使大家的活动互相协调,使集体发挥更大作用的有力保证。酒店的分工很细,不同岗位、不同部门的工作内容、规范要求不同,因此,需要一定的组织纪律来统一和协调。另外,如何使员工按照规范要求进行工作也需要组织纪律来保证,否则,这个集体就如同一盘散沙,无法进行集体活动,无法实现集体的目标。培养自己具有严格的组织纪律观念,是集体主义的具体表现,也是集体主义者应有的基本品德。

3.团结协作精神

酒店对客服务工作是一个有机的整体,并非某一部门或某一个人做好就能完成,因此,同事之间、部门之间、上下级之间要相互理解,相互支持,加强团结与协作。此外,为了增强团结协作精神,客房部员工要注意破除本位主义,培养严于律己、宽以待人的品质,善于宽容、理解、尊重和体谅他人,同时,还要注意掌握同事间沟通和协作的技巧。

4.爱护公共财物

一个关心集体、热爱集体的人,都具有爱护公共财物的品德。爱护公共财物是职业道德的基本要求。为此,客房部员工必须了解客房部各种设备设施的特性及使用方法和使用时的注意事项,严格按要求进行操作,同时做好客房部设备设施的日常保养工作,养成勤俭节约的良好习惯。

(三)对待客人

1.全心全意为客人服务

客人是酒店所有员工的衣食父母,关心和爱护每一位客人,最大限度地满足客人一切合理、合法的需求,不断改善服务态度,提高服务效率,为客人提供优质服务,是客房部员工应尽的职责和义务。

2.诚挚待客,知错就改

客房部员工在工作中出现失误是难免的,对于因此而给客人造成的不便或损失,应主动承担责任,勇于认错,知错就改,绝不能将错就错,敷衍搪塞。

3.对待客人,一视同仁

具体来讲,客房部员工在接待服务中,要做到"六个一样":①"高、低"一样:对高消费客人和低消费客人一样看待,不能重"高"轻"低";②"内、外"一样:对国内客人和国外客人一样看待;③"华、洋"一样:对境外华人(华侨、外籍华人和港、澳、台客人)和外国客人一样看待,不能重"洋"而轻"华",重"黄发碧眼"者,而轻"黑发黑眼"者;④"东、西"一样:对东方国家的客人和西方国家的客人一样看待,不能重"西"而轻"东";⑤"黑、白"一样:对黑人客人和白人客人一样看待;⑥"新、老"一样:对新来的客人和老顾客一样看待,不能重"老"而轻"新"。

三、对客服务准则

(一)基本素质要求

(1)身体健康,没有腰部疾病。

(2)不怕脏、不怕累,能吃苦耐劳。

(3)有较强的卫生意识和服务意识。

(4)有良好的职业道德和思想品质。

(5)掌握基本的设备设施维修保养知识。

(6)有一定的外语基础,能够用英语接待客人,为客人提供服务。

(7)应变能力强。

(二)仪态仪容规范

1.仪表仪容

客房部员工在从后台进入服务区域之前,应先检查仪表仪容。具体要求如下:①上岗必须穿酒店规定的制服以及鞋袜,男员工穿黑色袜子,女员工穿肉色丝袜;不得穿带钉子的鞋,女服务员不得穿高跟鞋和凉鞋,一是为了安全,二是不能因走路声扰乱了楼面的宁静,最好是布鞋,既便于操作,又无响声。②服装必须熨烫平整,纽扣齐全,干净整洁,名牌端正地佩戴在左胸处。皮鞋保持清洁光亮。③面容清洁。男服务员每天修面,不留胡须,女服务员化淡妆,口红、眼影、指甲油、香水的使用一定要适量,不可浓妆艳抹。④发型美观大方,经常梳理,男服务员发脚侧不过耳,后不过领,女服务员长发须用黑色发结束起,不得加其他头饰。⑤头发要常洗、整齐,保持清洁,不得有头屑。提倡上班前加少许头油。⑥不可戴戒指、项链、耳饰、手镯、手链等饰物,因为既不便于操作,又跟工作性质不协调。⑦手部保持清洁,经常修剪指甲,女服务员上班不允许涂指甲油。⑧经常洗澡,身上无异味,并保持皮肤健康。

2.礼貌礼节

(1)称呼礼节:称呼客人时应恰当使用称呼礼节,如:"先生"、"太太"、"女士"、"小姐"等词语,并问候客人。

(2)接待礼节:①遇到客人时,要热情、主动地问候客人;②平等待客,不得歧视客人;③送别客人时,要与客人道"再见",并说"欢迎您再次光临"。

(3)应答礼节:与客人交谈要注意使用礼貌用语。

3.言谈规范

语言,特别是服务用语,标志着一个饭店的服务水平。优美准确的语言会使客人感到温馨。客房服务员应熟练地运用饭店常用的礼貌接待用语,并至少能用一门外语为外国客人提供良好的服务。

4.举止规范

在举止姿态上,要文明、主动、彬彬有礼,坐、立、行和操作均用正确的姿势。

第二节 对客服务的模式和特点

由于受不同设施设备和人力条件的限制,各国饭店业分别采用了不同的对客服务模式。国外饭店采用客房服务中心模式居多,而我国过去多采用楼层服务台的形式。由于前者注重用工效率和统一调控,后者突出面对面的专职对客服务,因而在客房部的岗位设置和人员配备量上是有较大区别的。客房中心已成为酒店客房的主流服务模式。

为了使客房服务符合以"不可见"的服务为主的特点,保持楼面的安静和尽量少打扰客人,客房服务中心的服务模式首先在我国中外合资饭店出现,然后在其他饭店逐步推广。客房楼层不设服务台和台班岗位,而是根据每层楼的房间数目分段设置工作间。工作间在形式上是不对外的,也不担任接待客人的任务,而是由行李员引客人进房间,客用钥匙的管理也由前厅部的问询处负责。客人需要找客房服务员时,可以拨内线电话通知客房服务中心,由它通知客人房间最近的工作间的服务员。

一、客房服务中心的职责

为了方便住客,客房服务中心实行 24 小时值班制,其主要职能如下:①信息处理;②员工出勤控制;③对客服务;④楼层万能钥匙的管理;⑤与前厅部的联系;⑥处理投诉;⑦失物处理;⑧档案保管;⑨负责向工程部申报工程维修单;⑩协调与其他部门的关系。

二、客房服务中心的特点

主要特点有:①减少了台班的人员编制、节省了人力,降低了成本;②使客房区域保持安静,体现出客房服务处处为客人着想的"宾客至上"宗旨;③有利于统一调度和控制。客房中心承担了客房服务质量信息处理中心的任务,确保工作的及时性,并且协助客房部经理处理一些日常事务,成为其得力助手。正是由于客房服务中心具有这些特点,受到欧美客人的欢迎,加之国外人工费用昂贵,所以欧美国家普遍采用此种形式。不足之处是服务中心与客人之间不是面对面的服务,缺乏亲切感,楼层没有专职的台班服务员增加了客房安全管理的难度,而且随机服务较差,使客人(特别是内宾和华侨)感到不便。

三、客房服务中心设立的条件

客房服务中心的设立,必须具备一定设施设备和人力条件,才能真正发挥效能。主要条件有:①饭店要有较完备的现代化安全设施。客人住的楼面与其他区域严格分开,员工通道与客用通道分开;②有较全的服务项目,且大部分已在客房内设立,使宾客能自己动手,满足起居的生活需要;③建立一个独立的呼叫系统,加强信息传递,及时通知有关服务人员满足客人提出的各种合理要求。

综上所述,客房服务中心的设立和有效的运转,既取决于建筑设计和设备配置,还有赖于劳动组织和选位的合理性,否则,不能正常发挥其功能。在条件具备的情况下,建立客房服务中心和对重要客人及行政楼层实行专职对客服务相结合的服务模式,应是提高客房管理和服务水平的重要举措。

四、客房服务中心的运转

客房服务中心通常设一名领班或主管,负责一般的日常事务,向客房经理负责或与秘书直接联系。客房中心的职员须具有丰富的楼层服务经验和受过良好的训练,对前厅、客房、餐饮等所有服务环节都要通晓,才能有效地密切客房部与宾客、客房管理人员同员工的联系,增强服务环境的生动感和亲切感,发挥好客房服务质量信息管理中心的职能。

客房服务中心的理想位置是与客房部经理办公室相通或相邻,处在同一平面的制服房与布草房、更衣室和员工电梯之间,以便于统一调控和实行24小时的连续服务。

第三节　对客服务的内容与程序

客房对客服务主要是围绕客人来、住、走三个环节来确定服务项目和规程的。研究对客服务的程序和规范,熟悉和掌握对客服务中带有普遍性和特殊性的东西,并自觉地运用于具体服务过程中,才能取得服务的主动权,也才能真正做到主动、热情、耐心和周到的服务。

一、常规服务

常规性服务,即规范性服务,即满足入住客人普遍的、重复的、有规律的基本需求的日常服务工作,是向客人承诺的,并在客房服务项目中明文规定的服务。常规服务要做到仔细、齐全、便利和完好。一般分为四个环节:迎客准备工作;客人到店迎接工作;住客的服务工作;客人离店的结束工作。

（一）迎客准备工作

客人到达前的准备工作,是接待服务过程的第一个环节,要求做到充分、周密和准确,并在客人到达饭店前完成,才能为整个楼层接待工作的顺利进行奠定良好的基础。

1. 了解情况

客房服务员接到客人开房的通知后,应详细了解客人到离店的时间、人数、国籍和身份;了解接待单位、客人生活标准要求和收费办法;还须了解客人的宗教信仰、风俗习惯、健康状况、生活特点、活动日程安排等情况,做到情况明、任务清。

2. 为客人准备好各种消耗用品

根据客人的风俗习惯、生活特点和接待规格,调整家具设备,铺好床,备好冰水、水杯、茶叶、水具及其他生活用品和卫生用品,补充小冰箱的饮料等。

接待贵宾的客房,还应按照接待规格,准备相应的鲜花、水果、糕点以及名片等。

3. 检查设备和用品

客房布置好后,要进行一次细致的检查。房内的家具、电器、卫生设备如有破损,要及时报修和调换。头天未住人的客房要试放面盆、浴缸输水管道中的冷热水,如发现水质浑浊,须放水,直到水清为止。要按接待规格检查客房应配备的物品是否齐全,对那些和客人宗教信仰方面忌讳有关的用品,要及时从客房撤出来。

客人到达前要调节好室温,如果是晚上则要开好夜床。

（二）客人到店应接工作

客人到达客房楼面时,由于长途旅行的疲劳,急于想得到安静的休息。因此,与过去相比,客人到达楼层的应接服务已大大简化,充分体现了饭店处处为客人着想的宗旨。

1. 热情迎宾（设立楼层服务台的饭店或对VIP客人的接待）

主要包括:①接到新客入住信息或电梯铃响时,应迅步站到相应的位置等候客人,并注意检查一下自己的仪容仪表;②见到客人,笑脸相迎,主动问好;③如是新到客人,应向客人微微鞠躬行礼表示衷心的欢迎,并自我介绍,核实房号;④如是住在楼层的客人外出归来,应尽量以客人姓氏称呼以示对其尊重。

2.引领客人入房

如有行李员引领客人入房,则楼层服务员应先请客人进房休息,然后马上准备茶水和毛巾。如是楼层服务人员带客人入房则应注意以下几点:①接过客人的房间钥匙,帮助客人提拎行李;②如客人的房间在走廊的左侧,则服务员应在客人的右前方引领;如客人的房间在走廊的右侧,则服务员应在客人的左前方引领;③引领过程中,如遇拐弯、上下楼梯,则应停下向客人伸手示意;④到达房门前,放下行李,先敲门,用钥匙打开房门,请客人入内,然后服务员提行李进入;⑤进房后应征求客人意见摆放行李。

3.介绍房间设备

主要应做到:①向客人简要介绍一下房内的设备,并告知客人如有什么需要可用电话通知楼层服务台或客房服务中心;②需要注意的是,为客人介绍房间设备时,为避免过多地打扰客人或避免使客人产生误会,服务员应根据经验把握这样一个原则,即特殊设备一定介绍,一般设备不必介绍,语言得体,简明扼要;③最后向客人道别并祝客人在饭店生活愉快;④退出房间时应注意面朝房内将门轻轻带上;⑤如果客人旅途疲劳,来不及仔细介绍房内设施及使用方法,应找适当机会给客人说明,以免使用不当造成不必要的损失。

介绍房间要领:

(1)时间:以不超过2分钟为宜。

(2)仪态:应尽量减少走动;要避免用手势。

(3)语言:要精练、准确。

4.送茶水服务

有的饭店已取消此项服务,但如果饭店要求实行"三到"服务(客到、茶到、毛巾到),要按要求做,一般国内的VIP客人都要为其提供此项服务。本项服务的程序是:①根据客房部的安排,或客人的需求,准备好相应的茶具和茶叶,并记清房号。②客人需要送茶水服务时可电话要求,服务员应询问客人要几杯茶,是红茶、乌龙茶还是绿茶(饭店必备的三种茶),并记清房号。③在最短的时间内做好准备,泡好茶,要点是:茶具干净,无破损;茶叶适量,开水冲泡,七分满即可;盖上杯盖,将泡好茶的茶杯放在垫有小方巾的托盘内。④用托盘送茶到客人房间。⑤敲门、通报、征得客人的同意。⑥谢谢客人开门,并说:"让您久等了。"⑦将茶按先宾后主或先女士后男宾的顺序放在客人方便拿取的地方,如茶几上、床柜上、梳妆台上等,看宾客坐的位置而定。从托盘内拿出茶水时应先拿外面的,后拿靠里的,杯把放在右手,同时说:"请用茶。"⑧茶水全部放下后询问客人是否需要其他帮助。⑨礼貌地向客人告退,离开房间,轻轻将门关上。

注意事项有:①无论几杯茶都要使用托盘。②托盘方法一定要正确,防止泼洒,尤其是在客人面前一定要十分小心。③根据客人情况,确定是否在送茶时,同时送上热毛巾。热毛巾可和茶杯放在同一个托盘内,先送毛巾,再放茶杯。毛巾要用镊子夹住送给客人。毛巾温度约60℃。④看到客人送客,或是客人电话要求,要及时进房收拾。

(三)客人住店期间的服务

客人住店后,各种需求多,而且要求快。客房服务员要做大量琐碎的,看起来很不起眼的工作。但是,"饭店服务无小事",这些事若做不到,做不好就会影响对客服务质量,甚至影响饭店形象。

1.冰块服务

三星级以上的饭店应提供冰块服务,客房服务中心应储存冰块或配备制冰机。客人需要冰块时,应在10分钟内送至房间;离开房间时应询问客人是否还需要帮助;如无,礼貌地向客人告退,轻轻将房门关上。

2.整理房间

客人住宿期间,要经常保持客房整洁,按饭店"住房清扫程序"进行整理。清洁卫生工作要做到定时与随时相结合,每天上午按照程序进行彻底清扫和整理;午休后进房简单整理;晚饭后进房开夜床;客人外出后可随时进房进行简单的清扫等。当然,客房的整理次数和规格,各饭店要按自己的档次和接待客人的规格来进行。

3.楼面保安

安全是客人的第一需要,而客房服务员则被人们看做是饭店客房的保安员,因为他们是唯一待在客房楼面和经常使用楼层万能钥匙的人。楼层应建立安全措施和安全检查制度。

(1)检查房内设备有无不安全因素,对电器设备、门锁和"猫眼"等要进行重点检查。

(2)管理好万能钥匙:①除自己的领班或主管外,严禁把楼层万能钥匙外借或转交他人,即便是饭店的其他员工也不行;②只有在两种情况下,客房服务员才能为没有住宿凭证的客人打开房间:一是百分之百地肯定该客人正是某房间的住客,二是客人持有大堂副理或接待处主管签发的要求服务员为他打开房门的证明;③实行钥匙的签领和签收制度。

(3)上班要穿规定的制服。工作之余,客房服务人员不能穿着自己的衣服进入客房。其余部门的员工,如木工或电工,只允许穿戴规定的制服、帽子进入客房进行维修保养工作,同时,客房服务员要监护其工作的完成。这种做法不仅可以维护客房的安全,而且可以保证客房的清洁。

(4)保护客人的生命财产安全。未经客人同意,不得将访客引入客房内;客人不在或没有书面指示的情况,即使是客人的亲人、朋友或熟人,也不能让其拿走客人的行李和物品。对出现在楼面的陌生人,客房服务员必须走近他,问清他的目的,如有疑点,必须打电话向保安部反映情况。

(5)替住客保密。有关客人的身份、客人携带的物品等不得告诉他人,特别是重要人物的房号及行踪更不能泄露,要严守客人的秘密。

(6)整理住客房间时,如遇客人进入房间,应请客人出示房卡或其他住宿凭证,以防止不法分子借机犯罪。

4.会客服务

主要包括:①会客服务主要是为客人做好会客前的准备工作。在来访前约半小时做好所有准备。②协助住客将来访者引到客人房间(事先应通知客人)。③送水或送饮料服务(规范与送茶水服务相同)。④及时续水或加饮料。⑤访客离开后及时撤出加椅、茶具等,收拾房间。⑥做好访客进出时间的记录,如已超过访问时间(一般晚11:30后),访客还未离开,根据饭店规定,可先用电话联络,提醒客人,以免发生不安全事故。⑦对没有住客送的访客要特别留意。

5.洗衣服务

(1)洗衣服务程序包括:①房内均配有可重复使用的布料洗衣袋及洗衣单(见表5-1);②客人电话通知或将需洗衣物袋放在门边,服务员发现后及时收取;③楼面服务员每天9:30

前进房检查客房时,留意房内有无客人要洗的衣物袋,发现后,及时收取;④通知洗衣房服务员到楼层收取;⑤洗衣房服务员在下午 3:00 后将洗好的衣服送到楼层;⑥楼层服务员按房号将衣服送入客房,按饭店规定放在固定的地方并留言。

表 5-1　洗衣单

姓名/Name		房号/Room No.		时间/Time		
日期/Date		客人签名/Guest Signature				
特别提示/Special Instruction						

□普通服务:早上十一时前收取之衣物将于当日晚上六时送回;早上十一时后不注明快洗的第二天晚上六时前送回。
Regular Service: Garments collected before 11:00 a.m. will be returned before 6:00 p.m. with the same day while after 11:00 a.m. will be returned before 6:00 p.m. with the next day except those marked "Express Service"。

□特快服务:衣服由收衣时间起三小时内送回。(早上九时至午后三时)加收 50%。
Express Service: Garments will be returned within 3 hours from the time of collection. With 50% surcharge(order between 9:00 a.m. and 3:00 p.m.)。

请作标记 Please tick ☑
□修补　　Repairs
□缝扣　　Buttoning
□去污　　Stain Removing
□折叠　　Folded
□悬挂　　No Hanger
□上浆　　Starches

项目/DESCRIPTION	干洗/DRY CLEANING			水洗/LUANDRY			净烫/PRESS ONLY		
	价目¥ Unit Price	客人核数 Guest Count	酒店核数 Hotel Count	价目¥ Unit Price	客人核数 Guest Count	酒店核数 Hotel Count	价目¥ Unit Price	客人核数 Guest Count	酒店核数 Hotel Count
西服一套 Suit(2pcs)	70						40		
长外套 Overcoat	80			70			50		
短外套 Jacket	40			30			25		
毛衣 Sweater	30			25			20		
羊毛/丝衬衫 Wool/Silk Shirt	40			35			25		
衬衫 Regular Shirt	35			30			15		
衫裙 Dress	60			40			25		
短裙/裤(毛料)Skirt/Shorts	35			35			20		
百褶裙 Shirt(Pleated)	60			50			40		
T 恤衫 T-shirt	30			20			15		
长裤 Slacks	35			30			20		
运动裤 Exercise Pants				30					
牛仔裤 Jeans	35			30			20		
工装裤 Overall/Lumpsuit				35			20		
短裙/裤 Skirt/Shorts	20			20			10		

续表

项目/DESCRIPTION	干洗/DRY CLEANING			水洗/LUANDRY			净烫/PRESS ONLY		
	价目¥ Unit Price	客人核数 Guest Count	酒店核数 Hotel Count	价目¥ Unit Price	客人核数 Guest Count	酒店核数 Hotel Count	价目¥ Unit Price	客人核数 Guest Count	酒店核数 Hotel Count
睡衣 Pajamas(2pcs)				30					
领带 Tie	20						10		
围巾 Scarf	20			20			10		
背心 Vest	25			20			10		
内衣/裤 Undershirt/pants				10					
短袜 Socks(pair)				10					
裤袜 Pantyhose				12					
手帕 Handkerchief				8					
羽绒服(长)Winter coat(long)				100					
羽绒服(短)Winter coat(short)				80					
小计 Basic Charge		特快服务 Express Service Charge			加收15%服务费 15% Service Charge					

注意事项/REMARKS:
1. 请填写洗衣单并签名,连同衣物放入洗衣袋;若有数量不符,将预先告知;若宾客未列明衣物数量,则以酒店之核点为准。
Please fill in the list and sign. Then place it together with the laundry in the bag provided. Should there be any count discrepancies between guest and hotel, you will be notified accordingly. Should the list be omitted, the hotel count will be taken as correct.
2. 宾客知悉,所有清洗衣物由宾客负全责。酒店当尽量小心,赔偿金不超过洗涤费之10倍,酒店不再承担更多的损毁或遗失。
The hotel at the owner's risk accepts all laundry. While the utmost is being exercised by the hotel, the liability of the hotel is limited to 10 times the value of the laundry charge. The hotel cannot be held the responsible for any further loss or damage.
3. 任何索求应在24小时内提出。
Any claims must be made within 24 hours.

码号:
Mark No.

经办人:
Clerk

衣服总数 Total Pieces

(2)洗衣服务中的注意事项有:①收取客衣时要点清衣物数量是否与客人所填写的相吻合,如有偏差,当面向客人说清后纠正;②检查衣物有无破损、特殊污点等,以免引起麻烦;③看衣物质地是否会褪色、缩水,若客人要求湿洗,则应向客人当面说明;④洗衣分快洗和慢洗,费用相差50%,所以要向客人说明,以免结账时出现争执;⑤四、五星级的饭店还应提供客衣的修补服务;⑥鉴于很多客人待洗衣服的价值远远超过洗涤费的10倍,如果衣服损坏或丢失,按洗涤费的10倍进行赔偿远不能补偿客人的损失,饭店可考虑推出"保价洗涤收费方式",即按客人对其所送洗衣物保价额的一定比例收取洗涤费。

小资料
"衣服已洗好"样卡 　　亲爱的宾客:因您的房间挂了"请勿打扰"牌/双锁,我们将您的衣物暂存放于洗衣部,如果您需要,请拨×××与我们联系,衣物将立刻送回。 　　Dear guest:We found a "Do Not Disturb" sign/double-locked door when returning your clean laundry.It is ietained in the Laundry Department,kindly contact ext."×××" for delivery.

6. 擦鞋服务

(1)擦鞋服务程序包括:①房内均备有鞋篮。客人将要擦的鞋放在鞋篮内,或电话通知,或放在房内显眼处,服务员接到电话或在房内看到后都应及时收取。②用纸条写好房号放入鞋内。③将鞋篮放到工作间待擦。④在地上铺上废报纸,备好与鞋色相同的鞋油和其他擦鞋工具。⑤按规范擦鞋。⑥一般半小时后将擦好的鞋送入房内,放在饭店规定的地方。

(2)擦鞋服务中的注意事项有:①要避免将鞋送错房间;②对没有相同色彩鞋油的待擦皮鞋,可用无色鞋油;③电话要求服务的客人,通常是急于用鞋,所以要尽快提供服务,并及时将鞋送回。

7. 叫醒服务

饭店的叫醒服务通常由饭店的总机电话来进行,但客房服务中心也要承担此项任务。同时,当电话无法叫醒客人时,由客房服务中心进行人工叫醒。具体做法是:客房服务员到该客人的房间门前,敲门通报:"House keeping,你的叫醒时间到了。"如果敲门仍无法得到客人的回应,则应考虑有无异常情况发生,并及时报告上级和大堂副理,并根据具体情况进行处理。

客房服务中心叫醒服务的程序和标准如下:

(1)正常情况下,电话在铃响后10秒内接起;

(2)员工接电话时正确问候宾客,同时报出所在部门;

(3)重复宾客的要求,确保信息准确,同时询问是否需要第二遍叫醒;

(4)能够准确、有效地叫醒宾客;

(5)叫醒电话正确问候宾客。

8. 会议服务

在饭店功能中,会议设施及其服务越来越受到饭店管理者和客人的重视。无论何种星级的饭店都会设计不同数量、不同形式、不同大小面积的会议室,同时提供会议设施及其服务,以满足客人召开各种类型会议的需求。

由于会议形式多种多样,参会人数有多有少,常规的会议室要应会方要求做相应的布置,并根据会议性质提供配套服务。

(1)常见的会议种类:①会见:身份相近的双方就礼节、政务和事务等方面的原因进行短时间的互相交流称之为会见。②会谈:双方或多方共同就某些重大的政务、军事、经济、文化、科技等方面共同关心的问题进行商谈的一种形式,称之为会谈。③签字仪式:双方或多方就某项具体事务达成一致,各方首席代表代表本方在文件上签署自己名字的一种仪式,称之为签字仪式。④讲座:就某专业或某专题进行阐述的一种会议形式,称之为讲座。⑤专业会议:就某专题有组织有领导地商讨的一种集会形式,称之为专业会议。

(2)会议前的准备工作。会议前的准备工作是会议服务的首要和必要程序。为了提供客人满意的会议服务,会议服务人员必须先清楚下列问题后再做准备:①会议类型;②到会人数;③会议时间;④为会议提供何种饮品;⑤会议性质;⑥会务组的序号;⑦特殊要求。

(3)会议过程中的服务有:①会议客人到达时,应打招呼问好,为客人开门,礼让入场。②客人就座后,按次序为客人泡茶并说"请",泡茶时将杯盖反扣在桌上,再将茶杯端起,侧身弯腰将水冲进,以倒至八成满为止,放回桌上,杯把向右,盖上杯盖。是否送小方巾则视会议组织者要求、会议档次或到会人数多少而定。③会议中间定期更茶续水或补充饮料,更换烟灰缸。④若会议组织方要求上点心或水果时,应将点心和去皮后切成块的水果放在小盘中,放上牙签,每人一盘,以方便食用。⑤会议结束时,打开会议室门,与客人说再见。

(4)会议服务中的注意事项有:①会议室有会议时,楼层应保持安静,无关人员应回避;②服务人员应配合保安人员做好安全服务;③会议过程中的更茶续水不宜过于频繁,动作要轻。

9.饮料服务

旅游饭店一般在客房内设有小酒吧(Mini-bar),放有各种饮料,由客人自由取用。既方便客人,又增加饭店收入。小酒吧管理程序如下:

(1)零星客人结账时由客房中心联络员通知到楼层,楼层服务员应立即进房查核小酒吧,并在房内拨电话,将该房客人饮用的饮料品种及数量通知前台收银处(见表5-2)。

(2)服务员根据"客人进店、离店通知单",在团队客人离店前半小时,将该团队所有客房内的小酒吧查核一遍,开好饮料账单,由领班送至前台收银处。

(3)住店客人房内的小酒吧,由服务员每天上午换茶具和晚间做夜床时逐一查核,如有饮用,立即补充,并将饮料的品种和数量记录在工作单上,开好账单。领班据此填"小酒吧日消耗单"见表5-3。

(4)早班领班在上午和下班之前、晚班领班在下班前,分别将楼层服务员开的饮料账单送到客房中心。

(5)早班领班上班后,立即核对饮料柜中的饮料,做好报表,并按定量将饮料发给各楼层服务员,供补充客房小酒吧用。晚班领班在晚班服务员下班前将用不完的饮料收回到饮料柜中。

表5-2 客房小酒吧点算单
MINI-BAR CHARGE VOUCHER

亲爱的贵宾:	(第一联:客房中心)
希望您能尽情享用房内小酒吧的饮品。	
客房部服务员将每日核对您所饮用的饮品数量,并把清单送到会计部转入您的账目内。如您需要其他特别饮品服务,请拨内线电话2167。	
为了能准确地计算您的账目,请您在结账离店时,将此单带到收款处。谢谢!	
Dear Guest:	
Please feel free to enjoy the facility of your Mini-bar provided for your convenience. Your room atrendant will collect this voucher daily from you Mini-bar take it down to the Front office Cashier for billing to your account. If you require any additionalservice please call Room Service on ext.2167.	

Should you have some drinks on the day of your departure, please hand in your last voucher to the Front Office Cashier at check out time. Thank you.

房号　　　　　　　　　　　　日期
Room No.　　　　　　　　　　Date

品类 Items	点存 Inventory	耗量 Consumed	单价 Unit Pilee	小计 Sub.Total
人头马 VSOP Remy Martin Vsop	1		40.00	
人头马特级 Club de Remy Martin	1		45.00	
君度 Cointreau	1		44.00	
威雀苏格兰威士忌 Famoug Grouse Scotch	1		45.00	
健尼路金酒 Grenall Gin	1		40.00	
芬兰伏特加 Finlandia Vodks	1		35.00	
占边美国威士忌 Jim Beam	1		36.00	
加利亚诺利乔酒 Galliano	1		30.00	
青岛啤酒 Qingdao Beer	2		8.00	
可口可乐 Coke	2		8.00	
矿泉水 Mineral Water	2		6.00	
果粒橙 Snappy-Corange Juice	2		8.00	
椰子汁 Coconut Juice	2		8.00	
果茶 Frit Tea	2		6.00	
健力宝 Lemon(Jian LiBa')	2		8.00	
八宝粥:Eight-Treasure porridge	2		8.00	
合　计 TOTAL				
10%服务费 10%SERVICE CHARGE				
总计 GRAND TOTAL				

(第二联　结账中心)

表 5-3　小酒吧日消耗单

领班＿＿＿＿＿＿＿＿

楼层＿＿＿＿＿＿＿＿　　　　　　　　　　　　　　　　　　日期

	果粒橙	青岛啤酒	矿泉水	贝克啤酒	摩卡咖啡	八宝粥	椰子汁	红牌威士忌	白兰地	可口可乐	黑牌威士忌	进口矿泉水	番茄汁	雪碧	杏仁露	
01																
02																

续表

	果粒橙	青岛啤酒	矿泉水	贝克啤酒	摩卡咖啡	八宝粥	椰子汁	红牌威士忌	白兰地	可口可乐	黑牌威士忌	进口矿泉水	番茄汁	雪碧	杏仁露	
…																
18																
上午																
下午																
小计																

（6）每周日，由领班对楼层饮料柜进行盘点，做出一周饮料消耗表，交由楼层主管核对。物品领发员于次日根据楼层消耗数量将饮料发到楼层。

（7）每日全部楼层的饮料消耗账目由夜班服务员完成。0:00，夜班服务员从前台收款收取回所有饮料账单的回单，与早、晚班领班填写的"饮料消耗单"核对，并按楼层分类，逐一订好。若回单与"消耗单"相符，则将此数据登记在"饮料消耗总账簿"上；若有疑问则另做记录，交由秘书核对，楼层主管负责查清原因。

（8）秘书每天去前台收银处抄录小酒吧饮料跑账的房号、品种、数量，交由楼层主管调查。

（9）每月底由服务员对房内小酒吧、领班对楼层饮料柜内的饮料进行检查，如有接近保存期限的，立即与仓库调换。

10. 对客租借物品

（1）对客租借物品程序：①客人电话要求或向楼面服务员要求；②仔细询问客人租用物品的时间；③将物品准备好送到客人房间；④请客人在租借物品登记表上签名；⑤客人归还物品时做好详细记录。

（2）对客租借物品注意事项：①对一些电器用品，如电熨斗等，在客人租用时提醒其注意使用安全；②早晚班服务员在交接班时，将客人租借物品的情况及手续移交下一班次，以便继续服务；③如过了租借时间，客人仍未归还物品，可主动询问，特别是在客人离店前，询问时要注意方式。

11. 托婴服务

为了方便带婴、幼儿的客人不因小孩的拖累而影响外出，客房部还应为客人提供婴、幼儿托管服务，并根据时间的长短收取相应的服务费。托婴服务是一项责任重大的工作，绝不可掉以轻心。

（1）客人提出托婴服务申请时，应问清照看的时间、小孩的年龄等，请客人填写"婴儿照看申请单"并告诉客人有关饭店的收费标准注意事项。收费一般是以 3 小时作为计费的起点，超过 3 小时，则每小时增收费用。

（2）照看者必须有责任心、可靠，并有一定的保育知识。通常由客房女服务员承担此项工作。如果由客房服务员兼管，只能利用工余时间，绝不能利用上班时间。

(3)必须按客人要求照看小孩,事先了解小孩的特性以及家长的要求,不要给小孩子食物吃,确保小孩安全。一般不能将小孩带出客房或饭店。

12.送餐服务

送餐服务一般由饭店的送餐部(Room service)负责。但客房内应配置送餐菜单和饮料单,有可挂置门外的送餐牌(门把手菜单)。

(四)客人离店时的服务

1.客人离店前的准备工作

(1)掌握客人离店准确时间。

(2)检查代办事项,看是否还有未完成的工作。

(3)征求即将离店客人意见,并提醒客人检查自己的行李物品,不要遗漏。

2.送别客人

(1)协助行李员搬运客人行李。

(2)主动热情地将客人送到电梯口,代为按下电梯按钮,以敬语向客人告别。

(3)对老弱病残客人,要专人护送。

3.善后工作

(1)迅速进房仔细检查。如有遗留物品,立即派人追送。来不及送还的,交客房部办公室登记处理。同时,还应检查客房设备和用品有无损坏和丢失。如发现损坏和丢失现象,应及时报告主管。

(2)处理客人遗留事项。

(3)迅速整理、清洁客房。

(4)填写房务报告表。

4.客人遗留物品处理

客人在住店期间或离店时,难免会遗忘或丢失物品,饭店应有客人失物处理的规定和程序,以协助客人找、领自己的物品。这会使客人感到饭店服务工作的尽善尽美。

(1)判断是客人扔掉的,还是遗留物品。

(2)若在走客房内发现客人遗留的贵重物品,服务员应立即打电话通知客房中心;若是零星客人,中心值班员应立即与前台联系,设法找到客人;若是团队客人,则与团队联络员联系。若仍找不到失主,要立即呼叫大堂副理处理,服务员应立即把物品送到客房中心。

(3)房内遗留的一般物品,由服务员立即在工作单上"遗留物品"一栏内登记。下班前,在"遗留物品"单上清楚地填上此物品的房号、名称、数量、质地颜色、形状、成色、拾物日期及自己的姓名。一般物品要与食品、钱币分开填写。

(4)早、晚班服务员收集的遗留物品交到客房中心后,均由晚班的中心值班员负责登记。

(5)钱币及贵重物品经中心值班员登记后,交主管进行再登记,然后交秘书保管。

(6)一般物品整理好后与遗留物品单一道装入遗留物品袋,将袋口封好,在袋的两面写上当日日期,存入遗留物品室内的格档中,并贴上写有当日日期的标签。

(7)遗留物品室每周由专人整理一次。

(8)如有失主认领遗留物品,需验明其证件,且由领取人在遗留物品登记本上写明工作单位并签名;领取贵重物品需留有领取人身份证件的影印件,并通知大堂副理到现场监督、签字,以备查核。

(9)若客人打电话来寻找遗留物品,需问清情况并积极查询。若拾物与客人所述相符,则要问清客人来领取的时间。若客人不立即来取,则应把该物品转放入"待取柜"中,并在中心记录本上逐日交班,直到取走为止。

(10)若有客人的遗留物品经多方寻找仍无下落,应立即向经理汇报。

(11)按国际惯例,客人遗留物品保存期为一年,特别贵重物品可延长半年。如客人失物保存到饭店规定的期限无人认领,饭店按有关规定自行处理。

二、超常服务

超常服务,即我们常说的个性服务和针对性服务。它是指在满足客人基本普遍需求的基础上,进一步满足不同顾客个别的、偶然的、特殊需要的服务。饭店服务的对象是人,客人的需要千变万化,仅仅像大工业生产的规范服务是不够的,还需要灵活应变的个性服务才能满足客人的合理、特殊需求。

（一）客人类型及其针对性服务

下面就客房服务中常见的客人类型和服务方法做一个大致的介绍。

1. 按旅游动机的客源构成划分

(1)团体旅游参观型。

①心理特点:玩好、住好、吃好,对自然风光、名胜古迹最感兴趣。对服务质量要求严格,携带物品不多。一般手头有钱,要求购买旅游纪念品,最爱照相,委托服务较多,但国内客人与外国客人及华侨、港、澳、台客人消费水平差异较大。

②服务方法:分配客房要集中,最好在同一楼层。要注意做好早间服务工作,如清晨叫醒,提醒客人带好相机等。晚上回店前,水要准备充足,室内空气调节好。要主动介绍自然风光、名胜古迹、风味餐馆和本店或本地区的工艺美术品、土特产和旅游纪念品,便于客人购买。委托服务要主动热情,保质保量。如洗熨衣服、擦皮鞋、冲洗胶卷等要及时送回,方便客人。

(2)公务旅游型。

①心理特点:国外客人要求享受高级生活待遇,优良的服务质量,夜间需要娱乐活动,委托服务多。国内公务旅游型消费水平以能够报销账目为限度,同样要求有较好的服务。

②服务方法:有条件的饭店可设置商务楼层,在客房内设置语言信箱、传真机、调制解调器插口(Modem Jack)、办公桌要大,灯泡要亮,配备常用的文具用品,提供便利的交通条件,24小时干洗熨烫服务,建立商务客人的饮食档案。他们所带的文件如因工作后放在写字台上,服务员要严格保密,不得乱翻乱动,否则会引起不必要的麻烦。对于对立国家或商业竞争对手不要给他们分在同一楼层。茶水供应要及时,但不要过多打扰。平时多向他们介绍工艺美术品、文物复制品和土特产品。

(3)华侨旅游型。

①心理特点:住宿方面要求价格合理,一视同仁。希望为参观祖国建设成就和游览风景名胜提供方便,喜欢照相,期望买到物美价廉的土特产品和中草药,特别是自己家乡的土特产品。一般华侨对客房要求并不高,只要室内有空调及卫生间就行了。欧美和日本的华侨要求住房条件比较高,对客房的设备和卫生间条件要求也比较讲究。

②服务方法:分配客房要视具体情况。对学者、教授等高级知识分子和上层人士可推荐豪华客房。对一般的华侨和港、澳、台客人可分中档客房,但必须有卫生间。团体客人分房

要集中,便于集中活动。华侨客人有的白天在店时间不多,喜欢出去参观游览或探亲访友,故要做好早晚服务工作。华侨客人在国内亲朋较多,因而其访客也较多,要搞好问询、会客服务,如客人不在,一定要请留言,因为多年不见,机会难得。对失散多年的亲友要帮助查找。平时多介绍土特产品和中草药商店的地点、交通,他们一定会大量购买。

(4)蜜月旅游型。

①心理特点:以住大床间客房为第一需要,又多由男方提出。希望多在风景区合影留念,要求能为品尝风味食品、购买纪念品提供方便。

②服务方法:出售大床间安静客房,保证供水。客房卫生一定要做到整齐、美观、恬静,最忌杂乱。客房部署要热烈、优美、大方。向新婚客人赠送礼品,增加欢乐气氛,做到既庄严、隆重,又热情、礼貌。见面时要讲祝福的话,如祝新婚愉快、白头偕老等。平时多介绍优美风光旅游点、旅游纪念品和风味餐馆的所在位置,方便客人游玩和购物。

(5)旅游疗养型。

①心理特点:生活要求高,口味讲究,要求照顾周到细心,有时多疑。住房要求特殊,一要客房小,二要光线足,三要方位僻静,四要起居方便。水供应要及时,便于服药。

②服务方法:尽量安排僻静的小客房,服务员要勤进客房,摸清生活规律。他们常在客房用餐,饮食要尽量满足客人需要,供应及时。客人休息时不要打扰他们,保持楼道、客房安静,要多送水,照顾周到细心。

(6)老年旅游型。

①心理特点:要求服务周到,照顾细心,环境安静,希望多品尝著名风味食品。

②服务方法:客房以出售高档安静客房为主。住店期间要热情迎送,帮助拿行李。客房要满足开水、茶叶或饮料供应。保持楼道安静,以免影响老年客人的休息。老年客人外出旅游一般不在乎多花钱,要多介绍著名历史古迹或美味佳肴。

2.按客人个性特点划分

(1)一般客人型。这类客人为饭店接待对象的绝大多数,他们懂人情、讲礼貌,也要求物质和精神享受及高质量、高效率的服务。接待方法按一般接待程序服务。

(2)开放型。这类客人性格豪放,对任何事情都毫无保留地形于言表,但并不轻易听别人的话,以欧美国家为多见。他们手里一般有钱,所以服务时可尽量满足其需要,但和他们谈话要多听,不可随便答言。重要服务项目要在其情绪安定时再谈,便于接受。

(3)急躁型。此种客人性情急躁,动作迅速,服务要求效率高。但生活马虎,以大中学生和年轻客人为多。为他们服务时,谈话要单刀直入,简明扼要,弄清要求后,很快完成。否则,容易使他们急躁冒火,引起抱怨,影响服务效果。

(4)啰唆型。这类客人遇事啰唆,好打听,难以下决心。服务时尽量避免和他长谈,否则,没完没了,影响工作。最忌和他们辩论。

(5)健谈型。这种客人最喜欢聊天,天南海北,似乎世界各地的事情他都知道。服务时不要追求好奇,听其海阔天空,但对正确的意见或建议要耐心听取。

(6)寡言型。这种客人平时言语不多,性格孤僻,但一般有主见,服务时一定要耐心听取他们的意见和要求,热情有礼,表示尊重,待明确其意图后,再按其要求保质保量完成服务工作。照顾好这种客人,使他们对饭店服务质量留下深刻印象。

(7)醉酒型。对这类客人,在服务过程中最好表现出不注意他,少和他交谈,也不要笑话他。如果发生醉酒,不要嫌弃这类客人,要根据不同情况区别对待,做好相应的服务工作并及时报告主管,如果损坏家具,弄脏地毯,要做好记录,有的要保护好现场,待其酒醒后要求赔偿。

(8)贵妇型。欧美一些国家以女权至上,特别是有身份、地位的女客人,需要豪华,有舒适的物质和精神享受。服务时要向他们出售高级客房和高档商品,包括各种美味佳肴。客房布置要富丽、雅致,要摆放鲜花和工艺美术欣赏品。服务过程中要特别注意讲究礼貌礼节。她们一般与男人同行,委托服务和客房用餐、购买商品等要多征求丈夫意见,无论多贵一般都会购买。外出活动追求新奇和刺激,平时可多向他们介绍有关情况。若为单身外出旅行的女客人,应注意保护她们的隐私,必要时,还可设立"女性楼层"专门为她们服务。

(9)社交型。这类客人由于常常出门在外,练就了一套应酬本领。平时多交际,见多识广,善于辞令,老于世故。服务时要特别注意,言谈举止要礼貌大方。平时不可和他们深谈,注意服务周到,以防发生意外,引起客人抱怨。因为这类客人,乐于谈论服务员的态度和服务水平。所以要特别注意服务的高质量、高效率和高水准。

(10)排他型。这种客人不易和别人交往,个人观念很强,平时言语不多,但有主见,容易和别人发生矛盾,以满足自己需要为主要目的。服务员最好不要和他闲谈,尽量按他们的要求完成接待服务,注意他们和周围人的关系,注重对他们的细节服务。

(二)特殊情况的处理

客房接待服务过程中会遇到各种各样的人,也会遇到各种各样的问题,这就决定了接待服务中不可避免地会出现特殊情况。特殊情况处理的好坏,往往直接影响饭店的声誉,甚至国家的声誉,需要引起客房工作人员的高度重视。

1.客人物品丢失

在客人住店过程中,随身携带的小件物品,甚至贵重物品,由于种种原因,可能丢失,客人着急,请求找回。这种事故的基本处理程序如下:

(1)安慰并帮助客人回忆物品可能丢失在什么地方,请客人提供线索,分析是否确实丢失。

(2)在查找过程中,请客人耐心等待或让客人在现场一起寻找。查找工作一般由保安人员及管理人员负责。

(3)经多方查找仍无结果,或原因不明,没有确切事实认定是在客房内或某人盗窃的,饭店不负赔偿责任,但应向客人表示同情和耐心解释,并请客人留下地址和电话,以便今后联系。

(4)将整个情况详细记录,以备核查。

2.客人突然得急病

个别客人因旅途劳累或水土不服,可能会突然得急病,遇到这种情况的处理方法如下:①服务人员不要轻易乱动客人,或擅自拿药给客人吃,应立即报告客房部经理,并立即打电话同附近医院联系,并由饭店医务人员护送病人到医院抢救;②迅速通知接待旅行社或客人接待单位主管人员;③从发病开始,每天做好护理记录,必要时派专人护理,医疗费用和护理费用,由客人自理;④客人住院抢救期间,及时电告其家属前来;⑤客人如果经抢救无效死亡,由医院向死者家属报告抢救详细经过,并写出《死亡诊断证明书》。证明书一式多份,由主治医生签字盖章;⑥对该客人住过的客房进行严格的消毒处理,并对该客人住过的客房号保密。

(三)VIP客人的接待

(1)客房中心值班员在接到前台送来贵宾接待通知单(见表5-4)后,应将贵宾的房号首先通知有关楼层的服务员,以便服务员将这些房间再打扫一遍;然后将贵宾的房号、抵店时间、客房布置的规格标准等通知有关领班、主管和经理。若贵宾非当日抵店,则应将接待通知单保管好并转给夜班服务员。夜班服务员在贵宾进店的前一天将贵宾抵店时间及客房布置要求转抄在次日的宾客进、离店通知单上。

表5-4 ×××大酒店贵宾接待通知单

来宾姓名_____	来宾身份_____	住店人数_____名
接待单位_____	联系人_____	电话_____
抵店日期___年___月___日___时		离店时间___年___月___日___时

一、接待安排
 1.住店房号 □豪华套房 □普通套房 □标准房 □三人间房
 房间价格 豪华套房____元/间 普通套房____元/间 标准间____元/间
 2.用餐安排____厅 餐别:早____中____晚____标准元/间
     □固定餐桌 □专用菜单 □专人服务 ____
 3.出面迎送 □总经理 □副总经理 □大堂经理 ____
 4.用车   □酒店车 □自备车 □接待单位车 ____
二、接待要求
 1.房内布置 □A级 □B级 □C级 ____
 2.入住登记 □免登 □进房登记 □签字 ____
 3.迎送地点 □车站 □酒店大厅 ____
三、结算方式
     □现付 □支票 □转账 □信用卡
四、优惠折免
 1.免费范围 □房费 □餐费 □用车 □洗涤
       □电话 □舞厅 □理发 ____
 2.折扣范围 □房费 □餐费 □用车 ____
备注
_____
_____
_____
总台通知人_____   年 月 日

(2)楼层服务员从中心联络员处或宾客进、离店通知单上得知贵宾抵店时间及房号后,应立即将这些房间的家具打上蜡、擦亮铜器、清除地面污迹,并配合楼层领班和"Room Service"的服务员将应增放的物品放入客房。

(3)领班、主管和经理在各自的直接下属完成对贵宾房的布置和检查后,应及时对这些房间进行复查,如发现问题,立即让服务员去处理。一般提前两小时进行检查。

(4)以上任务完成后,中心联络员即可通知大堂值班经理前往检查。楼层服务员在大堂值班经理检查后,需再进房巡视一遍,以确保万无一失。

(5)贵宾房的检查较一般房间的检查更为严格。
(6)贵宾房需增放下列物品:鲜花、水果、洗手盅、礼卡、总经理名片、饭店宣传册、盆景、果盒,或按贵宾接待通知办理。
(7)客人较多时,带房及其他服务要预先安排。
(8)客人第一次用餐应带客人到餐厅,将客人介绍给餐厅迎宾员。
(9)随时做好小整服务的其他服务。
(10)重点客人的陪同和其他服务。

第四节 宾客投诉的处理

投诉是指客人因对饭店服务质量的不满而提出的批评意见。客人投诉的方式一般采用电话、书面或当面投诉。饭店对客人的投诉一般由大堂副理负责。也可能直接向客房服务员发泄心中的不满或找楼层领班、主管甚至客房部经理投诉。因此,客房部的服务人员和管理人员必须重视客人的投诉,善于处理客人的投诉,这对于提高饭店的服务质量和管理水平,赢得回头客人,都具有重要意义。

一、投诉产生的原因

(一)客房硬件设施不达标准或出现故障

客人都有一种等值消费的心理,即花了多少钱就应得到相等的硬件和软件服务,而对房间设备设施的等值评估是最基本的要求。我国一些饭店同国际饭店相比,存在的突出问题之一就是设备设施保养不善,这不仅造成饭店经营成本的上升,而且严重地影响了对客服务的质量,常常引起客人的投诉。

(二)客房服务员的素质和效率低

(1)客房清洁卫生不达标准。
(2)服务员待客不一视同仁、不礼貌。
(3)服务员动用客人物品。
(4)客人休息时受到噪声干扰。

(三)饭店管理不善

(1)客人物品丢失或被盗。
(2)客人衣物洗涤事故。
(3)客人对饭店有关政策规定不了解或误解。

(四)客人方面的原因

客人因多种原因,有意、无意带走或损坏了房间的固定物品,服务员发现后通过正常途径请客人赔偿,为此而引出的投诉纠纷也是很多的,尤其是一些中、低档饭店。

(五)外国客人对我国饭店客房常见的投诉

我国饭店与国际先进饭店业相比,在硬件方面和软件方面有一定的差距,常常引起国际旅游者的投诉。此外,由于东西方文化的差异以及我国很多饭店从业人员缺少饭店意识,也常常引起外国客人的投诉。因此,饭店及客房管理者要注意以下方面:

(1)饭店内的公共洗手间的清扫员要分性别。
(2)闭路电视节目不清晰,没法收看。

（3）客房没有冰块供应。
（4）卫生间及卧室有毛发。
（5）饭店没有无烟区和无烟客房。
（6）商务客房灯光暗淡。
（7）饭店工作人员大声喧哗。
（8）电话收费问题。
（9）饭店服务要有明确的时间概念。

上述问题，大致可以归结为两种类型：一是硬件方面的因素，二是软件方面的因素。对于这两方面的因素，客人投诉的倾向性和投诉的方式是不同的。美国马萨诸塞州立大学的罗伯特教授曾对美国东部主要城市6家饭店的1314名客人做过调查，结果表明：对于有形因素，愿意当面向管理部门提意见的旅游者占59%，而对于无形因素，只占41%。这说明，顾客对于无形因素，一般不太愿意当面向管理部门提意见投诉。其原因在于一方面这种因素的"无形性"本身造成的，客人担心"说不清"；另一方面无形的因素通常都是服务方面的问题，而服务又涉及具体的"人"，客人外出，一般不愿意轻易伤和气，不愿意"惹事"，这是主要原因。

另据美国休斯敦大学酒店管理学院院长 Alan T.Stutts 教授的调研结果表明：96%的不满意的客人不会提出投诉。这说明客人一般是在迫不得已，或"忍无可忍"的情况下才来投诉的。因此，对于客人的投诉，饭店及客房管理者要格外重视。

二、对客人投诉的认识

投诉是沟通饭店管理者和顾客之间的桥梁。对客人的投诉应该正确对待。形象地说，投诉的顾客就像一位医生，在免费为饭店提供诊断，以使饭店管理者能够对症下药，改进服务和设施，吸引更多的客人前来投宿，因此，服务人员及管理阶层对客人的投诉必须给予足够的重视。对客人的投诉持真诚的欢迎态度。

具体而言，对饭店来说，客人投诉的意义表现在以下几个方面：

（1）帮助饭店发现存在的问题。

客人的投诉，可以帮助饭店管理者发现饭店服务与管理中存在的问题与不足。

饭店的问题是客观存在的，但管理者不一定能发现。原因之一是，"不识庐山真面目，只缘身在此山中"。原因之二是，客人是饭店产品的直接消费者，对饭店服务中存在的问题有切身的体会和感受，因此，他们最容易发现问题，找到不足。

（2）改善宾客关系。

客人的投诉，为饭店方面提供了一个改善宾客关系的机会，使其能够将"不满意"的客人转变为"满意"的客人，从而有利于酒店的市场营销。

（3）有利于饭店改善饭店服务质量，提高管理水平。

饭店可通过客人的投诉不断地发现问题，解决问题，进而改善服务质量，提高管理水平。因此，可以这样认为，处理好客人的投诉，是一项不需要饭店花钱的投资，它能直接地提高顾客的满意度和饭店的美誉度。

三、处理客人投诉的程序和方法

接待投诉客人，无论对服务人员还是管理人员，都是一个挑战。要使接待投诉客人的工作不再是那么困难，使工作变得轻松，同时，又使客人满意，就必须掌握处理客人投诉的程序、方法和艺术。

（一）切实提高服务质量，预防投诉的产生

ISO 9004-2《服务指南》中指出："顾客的评定是对服务质量的基本测量。顾客的反映可能是及时的，也可能是滞后的或回顾性的。在顾客对所提供的服务的评定中，通常主观评定是唯一的因素。顾客很少自愿地向服务组织提出对服务质量的评定。不满的顾客总是没有做出允许采用纠正措施的意见时，就停止使用或不购买这项服务。依靠顾客意见作为顾客满意的测量，可能导致错误的结论。"

因此，大部分不满意的顾客在没有蒙受重大损失或没有受到极大侮辱的情况下是不会愤然投诉的。饭店切勿因妥善处理了一项客人投诉或没有投诉而沾沾自喜，以为是抓好了服务质量，这是十分危险的。饭店必须全面提高服务质量，控制产生投诉的"原因"和"过程"，尽量不让顾客带着不满意离去，这才是最根本的、最可靠的处理客人投诉的最佳方法。

（二）做好接待投诉客人的心理准备

为了正确、轻松地处理客人投诉，必须做好接待投诉客人的心理准备。

首先，树立"客人总是对的"的信念。一般来说，客人来投诉，说明我们的服务和管理有问题，而且，不到万不得已或忍无可忍，客人是不愿前来当面投诉的，因此，首先要替客人着想，树立"客人总是对的"的信念，只有这样，才能减少与客人的对抗情绪。这是处理好客人投诉的第一步。

其次，要掌握投诉客人的三种心态，即求发泄、求尊重、求补偿。因此，在接待投诉客人时，要正确理解客人、尊重客人，给客人发泄的机会，不要与客人进行无谓的争辩。如果客人投诉的真正目的在于求补偿，则你要看看自己有无权利这样做，如果没有这样的授权，就要请上一级管理人员出面接待投诉客人。

（三）设法使客人"降温"

投诉的最终解决只有在"心平气和"的状态下才能进行，因此，接待投诉客人时，首先要保持冷静、理智，同时，要设法消除客人的怒气。"降温"就是要注意创造一种环境，让客人自由地发泄他们受压抑的情感，把火气降下来，恢复理智的状态，同时也有利于了解事情的来龙去脉。此时，以下几点要特别注意：

（1）认真倾听客人的投诉。

（2）要有足够的耐心。

（3）注意语言。

（4）慎用"微笑"。

（四）使用"替代"方法

一方面，客人在采取了投诉行动后，都希望别人认为他的投诉是正确的，他们是值得同情的，另一方面，客人前来投诉时，饭店的工作人员会有一种戒备心理，因为他们往往认为，饭店的人仅仅是饭店利益的代表。针对客人的这种心理，饭店工作人员要把投诉的客人看成是一种需要帮助的人，这样才能造成解决问题的气氛。"替代"方法，即饭店人员以自己一系列实际行动和话语，使客人感到有关部门和人员是尊重和同情客人的，是站在客人立场上真心实意地帮助客人的，从而把不满的情绪转化为感谢的心情。如让座赠茶、认真做好记录、对客人表示同情。

（五）维护客人和饭店双方的利益

在处理客人投诉中，要注意维护客人和饭店双方的利益，既要为客人排忧解难，为客人利益着想，又不可在未弄清事实前，盲目承认客人对具体事实的陈述，轻易表态，以免引起纠纷和赔偿事件，给饭店造成经济损失。

（六）果断地解决问题

在接受客人投诉时，要善于分析，听清客人的意见、要求，然后迅速果断地处理。如果是自己能够解决的问题，应迅速回复客人，告诉客人处理意见，对一些看来明显是服务工作中的失误，应立即向客人道歉，在征得客人同意后，做出补偿性处理。所有客人的投诉，应尽量在客人离店前得到圆满解决，要把处理客人投诉作为重新建立饭店声誉的机会。

（七）用恰当的方法处理客人投诉

用恰当的方式处理投诉可以化干戈为玉帛，反之则会因小失大。我们将投诉者的心理分类后便能找到恰当的处理方法。

第一类：急于解决问题。这类客人往往通过电话或口头方式提出投诉。处理这类投诉事例的原则是，尽快解决客人急于要解决的问题。第一，要注意与当事人的口头交流，讲究语言方式。第二，要及时采取补救措施。对短时间内无法解决的事情要给客人明确回复，说明饭店对这件事的重视程度，使客人有心理上的满足。

第二类：这类客人大都对饭店有良好的印象，对服务及管理中出现的问题他们会提出书面建议。对这类信函应由部门经理亲自处理，视情况回信给客人（已离店的）或约客人当面交流，告知其改进的措施和杜绝此类事件发生的方法。

第三类：极个别对饭店反感的客人，往往采取比较偏激的方法来提出投诉，大吵大闹。客房及饭店员工在与客人的"冲突"中，始终处于"不利"的地位，因为"客人"和"服务员"的地位是不平等的。因此，那些故意"找茬儿"的客人，对这一点了解得非常清楚。饭店员工在面对这类客人时，要用正确方法控制自己的情绪和言行，要始终坚持有理、有利、有节、有礼貌地处理问题，平息投诉者的怒气，避免在公众场合处理问题。无论客人提出的问题是否符合事实，都必须认真倾听，从容大度地对待投诉者，待其怒气平息后再共商解决问题的办法。处理得好甚至将坏事变好事的例子也不在少数。

对投诉的处理方法最终还要因人因事而异，尽量争取使每位投诉者都满意。

案例一

金华宾馆一位住客邀请了一帮朋友，坐在大堂沙发上高谈阔论，情绪高昂。谁知猛一挥手，把茶几上一只贵重的花瓶碰翻打碎了。服务员忙上前安慰客人，并马上清理碎片。不料，当住客的朋友离去后，服务员请客人到账台付赔偿金时，客人却说是服务员没有放稳而拒赔。服务员很委屈，无奈只好向大堂副理求援。大堂副理了解情况后，便来到客人面前，很有礼貌地说："您好，先生，欢迎下榻我们宾馆。我是大堂副理，想请您到大堂吧喝杯咖啡好吗？"然后把客人引到大堂吧一较偏僻处坐下，服务员送上咖啡，他们边喝边聊。"刚才你们一帮朋友谈得多么开心，是久别重逢吧？""是的，这次出差到浙江，特地来金华会会几位以前的大学同学，开心极了。"客人又接着说："你们服务员花瓶也没放好，刚才摔下来使我们吓了一跳。"大堂副理见谈话已进入正题，便有礼貌地说："真对不起，让你们受惊了，不过我们四周桌上的物品摆放都是有规定位置的，一般不会错。"说着用手指给客人看，客人看到各种物品的摆放确是井然有序，也无话可说了。接着大堂副理又说："刚才您不留意把花瓶碰倒摔破了,服务员也没怪您,又马上给清理了,在您的朋友面前没有表露出任何不满,一点也没给您丢面子,是吧?"客人听了后,觉得说得有道理,沉默了一下后说:"好吧,把赔偿单拿来,我签字!"一番诚恳诱导的谈话,终于改变了客人的态度,索赔圆满解决。

分析

客人损坏物品,宾馆为了维护自身的经济利益,向客人索赔是应当的。当客人拒赔时,尤其要讲究说话的艺术,这是解决问题的关键所在。在本案例中,首先,服务员避免了与客人在大堂里的是非之争,给足了客人在朋友面前的面子。其次,当客人拒赔时,大堂副理同客人喝咖啡、聊天,缓解了客人的对立情绪。最后,大堂副理一语点破,提醒客人服务员已很给面子,客人明白了这个道理后,还有什么理由拒赔呢?这是一首和谐的"三部曲"。

案例二

一天早晨,一位香港客商在大堂副理桌前大发雷霆:"MORNING CALL(叫醒服务)为什么不叫!"说着,将一张机票朝桌上一扔。

大堂副理是位年轻姑娘,她拿起机票一看,是7:30飞往武汉的,可眼下已是7:15了。

"我今天下午在武汉有笔大生意要谈,完了还要直飞香港,现在全乱套了,你们要赔偿我的损失!"香港客商为生意无着落而焦虑,情急之中大发脾气。

大堂副理一面劝慰客人:"先生您别急,我先问问情况。"一面拎起电话,接通了总机。原来客人昨晚要求MORNING CALL,总机立刻输入了电脑,早晨6:30,电脑按时连续三次执行MORNING CALL,但客人没有反应。10分钟后,总机查询电脑,得知这位港商没有应接电话,又人工呼叫三次,谁知客人仍未回话,于是,总机通知行李部,由行李员上门叫醒。问题很快查清,行李员当时正面对大量欲离店的客人,忙得不可开交,待他应付过高峰,上楼执行叫醒服务时,客人已怒不可遏。

尽管客人睡得太沉太死,以至于正常程序的MORNING CALL没有发挥效应,但执行MORNING CALL毕竟是饭店的责任,大堂副理一面向客人致歉,一面同饭店客房部联系,为客人免费延长一天住宿,接着,她又频频拨打电话,与东方航空公司联系机票。经过东航紧急调度,终于落实一张当晚8点飞武汉的机票。

事情并没有完,看着急得满头大汗的港商,大堂副理又迅速打通长途电话,与武汉某公司联系,一是将生意洽谈时间推迟,二是将客人飞香港机票延期。一切都有条不紊地在客人眼皮底下进行。

3小时后,当客人拿到宾馆派员为他取来的机票时,他万分激动地说:"哦,太好了,贵店的服务意识和工作效率实在是无可挑剔。其实,我自己也有问题,我睡得太死,我醒来一看误机就火冒三丈,实在太鲁莽了,请多多原谅。"这位刚才还大叫大嚷要饭店赔偿损失的港商,此刻竟坚持要付机票费和房费。大堂副理推辞不下,才收下了机票费。

当夜,当饭店的代表将这位港商送到机场时,他紧紧握着代表的手:"我不会忘记你们,不会忘记你们的宾馆。"

分析

这件小事对我们的启迪是什么呢?那就是饭店不必惧怕客人的投诉,只要认真对待,急客人之所急,帮助客人解决问题,客人就会通情达理,不满情绪便荡然无存,宾馆的形象也重新得到确认。

（八）对客人投诉处理的结果予以关注

接待投诉客人的人，并不一定是实际解决问题的人，因此，客人的投诉是否最终得到了解决，仍然是个问号。事实上，很多客人的投诉并未得到解决，因此，必须对投诉的处理过程进行跟踪，对处理结果予以关注。现在，不少饭店对客人的投诉采用"到我为止"的方法，即第一位接待客人投诉的人就是解决问题的主要责任人。必须将处理客人投诉和客人需求的事情负责到底，直到事情圆满结束。这是提高服务质量的有效方法之一。

案例三

一位客人深夜抵店，行李员带客人进客房后，将钥匙交给客人，并对客房设施做了简单的介绍，然后进入卫生间，打开浴缸水龙头往浴缸内放水，客人看到行李员用手亲自调试水温，几分钟后，行李员出来告诉客人，水已放好，请客人洗个澡，早点休息。客人暗自赞叹该酒店服务真不错。

行李员走后，客人脱衣去卫生间洗澡，却发现浴缸里的水是冰凉的，打开热水龙头，同样是凉水。于是打电话到总台，回答是"对不起，晚上12点以后，无热水供应"。客人无言以对，心想，该酒店从收费标准到硬件设备，最少应算是星级酒店，怎么能12点以后就不供应热水呢？可又一想，既然是酒店的规定，也不好再说什么，只能自认倒霉。"不过，如果您需要的话，楼层服务员为您烧一桶热水送到房间，好吗？"还未等客人放下电话，前台小姐又补充道。

"那好啊，多谢了！"客人对酒店能够破例为自己提供服务表示感激。

放下电话后，客人开始等待。半个多小时过去了，客人看看表，已经到了凌晨1点，那桶热水还没送来，可又一想，也许楼层烧水不方便，需要再等一会儿。又过了半个小时，电视节目也完了，还不见有热水送来，客人无法再等下去了，只好再打电话到总台。

"什么，还没有给您送去？"前台服务员表示吃惊，"我已经给楼层说过了啊！要不我再给他们打电话催催。"

"不用了，我还是自己打电话问吧。请你把楼层服务台的电话告诉我！"客人心想，既然前台已经通知了，而这么久还没有送来，必定有原因。为了避免再次等候，还是亲自问一问好。于是，按照前台服务员提供的电话号码，客人拨通了楼层服务台的电话，回答是："什么，送水？酒店晚上12点以后就没有热水了！"

分析

在上述案例中，其实客人并非一定要洗澡，只是酒店已经答应为客人提供热水，才使客人"白"等了一个多小时，结果澡也没洗成，觉也没睡好，还影响了第二天的工作。问题就出在服务员虽然答应为客人解决问题，但没有对解决过程和解决结果予以关注。

（九）分析培训案例，预防投诉再次产生

投诉处理完以后，有关人员，尤其是管理人员还应对该投诉的产生及其处理过程进行反思，分析一下该投诉的产生是偶然的？还是必然的？应该采取哪些措施，制定哪些制度，才能防止它再次出现？另外，对这次投诉的处理是否得当，有没有其他更好的处理方法？通过对处理投诉过程的分析，形成培训案例对员工进行教育，避免此类投诉的再次发生。只有这样，才能不断改进服务质量，提高管理水平，并真正掌握处理客人投诉的方法和艺术。

本章小结

服务质量是饭店产品固有特性和满足顾客和社会明示或隐含需求的程度,又是饭店综合实力及整体服务水平的体现。按照服务的标准、程序做好对客人的规范服务和个性化服务,做客人的朋友,妥善处理好客人的投诉,维护好饭店的整体形象。

思考与练习

➢ 记忆型

1. 客房部员工的职业道德要求主要包括哪些内容?
2. 对客的常规服务包括哪些环节?
3. 饭店常见的会议有哪些种类,怎样做好会议服务?

➢ 思考型

1. 怎样理解服务的定义和理念?
2. 为什么说规范服务与个性化服务相结合才是对客的优质服务?
3. 怎样理解"凡是客人看到的,必须是整洁美观的"及"凡是提供给客人使用的必须是有效的"?
4. 有的饭店管理者提出:取消客人离店时的查房程序,是饭店优质服务的体现。试述你的观点。
5. 试举例说明,怎样才能做好"一站式"服务?
6. 试举出你所知道和了解的实例,说明怎样才能处理好客人的投诉?

➢ 动手与操作

1. 掌握擦鞋服务的程序及擦皮鞋的基本技术。
2. 掌握花茶、红茶、绿茶的冲泡技术及服务程序。

➢ 实践与应用

1. 到当地会议型饭店调查其设备设施的配置情况。
2. 调查行政楼层、女性楼层的对客服务特色。

➢ 案例分析

1. 自我分析:当你作为顾客时,什么事情让你生气?考虑客房对客服务情形,并尽可能具体写出给你带来怨言的理由。
2. 花儿依然那样鲜。

住在608房的郑小姐是酒店的一位常客,她一直对酒店的客房服务颇为欣赏,这也是她长期以来总是选择金海湾大酒店入住的原因。

说起郑小姐对客房服务的感觉,还要从一束鲜花谈起。自从这位郑小姐入住酒店,客房服务员小何就发现了她有一个特别的嗜好——喜爱鲜花,尤其是白色的百合花。只要一进到她的房间,就总会看到一束洁白的百合花插在一个精美的花瓶上。当鲜花凋谢了,她就会再到花店去买上一束,插在花瓶内,而每天郑小姐上班之前,她总会记得亲自为自己的鲜花换水。

但是,这一天,服务员小何发现了这样一个问题,客人房间里的鲜花突然像要凋谢一样,原来可以插上一周的花,现在不到三天就谢了。小何左思右想,房间有空调,四季如春;而鲜花也还是同样的鲜花,为什么会这样呢?她记起,这两天在客房通道遇见客人时都见到客人行色匆匆,会不会是客人因为工作太忙而忘了为花儿换水造成的呢?于是,小何来到房间,将花儿从花瓶内取出一看,果然,花瓶里的水已经有些异味了。她立刻将花瓶里的污水倒去,并将鲜花和花瓶清洗干净,重新换上清水。从那天起,小何每次整理房间时,总会主动为客人的鲜花换水清洗,客人的百合花又如常焕发出勃勃的生机。

几天后客人终于留意到,她已许久没有为她的花儿换水了,但是她的花儿却似乎丝毫没有逊色,她拿起花瓶一看,只见花瓶内的水满满的,而且瓶子里的水还带着一丝清新的气息,她正在纳闷:"这瓶子里的水怎么就像是刚换过的一样呢?"这时,她见到服务员小何刚好经过门前时,对着她会心的一笑,郑小姐立刻明白了一切。

以上案例对你有何启迪?

3.为什么台灯插头被拔掉?

一位外籍客人入住酒店客房,他入住时随身携带了一台手提电脑,住店期间,他并没有提出什么特别的要求,也未向服务员反映任何事。然而,入住的头几天,客房服务员小张进房整理清洁时,经过办公桌旁总发现台灯的插头被拔下来,已经有好几次了。小张觉得,这一定有它的原因。是不是客人不喜欢这盏台灯呢?不可能,客人必须要在办公桌上办公;是不是墙上的插座或台灯本身有问题呢?也不会,因为她已经让维修工来仔细检查过了;是不是客人还要插用其他什么电器呢?不见房间里还有其他电器。小张细细地想着,突然他记起这位客人每天出入房间时总挎着一个扁扁的方形挂包,那可能是一台手提电脑,一定是客人找不到多余的插座,才会将台灯的插座暂用来插电脑的。

于是,小张立即到客房服务中心拿来了一个多功能插座装在台灯插座上,这样一来,客人就可以一边使用电脑,一边开着台灯工作了。

由于小张的细心,她又创造了一项优质服务。

为什么小张能创造出这项优质服务?试分析。

第6章 客房部的机构设置及人员管理

学习重点
- 客房部的机构及岗位设置
- 客房部定岗定员流程
- 员工培训与合理使用
- 激励的方法与意义

本章主要介绍饭店客房部组织机构及岗位设置的基本概况与人员管理的主要方法,通过这部分内容的教学,使学员了解客房部组织机构的一般形态,熟悉客房部主要岗位的基本职责,掌握客房部人员管理的基本要求和主要方法。

第一节 客房部的机构及岗位设置

客房部是一个组织,作为组织就要有正规的机构。机构的作用是规定组织内部的信息传递渠道,明确各岗位的职责与权限以及各组成部分之间的关系。设置客房部的组织机构及工作岗位时,要以饭店的管理系统及运行模式为指导,遵循组织管理的基本原理,适应饭店的发展变化,力求科学合理。根据饭店业的现状与发展趋势,饭店客房部的组织机构及岗位设置应尽量压缩和精简,以扁平化和小型化为最有效率和活力。

一、客房部的组织机构

客房部的组织机构没有统一的模式和固定的形态,各饭店要根据自身的类型与规模等客观条件,以及经营指导思想等主观因素进行设计,还要随着饭店的发展变化及时地做出调整。

根据我国旅游饭店的普遍做法,我们把客房部的组织机构形态综合分为大中型和小型两类。

1. 大中型饭店的客房部组织机构(见图6-1)

在大中型饭店里,客房部的责任范围较大,管辖的区域往往也较多,因此这类饭店客房部组织机构的规模也就比较大,其分支机构和机构层次较多,工种齐全、分工细致、职责明确。大中型饭店客房部一般设有楼层、公共区域和洗衣房三个基本部分,有的还将客房服务中心和布件房单列,从而分为五个部分。在层次上,客房部通常有经理、主管、领班和普通员工四个层次,有些饭店在客房部只设经理、主管和普通员工三个层次。

2. 小型饭店的客房部组织机构(见图6-2)

与大中型饭店相比,小型饭店的规模小,配套的附属设施较少,其机构设置也比较精简。因此,在小型饭店里,往往不单设客房部,而是将客房部分与前厅部分合并为房务部,即将客

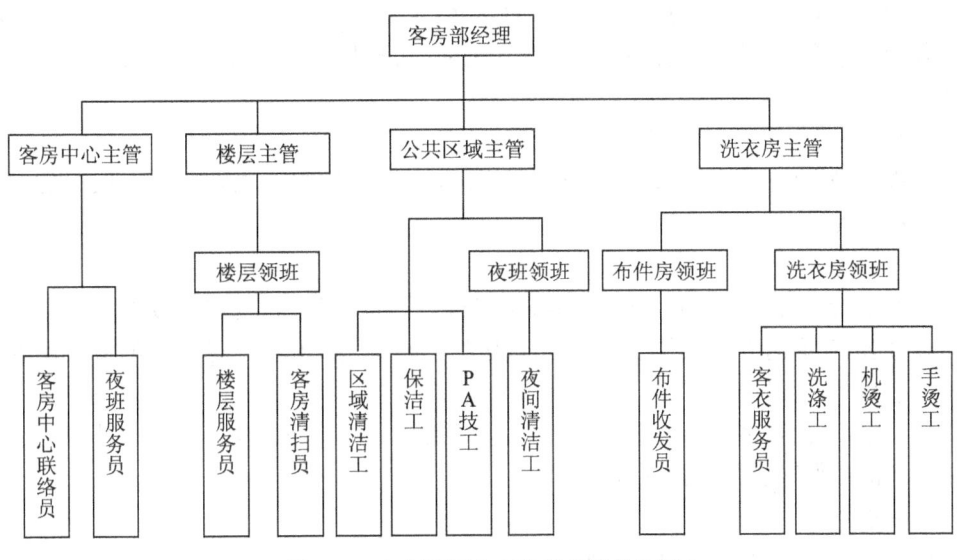

图 6-1　大中型饭店客房部组织机构图

房部作为房务部的一部分。即使将客房部单设,其分支机构、工种岗位和机构层次也比较少。因为小型饭店的业务量不大,只要做好部门内部或部门之间的分工与协调,与社会上的相关单位或行业建立并保持良好的协作关系,仍然能够保证饭店的正常运行与管理。

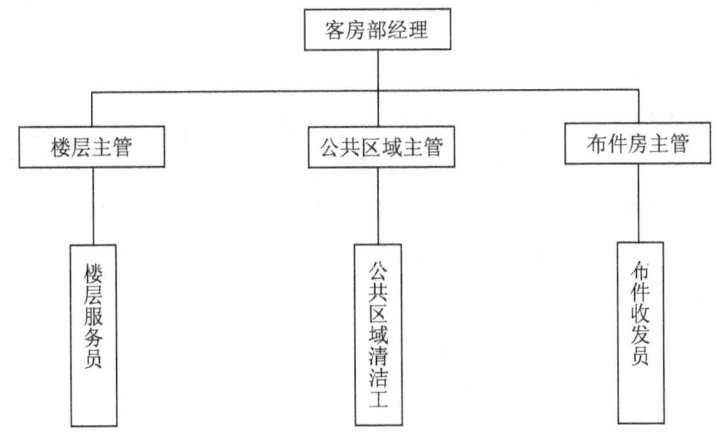

图 6-2　小型饭店客房部组织机构图

二、客房部分支机构的职能

1. 客房部经理室

客房部经理室主要负责处理客房部的日常事务以及与其他部门之间的联络协调等事宜。在大多数饭店里,客房部经理室都与客房服务中心设在一起,其好处是便于管理、节约场地。在这种情况下,经理室的部分事务就可以由客房服务中心的人员来承担。

2. 客房服务中心

客房服务中心是客房部的信息中心和联络协调中心,其基本职能是统一调控客房对客服务工作,收集和处理客情信息,保管和处理客人的遗留物品,领取和分发客房部所需物资并统计其消耗情况,协助有关管理人员进行人力调配,与其他部门及店外有关单位进行沟通和协调。

3. 客房楼层

客房楼层是客房部的主体,其主要职能是负责客房及楼层公共区域的管理,为宾客提供优质的客房产品。

4. 公共区域

公共区域管理机构是大多数饭店的必设机构,其基本职能是负责本饭店前后台公共场所及行政办公室、库房等区域的清洁保养,饭店的一些专业性和技术性较强的清洁保养工作通常也由它负责。在部分饭店里,公共区域管理机构还负责饭店的园林绿化。随着人们经营意识的增强,目前很多有条件的饭店,公共区域管理机构在保证满足饭店内部需要的前提下开展对外清洁保养业务,为饭店创收。

5. 布件房

布件房通常也是饭店的必备设施和必设机构,它的职能是负责饭店布件及员工制服的保管、收发、修补以及部分布件的加工制作,保证有足够的合格布件供周转使用。

6. 洗衣房

饭店洗衣房的职能是负责本饭店布件和员工制服的洗烫,并为住店宾客提供洗衣服务,有条件的话还可以对外承接洗涤业务。随着洗涤业社会化程度的提高和饭店投资者效益意识的增强,加之其他因素的影响,越来越多的饭店,特别是一些中小型饭店已不再配置店属洗衣房。

三、客房部的岗位职责

规范的岗位职责描述应对机构中各个岗位的职务名称、岗位级别、直接上司、管理对象、基本职责、具体工作、工作权限以及任职条件等进行具体地规定和说明,它是组织对其员工进行选择、培训和考核的依据,也是各个员工选择岗位、了解工作、自我检查和自我约束的依据。下面参照某中型四星级饭店客房部的机构设置,介绍其主要服务岗位的职责。

1. 客房服务中心联络员

(1) 职务名称:客房服务中心联络员。

(2) 岗位级别:各饭店根据自身情况确定。

(3) 直接上司:客房服务中心主管。

(4) 基本职责:客房服务中心联络员的主要任务是接听客人的电话,及时向有关人员或部门反馈客人的服务要求并督促落实,确保为客人提供高效优质的服务;做好部门之间和部门内部的信息传递,为部门的正常运行创造良好的条件。

(5) 具体工作有:①受理住店客人的服务要求并安排落实、跟踪检查;②及时准确地传递有关客人进店、离店和结账等客情信息;③与有关部门沟通协调;④掌握客情,为部门人力调配和工作安排提供依据;⑤与总台和楼层相互通报核实客房状况,确保客房状况的准确性;⑥发放、回收和保管员工的工作单、工作钥匙和寻呼机等;⑦监督员工上下班时的签到和签离;⑧登记、保管和处理遗留物品;⑨负责客房服务中心的清洁整理;⑩完成主管安排的其他工作。

(6) 任职条件有:①具有中专毕业以上学历或同等文化程度;②口头表达能力强,语言流畅、清晰、准确,具有两种以上外语的听说能力,能说比较标准的普通话,能听懂国内的一些主要方言;③熟悉饭店的设施、服务项目、营业时间、电话号码等,能快速准确地回答客人的询问;④工作认真、反应敏捷;⑤具有一定的客房部工作经验,熟悉客房服务的程序和标准;⑥能适应客房服务中心的排班要求;⑦身体健康。

2.客房夜间服务员

(1)职务名称:客房夜间服务员。

(2)岗位级别:各饭店根据自身情况确定。

(3)直接上司:客房服务中心主管、公共区域夜班领班。

(4)基本职责:负责夜间客房的清扫整理和对客服务工作。

(5)具体工作有:①巡视检查客房楼层,确保工作间、楼层公共区域处于整洁有序的状况;②根据总台安排和客人要求清扫整理客房;③对夜间走客的房间进行检查;④为夜间进店的客人提供应接服务;⑤为住客提供擦鞋、租借物品等服务;⑥协助房内送餐部收集订餐牌;⑦负责楼层的安全,发现安全隐患和异常情况立即报告、及时处理;⑧完成上级安排的其他工作。

(6)任职条件有:①具有中专以上学历或同等文化程度;②能用外语对客服务;③熟悉客房楼层业务;④工作责任心强、自觉性高;⑤能上大夜班;⑥最好是男性;⑦身体健康,仪表端庄。

3.楼层服务员

(1)职务名称:楼层服务员。

(2)岗位级别:各饭店根据自身情况确定。

(3)直接上司:客房楼层主管。

(4)基本职责:负责客房及楼层公共区域的清洁保养和对客服务工作,为住客提供安全、清洁卫生、舒适方便和美观的住宿环境。

(5)具体工作有:①负责客房的日常清扫整理和计划卫生;②负责客房杯具的更换和清洗消毒;③为住客提供整理房间、添补用品、擦鞋洗衣、租借物品、访客接待等各项服务;④根据接待规格和客人要求设计布置客房,并提供针对性、个性化、特色化服务;⑤熟悉客房状况,掌握客人动态;⑥负责客房小酒吧的管理;⑦负责楼层物资的管理,合理控制物资的消耗;⑧检查报告楼层的待修项目;⑨协助配合其他部门人员在楼层的工作;⑩承担楼层工作间和走道、电梯厅等处的清洁整理工作;⑪做好楼层的安全保卫;⑫完成主管安排的其他工作。

(6)任职条件有:①具有高中以上学历或同等文化程度;②能用外语进行对客服务;③熟悉客房楼层业务;④熟悉本饭店的营业设施和服务项目;⑤乐观开朗、热情好客,具有较强的应变能力;⑥自律守纪、能吃苦耐劳;⑦身体健康,仪表端庄。

4.客房清扫员

(1)职务名称:客房清扫员。

(2)岗位级别:各饭店根据自身情况确定。

(3)直接上司:客房楼层主管。

(4)基本职责:主要负责客房楼层的辅助工作,协助客房服务员做好清洁保养和对客服务工作,提高客房楼层工作的效率。

(5)具体工作有:①搬运垃圾、布件以及家具设备;②补充楼层用品;③协助客房服务员做好重、难、险的清洁保养等工作;④完成主管安排的其他工作。

(6)任职条件有:①男性,身体强壮;②具有初中以上文化程度;③能吃苦耐劳,工作认真,责任心强;④熟悉客房楼层工作,能从事客房清扫整理和一般的对客服务工作。

5.保洁工

(1)职务名称:保洁工。

(2)岗位级别:各饭店根据自身情况确定。

(3)直接上司:公共区域主管。

(4)基本职责:负责指定区域的日常清洁保养工作,确保清洁保养的质量标准。

(5)具体工作有:①按规定的程序和要求对所管区域进行常规性的清洁保养,并达到标准;②检查所管区域的设备设施是否正常完好,发现问题及时报告;③正确使用和妥善保管器具用品;④回答客人的询问,并积极地向客人介绍饭店的服务设施和服务项目;⑤服从上级的调配,完成上级安排的其他工作。

(6)任职条件有:①具有初中以上学历或同等文化程度;②掌握有关公共区域清洁保养的知识和技能;③熟悉客房清洁保养和对客服务业务;④工作认真自觉,能吃苦耐劳;⑤熟悉饭店的服务设施和服务项目;⑥略懂外语;⑦身体健康,相貌端庄。

6.PA技工

(1)职务名称:PA技工。

(2)岗位级别:各饭店根据自身情况确定。

(3)直接上司:公共区域主管。

(4)基本职责:负责清洗地毯及软面家具、洗地打蜡等店内专项清洁保养工作和对外协作性与经营性清洁保养业务。

(5)具体工作有:①负责饭店地毯和软面家具的清洗;②负责饭店花岗岩、大理石等地面的清洗打蜡;③负责饭店的除虫灭害;④负责饭店外墙外窗的清洁;⑤负责饭店公共区域大型吊灯的清洁;⑥负责饭店公共区域天花、出风口、回风口及装饰物件的清洁;⑦承担店外的协作性或经营性清洁保养工作;⑧正确使用和妥善保管公共区域的各种器具用品;⑨完成上级安排的其他工作。

(6)任职条件有:①男性;②具有中专以上学历或同等文化程度;③精通饭店面层材料的清洁保养业务;④熟练掌握有关清洁器具和清洁用品的操作及使用方法;⑤工作认真负责,能吃苦耐劳;⑥身体健康。

第二节 客房部的人员管理

人员管理是客房部管理工作的重要内容,做好这项工作意义重大。一方面,它关系到能否选好人、用好人、管好人;另一方面,它影响着客房部的日常运行。另外,它最终会影响客房部的服务质量和经营管理效益。

一、人员的配置

人员配置是一项系统工程,它包括确定编制和人员招聘等一系列具体工作。

(一) 确定编制

确定编制所要解决的问题是各个岗位及整个部门所需配置的员工数量。从总体上来说,要解决这一问题就必须考虑两个最基本的要素,即有多少事情要做、每个人能够或应该做多少,也就是工作量和工作定额。

1. 预测工作量

工作量是编制定员的主要依据,客房部在编制定员时,必须科学准确地分析和预测其所承担的工作量。一般来说,客房部的工作量主要包括三个部分,即固定工作量、变动工作量和间断生工作量。

2. 制定工作定额

工作定额是指劳动过程中时间消耗的数量界限,就是在一定的物质技术和劳动组织条件下,在充分发挥员工积极性的基础上,为生产一定产品或为完成一定的工作量所规定的必要劳动消耗量的标准。工作定额可以用时间定额和工作量定额两种方法来表示,这两种方法是相互联系的,其实质是相同的。通俗地讲,时间定额所表示的是生产单位合格产品或完成单位工作量所需的标准时间;工作量定额所表示的是在单位工作时间内应该完成达到合格标准的工作量。

(二) 编制定员

客房部在编制定员时,要以精简高效为原则,既要保证正常运行,又要避免人力浪费。客房部编制定员的基本方法有两种,即按劳动效率定员和按岗位定员。

1. 按劳动效率定员

按劳动效率定员就是根据工作量、员工的劳动效率和出勤率等因素来确定所需的员工数量,计算公式为:

$$定员数量 = \frac{工作量}{工作定额 \times 员工出勤率}$$

按劳动效率定员这种方法适用于实行定额管理、从事变动工作量工作的岗位定员。

2. 按岗位定员

按岗位定员就是根据组织机构、服务设施等因素先确定所需的岗位,再根据岗位的业务特点,考虑各岗位的工作量、开动班次、员工的出勤率等,确定各岗位所需配置的员工数量。这种方法适用于为从事固定工作的岗位进行定员。

例:

某四星级旅游饭店拥有480间客房(均折成标准间计),平均分布在20个楼层,其中有5个楼层因专门用于接待内宾和有特殊服务需求的客人而设有楼层服务台,每天安排两个班次的专职值台员负责对客服务(每班每层1人)。其他楼层的对客服务工作由客房服务中心统一调控。各楼层服务员的工作定额为:早班12间/人,中班48间/人。楼层管理人员设楼层主管岗位,分早晚两班,早班每个主管负责4个楼层,中班每个主管负责10个楼层。该饭店实行每周5天工作制,员工除固定休息日外还可享受每年10天法定假日和7天带薪假期,假定员工病事假为年人均10天。预计该饭店年均客房出租率为80%。请按照上面介绍的方法为该饭店客房楼层各岗位进行编制定员。

解:根据已知条件和定员方法来计算。

① 计算员工出勤率:

员工年工作日 = 365 天 - 每周固定休息日 - 法定休息日 - 带薪假期 - 病事假
= 365 天 - (52×2) - 10 - 7 - 10 = 234 天

员工每年的出勤率 = 234 天 ÷ 365 天 = 64%

②楼层值台员定员人数：

按岗位定员方法定员：2 人×5 = 10 人

实际需要人数：10 人 ÷ 64% = 16 人

③早班服务员定员人数：

直接导入劳动效率定员公式：(480 间×80%) ÷ (12 间/天·人×64%) = 50 人

④中班服务员定员人数

直接导入劳动效率定员公式(480 间×80%) ÷ (48 间/天·人×64%) = 12 人

⑤楼层主管定员人数(按岗位定员)：

早班：20 ÷ 4 ÷ 64% = 8 人

中班：20 ÷ 10 ÷ 64% = 3 人

综上所述，该饭店客房楼层所需客员人数为 89 人。

由于人的管理理念不断升华，客人的要求不断变化，饭店服务方式也在不断调整。如很多饭店的客房服务中心不再24小时运行，夜间客房服务中心的职能可由总台或总机代理。有些饭店甚至不再设客房服务中心，原客房服务中心的职能则完全由总台或总机或饭店总值班中心代理；再如，有些饭店设立行政楼层，实行贴身管家服务，行政楼层变成"店中店"；还有的饭店实行"一站式"系统服务，对住店客人，服务员对其进行全过程跟踪服务。所有这些情况都对编制定员工作产生直接的影响，因此，我们在为某个部门或岗位进行编制定员时必须考虑到这些发展和变化。

二、人力调配

虽然在编制定员时已经对各个工种和岗位所需配置的员工数量做了精确的计算，但由于实际工作量的变化，在日常运行中，我们还必须根据实际需要合理地调配人力，达到既能保证正常运行又能避免人力浪费的目的。

(一)实行合理的用工制度

由于客房部各个岗位及各项工作的技术含量不同，因此，对员工的素质要求也不同；由于客房部某些岗位的工作量起伏不定，因此，所需的用工数量也在随之变化。这些因素就决定了客房部必须实行合理的用工制度。固定工承担技术含量较高的工作，临时工承担技术含量较低的工作；另外，工作量相对固定的岗位使用固定工，而工作量变化较大的岗位大多使用临时工。这样的用工制度有利于保证客房的正常运行，稳定服务质量，避免不必要的费用支出。

(二)采用灵活的调配方法

目前很多饭店流行一种"内部打工、跨部调配"的人力调配方法。所谓内部打工就是员工可以在休息时间为本饭店做临时工(不作为加班)。所谓跨部的调配就是部门之间可以互相调用员工。内部打工的好处是：第一，员工熟悉环境熟悉工作，可以保证质量；第二，饭店只需按临时工的标准支付工资而不需按加班支付工资；第三，员工本人可以增加收入，增长才干，充实生活。跨部门调配是一种非常有效的做法。因为各部门的工作量及人力需求量常有差异，例如，有时餐饮部的客情很好，任务很重，人手紧张，而客房部可能比较清闲，人手富余,有时则相反。在这种情况下,这两个部门可以互调人员。当然,要做好这项工作,首先要求有些管理者在观念上有所调整,不能既分工又分家,各自为政,而是要有全局观念。其次,饭店要在制度上、措施上有所保证,要加强员工的交叉培训,使其一专多能。除了"内部打工"和"跨部调配"两种做法外,还有的饭店成立了"机动服务班"。"机动服务班"隶属于人力资源部,由一些经过全面培训的"多功能"型人员组成,各部门(前台)在人手紧张时向人力资源部提出申请,人力资源部根据其需要从"机动服务班"抽调人员,这部分人员的工作由调用部门安排,费用由使用部门承担。这种做法对于压缩各部门编制,减少人员费用,保证饭店服务质量具有非常积极的意义。

(三)实行有效的分配制度

为了提高工作效率,避免人力浪费,降低人员费用,客房部可实行计时工资或计件工资分配制度。这种分配制度对劳资双方都十分有益。

(四)合理排班

从运行的需要来讲,必须做到"人人有事做,事事有人做"。除了检查监督外,排班的合理与否也很重要。因此,管理人员在工作中必须注意摸索,总结规律。根据客情变化和客人的活动规律等因素合理排班。

(五)准确预测预报客情

客房部要与相关部门进行有效的沟通和协调,建立客情预测预报制度和程序,力求准确地掌握当日、次日、本周,甚至未来较长一段时期的客情,从而根据客情合理地调配人力。

(六)制订弹性工作计划,控制员工出勤率

制订弹性工作计划,控制员工出勤率是保证客房部正常运转,避免员工紧缺或人力浪费的一项有效措施。

三、员工培训

一流的饭店必须有一流的员工,这是人所皆知的道理。员工素质的高低对于饭店的成败起着决定性的作用。饭店要有一支高素质的员工队伍,除了在选择招聘员工时严格把关外,更重要的是要加强员工培训工作,没有有效的培训,就不可能有优秀的员工。

(一)培训的种类

根据培训的对象、内容以及方式和要求等,客房部的员工培训工作可分为以下几个种类:

1.入店教育

入店教育的对象是刚招聘的新员工,这项培训通常都由人事培训部负责。在一些大饭店,几乎每周都有新员工入职。为了便于统一安排新员工的入店教育,饭店通常规定每星期一为员工入职日,各部门招聘的新员工都在这一天到饭店报到,人事培训部把这部分员工召集起来,统一进行入店教育。入店教育的主要内容包括:①了解饭店的过去、现在和未来;②学习饭店的员工手册;③熟悉饭店的环境;④办理有关手续;⑤饭店的安全与消防;⑥解疑释难;⑦配发工作服等。

新员工的入店教育是一项非常重要的工作,各饭店人事培训部都应有一套完整的方案。入店教育完成后,新员工就可到聘用部门去接受岗前培训。

2.岗前培训

新员工上岗前必须接受培训,在经过培训后,还须接受严格的考核,合格后才能正式上岗。员工的岗前培训是饭店培养造就合格员工的最佳时机。客房服务员岗前培训的主要内容有：①本部门的规章制度；②客房服务员的岗位职责；③安全守则；④礼节礼貌；⑤仪表仪容及个人卫生；⑥客房常识；⑦沟通协调；⑧清洁器具和清洁剂的使用；⑨客房楼层的物资管理；⑩表格的使用；⑪对客服务的程序规范。

3.在职培训

对在职员工的培训是客房部及整个饭店员工培训的重点，也是客房部及整个饭店日常工作的重要内容。员工的在职培训主要有以下几种形式：

（1）日常培训。日常培训是指在日常工作中对员工进行的培训。这种培训不需要专门安排和特别的准备，也不会影响日常工作，通常是管理人员对其下属进行个别指导和训示，或者利用各种机会对某些员工进行适当的提示，目的在于强化员工的质量意识，培养员工良好的工作习惯，不断提高员工的工作能力和工作水准，并能使部门或班组工作日趋规范和协调。日常培训方便实用，针对性强，各级管理人员要善于在日常工作中发现机会，合理安排。

（2）专题培训。随着工作标准和要求的不断提高，饭店内外因素经常变化，客房部有必要对员工进行针对性的专题培训，增强员工的适应性。

（3）交叉培训。交叉培训是在员工做好本职工作的前提下，安排员工学习其他岗位的业务知识和操作技能。这种培训可以在部门内部安排，也可以跨部门安排。通过交叉培训，可以使员工一专多能，既能丰富员工的工作内容，又有利于部门及岗位之间的人力调配。

（4）下岗培训。对于一些不称职的在职员工，但还没有达到必须解除劳动合同的程度，可以让其暂时下岗接受培训，通过培训重新安排。

（5）脱产进修。对一些专业性较强或准备提拔晋升的人员以及由于其他某种需要而必须接受培训的人员，可以让他们脱产参加一些专门的培训班或到专业院校进修学习。虽然这种培训费用较大，甚至对目前工作有一定影响，但能够使受培训的人员扩大见识，提高业务水平。

4.发展培训

发展培训的目的就是培养管理人员和业务骨干。这种培训的内容和方式等要根据培训对象的基础及发展目标等具体情况来确定和安排，通常必须有一整套的培训方案，包括培训内容、要求、时间安排、指导老师、培训方式、考试考查等。

这里需要特别强调的是对准备提拔和晋升人员的培训问题。目前很多饭店存在的共同问题是忽视新提拔晋升人员到职前的培训，往往是一经任命立即到职。如果被提拔和晋升的人员没有经过相应的发展培训，到岗后往往需要一个相当长时间的适应过程，而在这段时间里，可能会因业务不熟悉等而产生很大压力，从而影响工作。

（二）培训的注意事项

主要包括：①员工培训必须由合格的培训老师来承担，饭店要重视对培训老师的培训和考核；②培训新员工时只能教"应该怎么做"，不能讲"不该怎么做"，以免弄巧成拙；③不能使用陈旧过时的培训教材；④不能急于求成，要先保质量、后求速度；⑤进行技能培训时，首先将一套动作完整地示范几次，然后才能分步骤练习；⑥不要歧视能力差的学生，如果你指望他成为合格的员工，就应多加个别帮助和指导；⑦要标准明确、适时评估（见表6-1）；⑧要建立员工的培训档案；⑨为了防止员工"跳槽"，可签订培训合同或搞有偿培训。

表 6-1　新员工上岗教育检查表

部门：　　　　　　　　　　　　　　　　　　　　　　岗位：
姓名：　　　　　　　　　　　　　　　　　　　　　　上岗时间：

受训项目	掌握情况			
	A	B	C	D
本部门的机构及职责范围				
本部门内部的联络协调				
本部门工作在饭店运营中的地位				
休息时间				
考勤、考核的方法				
防火须知				
客人的基本要求				
仪表仪容的要求				
使用公共设施注意事项(电梯、更衣室、卫生间、食堂、倒班宿舍、医务室)				
同事间相处的准则				
有何疑问或要求				
指导老师(签名)	主管(签名)			

A.完全清楚
B.基本清楚
C.尚有疑问,不太清楚
D.尚未进行

四、员工评估与激励

员工评估也叫员工考核评估,通常是指管理人员按照既定的标准,依照一定的程序、采取适当的方法对下属员工进行的综合考核评定,并提出希望和要求。通过考核,管理人员获得对下属员工进行定级、提拔、晋升、调职、培训甚至工资调整的依据,有利于发现、选择和使用人才,调动员工的工作积极性;员工可以了解自己、消除疑虑、明确目标、增强自信。工作评估对饭店和员工双方都非常必要,是人力资源管理的重要内容,客房部必须重视并做好这项工作。

(一)评估的方法

1.计分考核法

所谓计分考核法就是对每项评估的内容给定一个特定值,通常叫分数。例如,对服务员仪表仪容的考核,可以把完全达到要求的定为10分,把基本达到要求的定为9分。

计分考核法的问题是如何说明考核评估的内容。例如,积极性,什么是积极性?对积极性有什么要求?有些内容很抽象,很难说明和解释,标准也很难把握。因此,对于考核评估的内容要有统一的解释,大家必须理解一致。

采用计分考核法要注意权重分配的合理性,要有所侧重。具体要根据被评估者所在岗位及所从事的工作特点来确定。另外,评分要有统一的尺度。

2.表格评估

表格评估法是将评估的内容、标准及结果等用表格的形式详细列出,评估时,对照被评估者的实际表现对其进行逐项评定。

3.重要事件评估法

有些工作的成绩如果难以量化,管理人员就可对被评估者在某一期内的突出成就与缺点进行评估。这种评估与抽样评估相似,但没有全面评估可靠,而且管理人员必须将平时了解和掌握的情况及时记录下来,否则容易遗漏。如果管理人员对被评估者有成见,这种方法就难免有偏向。

4.工作效率考核法

工作效率考核法适用于对可量化的工作进行考核评估,如客房服务员一个早班能清扫整理的客房数、一个中班可照看的客房数、铺一张床需用的时间长短等。

5.排列名次评估法

根据员工的考核成绩和综合表现,将员工评估的结果用名次排列出来。其具体做法是从最好和最差排起,如果一个班组20人,最好的为1,依次2、3、4…10,最差的是20,依次为19、18、17…11。这样就可将全班组人员分别评定为第一到第二十。这种评估方法比较简单化,而且如果班组成员很多时,就很难评定出名次。

6.对比评估法

对比评估法是将小组成员进行一一对比,通过对比,做出评定结论。这种方法的好处是评估者无须将所有成员的情况全部记住,但缺点是费时烦琐,如果班组成员过多,工作量太大,这种方法就显得不够实用。

7.重点考核法

在多项评估内容中,真正能够说明问题、起重要作用的往往是其中最基本的几项,如对客房服务员的评估内容可能有若干条,而其中的"对现职工作的胜任能力"以及"工作的可依赖程度"、"能否晋升"等才是最主要的。因此,在对员工进行评估时要抓住要点,进行重点考核,对非重要项目可以适当地删减。

(二)评估的程序

1.观察与考核记录

客房部的各级管理人员在平时的工作中,要对下属的工作表现进行观察和考核,并注意听取有关人员的反映,做好记录。对平时使用的工作表格进行收集、整理和存档,为评估提供依据,做好准备。观察与考核的主要内容有:①出勤情况;②完成的工作量和达到的指标;③工作质量;④有无被投诉;⑤专业知识和技能水平、工作能力;⑥道德品质;⑦自觉性和责任心;⑧服从性、合作性、可依赖性;⑨进取精神;⑩守纪情况;⑪其他。

2.填写考评表格

评估表格通常由饭店统一印制,便于统一标准和存档。表格中所列的内容即是评估的项目和要求,评估者则根据其规定标准和被评估者的实际表现进行评定。

3.与被评估者面谈

在完成了书面评估(填写好评估表格)后,客房部的经理等管理人员需跟被评估者见面,要根据考评表上所列的内容及要求,就评定意见向被评估者解释说明,了解被评估者的意见和看法,并可以相互讨论,通过面谈、讨论,双方形成一致意见,最后双方在考评表上签字。如果经过面谈讨论,双方仍不能取得一致意见,可由人事培训部约见被评估者,听取他的意见,并做适当处理。

4.存档

前面几个步骤完成之后,且考核表上的各个项目都已填好,就可将考评表的正本存入员工档案,副本报送部门主管。

员工的工作评估最好每半年一次。评估间隔的时间太长,评估者可能会忘记员工的整个表现,而偏重了最近的表现;评估的间隔时间太短,则变成了例行公事。对新员工的评估可以多一些,试用期间可以每星期或每一个月评一次,以利促进其努力工作,试用期满后总评一次。另外,平时如遇到特殊情况,可对员工进行特殊评估。

(三)激励

所谓激励就是通过科学的方法激发人的内在潜力,开发人的能力、调动人的积极性和创造性,使每个人都能切实感到人有所展、力有所为、劳有所得、功有所奖、过有所罚。激励的过程就是促进员工积极努力工作的过程。

1.激励的重要性

美国哈佛大学的一位学者曾经指出,绝大部分的员工为了应付企业指派的全部工作,一般只需要付出自己能力的20%~30%,也就是说,员工为了"保住饭碗",在工作中发挥的效能只是其本身能力的很小部分。如果员工受到有效的激励,则将付出他们全部能力的80%~90%。由此可见,激励对员工潜在能力和工作积极性具有很大的推动力。

激励对饭店员工来说是非常重要的,他们只有在激励的作用下才有可能充分发挥他们的主观能动性和创造性,才能付出他们最大的工作效能,而这一点正是饭店工作所需要的。另外,管理者要想使员工能持续保持较高的工作效能,就必须运用持续有效的激励方式。如果不能维持并采取有效的激励方式,将会使员工日趋消极,其所产生的效能也会越来越低。

由于人们对饭店客房工作的认识问题以及客房工作本身固有的一些特点,客房部的服务员更需要激励。因此,客房部不仅要把激励当作人力资源管理办法,而且还要把激励作为日常管理工作的一部分,认真做好。

2.激励的方式

激励的方式是指管理者在调动员工工作积极性的过程中所采取的具体形式。

激励可以采用需要激励方式,即通过满足员工的需要来激励员工努力工作。员工的需要是多方面的、多层次的,主要可以归结为物质需要和精神需要两方面。

根据客房部工作的特点和员工的某些特性,客房部的激励可以细分为两种方式,即正激励和反激励。

(1)正激励。所谓正激励就是采用表扬、奖励等积极的方法对员工进行激励,这种方式是激励的主要方式。

①信任员工。信任是对人的价值的一种肯定和认可。员工受到信任,尤其是管理者的信任,便会产生荣誉感,增强责任心和自信心,从而在工作中积极主动,并充分发挥自己的主

观能动性和创造性。管理者要做到对员工信任,首先要使自己的认识和管理水平达到一定的层次,其次要能够合理授权。对于客房服务员来说,在得到领导的授权之后,在服务和各项工作中,能合理运用自主权,灵活处理工作中的一些具体问题,把工作做得让领导满意、让客人满意,以不违反原则为前提,以把工作做好为标准。

②尊重员工。尊重员工就是要尊重员工的人格、尊重员工的感情、尊重员工的权利。要真正做到尊重员工,最根本的一点就是要善待员工,主要有以下方面:

A.正确处理与下属的关系。

B.尽量满足员工的需求。

C.要正确对待员工的过错。

D.善于调节员工的情绪。

E.搞好物质奖励和精神奖励。

(2)反激励。反激励则是用批评、惩罚、处分等行为控制的激励手段。这种方式如果运用得当,也能有效地促使员工恪尽职守,起到一定的积极作用。采用反激励的方式时,要注意以下几点:①弄清反激励的目的;②要注意准确性和有效性;③不以经济处罚为主要手段。

(3)激励的注意事项。激励并不是一项简单的工作,要想做好并不容易。除了注意前面内容里提到的一些做法和要求外,还须注意以下几点:①激励要有广泛性;②精神奖励重于物质奖励;③充分利用自身的条件,尽量不用现金奖励,且物质奖励和精神奖励相结合;④要注意公平、公开、公正;⑤提倡集体之间的竞争,不鼓励个人之间的竞争;⑥批评和表扬都要注意分寸;⑦表扬和批语必须及时。

本章小结

客房部的人力资源管理包括员工的招聘、培训、合理分配和利用人才与留住人才的内容。培训是一项有长远作用的开发性投资,而不是一项普通的成本开支。吸引人才和为员工设计发展空间,通过激励的方式留住优秀的员工,是客房管理的重要任务。

思考与练习

➢ 记忆型

1.员工岗位职责描述通常包括哪些主要内容?

2.优秀客房服务员应该具备什么样的素质?

➢ 思考型

1.如何有效地进行人力调配?你是如何理解"店内打工"的?

2.某饭店常年开展"微笑大使"评选活动,并规定获奖员工数不得超过员工的5%,你对这种做法如何评价?为什么?

3.管理者为什么必须重视培训工作?如何理解"人力资本"的概念?

4.你认为员工的流动率应控制在多大的比例为好,为什么?

➢ 动手与操作

1.模拟一次"入店教育"。

2.分小组测定中式铺床的单项操作时间,并进行简化动作和节省时间的研究,提高自己的技能技巧。

3.分组模拟年终对员工的考评工作。

4.准备一堂客房服务的培训课。
> 实践应用型

1.目前很多饭店都在进行"减员增效"。利用课余时间考察当地的一些饭店,写出专题报告。

2.调查一家三星级饭店客房部的定岗定员的情况。
> 案例分析

对主管的处分

这是一家正式开业已近10年的"老牌"三星级酒店。酒店盛总经理多次到境外考察国外一流酒店,搬回了许多"洋"经验。他结合本店的市场环境、客源结构和员工特点等具体情况,把"洋"经验融合到本店的经营管理中去,致使酒店在全市同行业中一直居于龙头地位。

盛总从国外带来的诸多经验中,最显成效的当推各种管理。酒店内人员大多数员工开业初不熟悉酒店的管理模式,随着一批批外国宾客的下榻,许多原先料想不到的问题一个接一个地出现。酒店最高领导逐渐意识到管理与国际水平接轨的紧迫性。

大量表格的运用,使原先无序的管理慢慢走上科学管理的规范化轨道。酒店刚开业不久,客房部有个素质挺不错的服务员,由于批评领班小李检查工作随心所欲,没有质量标准,凭情绪或个人好恶妄加评语,从而遭到报复,一气之下离开酒店。这个小伙子走时给盛总留了一封信。在信的末尾,他写道:"我爱我们的酒店,我衷心希望她能迅速赶上北京、上海等大城市同星级酒店的管理水平,但我只是名普通员工,我无力做到这一点。我想酒店的领导一定能做到。"

这封信对盛总的触动很大,正是受到了这样的鞭策,他才带领酒店几名主要骨干走南闯北,虚心请教国内同行,并走出国门,学习国际酒店先进的管理方法。

自从大量标准化、制度管理的表格被酒店用于日常管理工作中以后,酒店的面貌改观较快,特别是无序管理、无度考核的现象很快被程序化、制度化、科学化的规范管理所取代。

后来,小李升为主管,但她的管理理念却没有及时更新,因此在日常工作中仍不时暴露出违背科学管理的作风和习惯。某天下午,客房部华经理按制度抽查房间,先来到3楼的一间套房,进门便看到电话线呈曲状。他抽出那张该由主管在中午抽查后填写的表格,上有"一切正常"的结论,还有小李的亲笔签字;在同一间套房里还发现窗帘掉了一个帘扣。华经理神色严肃地走到5楼朝南的一个标准房,那也是主管今天查的8个房间中的一个。这儿的问题更大:茶几上的火柴盒正面朝下;桌上的《服务指南》没有合上;一张床没有摆正,一边歪了2厘米左右;最严重的是少放了一条浴巾。而抽查表上又赫然写着"一切正常",也有小李主管的签名。

华经理一气之下,把那8个房间都检查了一遍,结果每个房里都发现了一些质量问题。

班后,华经理召集紧急部门会议,通报了客房检查情况,并做出决定:对该主管扣罚当月奖金,口头严重警告,责令其认真做书面检查,并在店内通报,一个月内如再犯同类错误,将撤销其主管职务。

你认为应该对主管进行处分吗?其他管理人员有无责任?

第7章 客房部的物资管理

学习重点
- 客房家具、设备、布件的管理
- 客房用品的管理
- 客房费用控制与"绿色客房"建设

客房的各种物资是客房服务工作得以正常进行的保证,它是服务的依托,也是服务的内容,其质量水平是饭店等级水平的重要体现。保持物品的完整、够用、低耗,使之更好地为客房的经营管理服务,是客房物资管理的最终目的。

第一节 客房物品的管理

饭店应加强客房客用物品的管理,满足客人的实际需要,提高客人对客房及客房服务的满意程度。控制客用物品的消耗,能降低成本费用,减少环境污染。

一、客房客用物品的选择

在选择客房客用物品时,必须综合考虑各种因素,关注诸方面的要求。

1. 实用

客房的各种客用物品是为满足住客的各种实际需要而配置的,因此,这些物品必须具有实用性。

2. 美观

客房内配置的客用物品要尽量地制作得精美一些,使其具有一定的观赏性。在清洁舒适的客房里放置让人赏心悦目的用品,会使客房增色不少。

3. 适度

客房客用物品的档次和标准必须与客房本身的档次和标准相适应,使客人感到物有所值。

4. 具有广告宣传作用

客房客用物品除了能够满足客人的实际需要外,还须具有一定的广告宣传作用。一方面,客人在使用这些物品时,能够对饭店更加了解,留下深刻印象;另一方面,客人将某些可以带走的物品带走,或在外面使用,或作为纪念保存,或赠送他人,能够起到很好的广告宣传作用。

5. 利于环保

目前市场上客房客用物品的品种很多,但饭店在选择时,必须考虑环境保护这一重要因素,要尽可能选择使用对环境无破坏作用的"绿色"产品。

6.价格合理

在保证以上各项要求的前提下,在选择购买客房客用物品时,必须要考虑价格,尽量做到价廉物美,从而降低客房成本费用。

二、客用物品的配备

合理地配备客用物品,能够有效地保证质量、控制消耗。

1.客房内的配备标准

客房内所配备的客用物品,要以客房的类别和档次为依据,在品种、数量、规格、质量以及摆放要求等各个方面有统一的标准,并制成表格、图片等供日常发放、配置、检查和培训时使用。饭店在制定这些标准时,要参照行业标准、竞争对手标准以及国际标准等,既要不违反常理,又有突破创新,以获得实效为主旨。

2.工作车上的配备标准

客房服务员的工作车专门用于存放清扫整理客房所需的各类用具用品,其中包括客房客用物品。工作车上新配备的客房客用物品在品种、数量、摆放位置及方法上也要有统一的标准,这种标准也可以制成图片、写成文字,以统一规范大家的做法。

3.楼层小仓库的配备标准

楼层小仓库应该配备客房客用物品,供楼层周转使用。客用消耗物品通常以一周使用量为合适,其他非消耗品则根据各楼层的客房数量及客情等具体情况确定合理的数量标准。对于楼层小仓库所配备的物品,也应将品种、数量等用卡或表格列明,并贴在库房内,供盘点和申领时参照。

4.中心库房的配备标准

客房部通常设一个中心库房,储备客房的常用物品。客用消耗物品的储量以一个月的消耗量为标准,其他客用物品的品种和数量则根据实际使用、消耗情况及周转频率确定。

三、客用物品的领发和消耗控制

1.客用物品的领发

客房客用物品的领发应根据小仓库的配备、楼层消耗量等情况明确规定具体时间,使这项工作具有计划性,方便中心库房人员的工作,促使楼层工作有条不紊、减少漏洞。在领发之前,楼层服务员应将本楼层小仓库的消耗及现存情况统计出来,按楼层小仓库的规定配备标准提出申领计划,填好申领单,由领班签字。中心库房在规定时间,根据"申领单"发放,并凭"申领单"做账。

2.客用物品的消耗控制

(1)制定消耗定额。在实际工作中,客房部应加强对客用物品消耗情况的统计分析,积累经验,从而制定出客用物品的消耗定额,并据此对客用物品的消耗进行有效控制。

①客用一次性消耗物品的消耗定额。通常,一次性客用消耗物品是按客房客用物品的配备标准配置和补充的。但由于并非所有客用消耗物品都在每天使用消耗完,因此,对这些用品的实际消耗情况要进行具体的统计分析,从中找出规律。

A.单项客用消耗品的消耗定额。单项客用消耗物品的消耗定额可以用下列公式计算:
单项客用消耗物品的消耗定额=出租客房的间天数×每间天客房的配置数×平均消耗率;平均消耗率=消耗量÷配置数量。

例如，客房内的茶叶，每间客房每天供应4包，平均每间客房每天的消耗量为3包，其平均消耗率为3/4，即75%。如果某一楼层本月客房的出租总数为576间天，那么该楼层本月茶叶的消耗为：576间天×4包/间天×75% = 1728包。

B.全部消耗物品的消耗定额。全部消耗物品的消耗定额可用下列公式计算：全部客用消耗物品的消耗金额=出租客房的间天数×平均消耗率×每间客房配置的客用消耗物品的总金额。

例如，客房全部客用消耗物品的总金额是8元，平均消耗率为60%，某楼层某月出租客房的总数为576间天，那么该楼层本月客房客用消耗物品的消耗总金额应为：576间天×8元/间天×60% = 2764.80元。

②多次性使用的客用物品的消耗定额。多次性使用的客房客用物品的消耗定额应根据各种物品的使用寿命、合理的损耗率以年度更新率来确定。这类物品的品种很多，而各种物品的使用寿命、消耗率及更新率等各有不同，因此要分别单独制定其消耗定额，难以统一。

例如，客房的玻璃杯每间天的损耗率为1%，每间客房所配置的玻璃杯平均为4只，如果某楼层某月出租的客房总数为576间天，那么该楼层本月玻璃杯的消耗额为：576间天×4只/间天×1% = 23只。

(2)加强日常管理。①专人领发，专人保管，责任到人。②防止流失。③合理使用。④避免库存积压，防止自然损耗。

(3)完善制度。为了有效地控制客房客用物品的消耗，客房部必须建立一整套相关制度，在客用物品的保管、领发、使用和消耗等方面加以规定和要求，要奖优罚劣，并依据制度实施各种管理和控制措施。

(4)加强统计分析。饭店的各客房楼层要对每天的物品消耗进行统计，领班要进行核实。客房中心要对每日、每周、每月、每季度、每年度的客用物品的消耗情况进行统计，并结合盘点，了解客用物品的实际消耗情况，将结果报客房部经理室。客房部要对照消耗定额标准和有关制度实施奖罚。只要实际情况与定额标准偏离较大，就必须分析原因，找出解决处理办法。

四、家具设备的使用和保养

合理使用和妥善保养家具设备能够保证客房处于正常完好的状态，延长客房家具设备的使用寿命，这是客房家具设备管理的基本要求和措施。下面，概要地介绍客房主要家具设备使用保养的要求和做法。

1.床

目前，饭店客房里面常用的床大多是西式床，西式床主要包括床架、软垫和床头板等几个部分。床的使用和保养要注意以下几个方面：

(1)床架。

①保证牢固稳定。床架是床的支架，必须牢固稳定，能够承重受力。一方面，床架本身要牢固完好，无破损，受力或推拉时不摇晃、无声响；另一方面，床脚要牢固完好，无损坏和松脱，易于推拉，推拉时不损坏地面。

②保持清洁。要保持床架的清洁，一是要防脏，二是要及时除脏。为了防止床架被弄脏，可在床架上套上床裙，用床裙围护床架的四边。当发现床裙有污迹时要及时换下来

洗涤。

(2)软垫。

①保持清洁:A.在软垫上加铺褥垫。软垫上必须加铺一层吸水性好、易于洗涤的褥垫,这是保持软垫清洁的基本措施。因为这层褥垫有阻隔的作用,能使软垫免遭污染,且褥垫容易洗涤,一旦有污迹,可随时换洗。B.除尘除迹。服务员要经常使用吸尘器清除软垫上的灰尘。如果软垫上有污迹,要及时清除。清除软垫上的污迹时要将软垫竖立起来,用软刷和合适的清洁剂擦洗,然后用干布吸去水分,再用电吹风吹干或让其自然干燥。清除软垫上的污迹时,不能将软垫平放,因为这样会将水和清洁剂渗透到弹簧钢丝上,使钢丝锈蚀。

②防止损坏变形:定期翻转,调换摆放;注意检查,及时维修;注意防潮。

2.沙发

(1)选用耐磨、易洗、色彩与客房相协调的面料制作沙发套,防止沙发面层磨损和污染。

(2)在易脏部位放置花垫,可起到保护和美化的作用。

(3)经常吸尘,及时除迹,定期清洗。

(4)经常翻转坐垫。

(5)如有损坏及时维修。

3.木质家具

(1)防热。木质家具过度受热后容易收缩、开裂,因此,要避免暴晒和烘烤,要避免阳光直射,要远离暖气片等热源摆放。

(2)防潮。木质家具受潮后容易变形、开胶和脱漆,因此,木质家具要避免在潮湿的环境中使用;如无法避免,客房内要有防潮措施。

(3)防虫蛀。木质家具容易滋生蛀虫,对木质家具要参照除虫灭害的要求和办法进行处理,防止虫蛀。

(4)防摩擦损伤。对木质家具要采取一系列措施,防止损伤。尤其是桌子、台子等家具的桌面,由于要摆放用具用品,并且要经常擦拭,很容易受磨损。为了避免出现这种情况,要求注意以下几点:

①摆放在桌子、台子等家具上的用具用品底部必须光滑,不得有毛刺。如烟灰缸、杯子等陶瓷器具,使用前必须用细砂布将其带刺部分磨光。

②使用杯垫、垫碟等防损伤物品。

③定期为家具表面打蜡。

(5)定期打蜡。木质家具需要定期打蜡。使用专用的家具蜡涂擦家具,可以起到隔热防潮、防渗透、防止失去光泽、保持清洁明亮、清除轻微擦伤、降低灰尘附着力等作用,是木质家具的综合性保养措施。

4.电视机

电视机的安装、使用、保养和故障检修必须严格按照说明书的有关规定和要求进行。

(1)电视机应安放在通风良好的地方,距墙5厘米以上,切勿置于高温、潮湿、灰尘多的地方。一般应背对窗户,避免阳光直射到屏幕上。为了减少地磁对彩色显像管的影响,电视机最好面朝南北方向。

(2)切勿碰撞或剧烈振动电视机。

(3)按使用说明书调试电视机。

(4)电视机的电线和插头要完好。

(5)使用电视机时要远离带有磁性的物体。

(6)使用电视机时要注意通风散热。

(7)防止水或其他物品进入机内。

(8)电视机长期不使用时须定期通电一段时间,以去除机内的湿气。夏季每月一次,每次两小时以上;冬季每3月一次,每次3小时以上。

(9)清洁时,用柔软的干布和中性清洁剂擦拭。

(10)清洁时要注意安全。

(11)遇有故障时,可对照说明书检查排除;无法处理时,请专业人员检修。

(12)非专业人员切勿打开后盖。

5.电冰箱

客房现在常用的电冰箱为电子冰箱。电子冰箱是一种无须用压缩机的最新环保制冷制热的产品,避免了因压缩机制冷所产生的噪声和氟利昂污染,具有使用寿命长、耗电少、维修方便的特点。

(1)电子冰箱的使用。

将电源线插头插入交流电插口,然后将模式开关拨至"制冷",绿灯亮表示机器开始制冷;将模式开关拨至"制热",则红灯亮,表示机器开始加热。

(2)电冰箱使用说明。

①将电源开关拨至关闭状态5分钟后再进行工作状态切换,即从制冷状态转入加热状态或由加热状态转入制冷状态(只适用于风扇散热系列)。

②冰箱在工作状态时,应保持良好的通风环境,不要将箱体的两侧及后部紧贴墙壁,应避免在雨中使用。

③不要直接将水倒入箱内;不要直接用水冲洗机身,最好用湿布擦洗。

④长时间不使用时,应事先擦净干燥,并将存放在通风良好的地方。

⑤应避免剧烈碰撞。

⑥不要阻塞冰箱的通风口,否则会引起散热不良而损坏机件。

⑦客房电子冰箱,只作冷藏使用,不能作冷冻使用。

小知识:

"无氟冰箱"

"氟"是指氟利昂,普通电冰箱的制冷系统常用R12"氟利昂"作制冷剂。氟利昂制冷剂中的氯氟烃类产品会对臭氧层造成破坏,我国承诺至迟在2010年停止CFC(氟利昂)的使用。

无氟冰箱并非完全没有氟,而是用另外一种低氯或无氯的氟利昂来替代含氯利昂(R12),因为臭氧层的破坏主要是目前广泛使用的制冷剂、发泡剂中所含的氯原子和法溴原子造成的,与氟原子无关。

6.空调器

饭店常用的空调有两种,即中央空调系统和房间空调器。这里仅就房间空调器予以简要的介绍。空调器主要由制冷、加热、通风和电器控制四个部分组成。

房间空调器的保养要注意以下方面:

(1)空气滤尘网的清洁。

当空气滤尘网指示灯闪烁时,说明需要清扫。若室内尘埃多,应每周清扫一次。

(2)停止使用时的保养。

①用半天时间转动风扇,以排除机械内的湿气,避免发霉和产生气味。

②停止空调器运转和拔下插头。使用空调器专用电路时,要先断开安全开关。

③清洁空气过滤网,按原样装上。

第二节　客房布件管理

虽然客房布件也属客用物品,但因与其他客用物品有很多的不同,有必要进行专门的介绍。

一、客房布件的种类及质量要求

(一)客房布件的种类

根据布件的用途,客房布件可以分为三大类,即床上布件、卫生间布件和其他布件。

(1)床上布件:枕套、床单、被套、褥垫、床裙、床罩。

(2)卫生间布件:浴衣、大浴巾、小浴巾、面巾、方巾、地巾。

(3)其他布件:纱窗帘、遮光窗帘、帷幔、沙发套、其他(如小酒吧的餐巾等)。

(二)客房布件的质量要求

1.床上布件的质量要求

(1)纤维的长度。纤维的长短对布件的质量有着重要的影响。纤维长,纺织出来的纱匀、光滑、条干好、拉力强,织成织物后平滑细腻,耐洗耐磨;纤维短,纺出的纱和制成的织物质量也比较差。一般二级至四级棉的纤维长是27毫米~29毫米,一级(高级)棉的纤维长是29毫米~31毫米。

(2)纱支数。纱支数的高低与纤维长短有很大关系。纤维长,纺出的纱细而紧,纱支数高,使用中不易起毛,耐洗耐磨;纤维短则次之。棉纱的支数有三种,用于床单、枕套织物的有20支纱、21支纱和24支纱。24支纱要用一级棉纤维纺制,20支~21支纱多为二级至四级棉纤维纺制。混纺纱支数要高一些,因为化学纤维多比棉纤维长,所以可达30支纱和40支纱。

(3)织物密度。密度高且经纬分布均匀的织物强度和舒适度佳,可用作床单、枕套的织物密度一般为每10平方厘米288根×244根。高级的可超过每10平方厘米400根×400根。

(4)断裂强度。织物的断裂强度与织物的密度等都有密切的关系,通常织物的密度越高,其断裂强度越好。

(5)纤维的质地。目前常用的床单、枕套的质地主要有全棉和混纺两类。全棉织物柔软透气、使用舒适,但容易起皱、褪色、泛黄、不耐用;而混纺织物则既保留了棉的优点,又吸收了化纤的易洗快干、抗皱挺括、不褪色、经洗耐用等优点。目前普通客房使用的床上布件,特别是床单、枕套、被套等大多是棉涤混纺织物,一般棉涤比例为50∶50和65∶35等。

(6)制作工艺。布件的制作工艺也直接影响布件的质量。布件的制作要求是:卷边宽窄均匀、平齐,缝线牢固,针脚均匀,疏密适度,规格尺寸标准。

2. 卫生间布件的质量要求

卫生间布件主要是各种毛巾,对毛巾的质量要求主要有以下几点:

(1)毛圈的数量和长度。通常毛圈的数量多且长,毛巾的柔软性和吸水性就好。但如果毛圈太长就容易被钩坏,故一般要求毛圈的长度在3毫米左右即可。毛圈的数量和长度与毛巾的重量成正比。在购买毛巾时,不仅要看尺寸大小,而且还要看重量。

(2)织物密度。毛巾是由地经纱、纬纱和毛纱组成。地经纱和纬纱交织成布基,毛经纱与纬纱交织成毛圈,故纬线越密,毛圈抽纱的可能性就越小。

(3)原纱强度。制作毛巾的原纱要有足够的强度,才能经得住拉扯。通常较好的毛巾,地经纱用的是股线,毛经纱用的是双根无捻纱,这样就能增强耐用性和吸水性。

(4)制作工艺。毛巾的边必须牢固平整,每根纬纱都必须能够包住边部的经纱,否则,边部容易磨损、起毛。另外,毛巾的折边、缝线、针脚等都要符合要求。

3. 窗帘的质量要求

窗帘的功能是遮光、保护隐私、装饰美化、隔音隔热,还能弥补窗户本身的一些不足。客房的窗帘有薄窗帘和厚窗帘,多为织物制成。薄窗帘通称纱窗帘,作用是减缓阳光的照射强度、美化房间,白天既不影响室内的人观赏室外景色,又能保护室内隐私;厚窗帘则具有窗帘的较多功能,讲究的厚窗帘除有一层装饰外,还有一层遮光背衬。

选择客房窗帘织物时要注意以下几点:

(1)纤维的质地。化纤牢固,不缩水,不褪色,颜色品种多且鲜艳,耐磨,耐拉扯,但易吸附灰尘,柔软度较差,档次较低。天然纤维(棉、毛、麻)华贵,色泽自然,坠感和手感好,浆过后平整挺括,但易褪色,易缩水。混合纤维则兼具了以上两种纤维的优点,价格也比较适中,因此,客房窗帘大多选用混纺织物制作。

(2)纤维的纺织方法会影响到织物的柔软性、重感、牢度和美观度。选择时要注意纺织的松紧度及纤维的粗细。细的纤维精致、平滑、质高;粗的纤维粗犷、动感强,但质量较差。

(3)阻燃性。在纤维中加入矿物纤维,可使织物具有阻燃性,也可在织成织物后进行专门的阻燃处理。窗帘必须具有阻燃性。

(4)色彩和图案要根据房间的装饰风格、冷暖感、空间感等来选择,另外还要考虑其本身的显脏性。一般不宜用太大太乱的花形图案,颜色不宜太深或太浅,太深显得压抑,过浅容易显脏,颜色跳跃不宜太大,过分华丽和跳跃的色彩影响客房的安静感,刺激客人的视觉,影响客人的休息。

(5)价格。选择窗帘织物时,还必须考虑价格因素,优质优价。

(6)制作工艺。窗帘的制作工艺直接影响窗帘的功能与使用寿命。因此,客房的窗帘应由专业厂家制作,要求精致考究。上下折边不能小于3厘米,褶距要相等均匀。为了增加坠感,可在底边配重。

二、客房布件的规格

(一)床上布件的规格

客房的床上布件是与床及床上的其他用品配套使用的,其规格尺寸应与床的规格及其他相关用品的规格适配。

1.床单

床单的规格尺寸是根据床的规格尺寸和铺床的方法及要求确定的。通常按下列公式计算:

$$床单的长度 = 床垫的长度 + 2 \times 床垫的厚度 + 2 \times 20 \text{ 厘米}$$
$$床单的宽度 = 床垫的宽度 + 2 \times 床垫的厚度 + 2 \times 20 \text{ 厘米}$$

如果床垫的规格是 120×200 厘米,厚度为 16 厘米,这种床的床单的规格就应该是:

$$长度 = 200 \text{ 厘米} + 2 \times 16 \text{ 厘米} + 2 \times 20 \text{ 厘米} = 272 \text{ 厘米}$$
$$宽度 = 120 \text{ 厘米} + 2 \times 16 \text{ 厘米} + 2 \times 20 \text{ 厘米} = 192 \text{ 厘米}$$

之所以按照这套公式计算床单的规格,是因为按西式铺床的方法和要求。床单不仅要覆盖床面,而且还要能包边包角,即包住床垫的四边四角,为了包角紧密,还须将四边塞进20厘米。

按照公式计算出来的床单的规格是实际所需的尺寸,没有考虑缩水的因素,购买床单时要考虑其缩水率。

2.枕套

枕套是与枕芯配套使用的,因此,枕套的规格尺寸要依据枕芯的规格尺寸来确定。一般要求枕套比枕芯宽2厘米~5厘米,长20厘米~23厘米。

3.垫褥

垫褥是铺在床垫上起防护等作用的垫子,因此,垫褥的规格要与床垫的规格相适配,通常要求略小于床垫的长度与宽度,以四边不超过床垫滚边并紧贴滚边为宜,不能过长,也不能过小。

(二)客房卫生间毛巾的规格

客房卫生间毛巾的规格要与饭店的档次相适应。参照饭店星级评定标准的有关要求,客房卫生间毛巾的规格(如表7-1所示)。

表7-1 客房卫生间布件的规格

种类	尺寸(厘米)	质量(克)	饭店档次
浴巾	120×60	400	一、二星级
	130×70	500	三星级
	140×80	750	四、五星级
	100×34	125	无明确规定
面巾	55×30	110	一、二星级
	60×30	120	三星级
	70×35	180	四、五星级

续表

种类	尺寸(厘米)	质量(克)	饭店档次
地巾	65×35	280	一、二星级
	70×40	320	三星级
	80×50	450	四、五星级
方巾	30×30	45	三星级
	32×32	55	四、五星级
浴衣	大、中、小号		

（三）窗帘的规格

窗帘可分为标准窗帘和落地窗帘两种。

1.标准窗帘

标准窗帘的尺寸（单位：厘米）为：

$$长度(高度)=窗子的长度(高度)+2\times(15\sim20)$$

标准窗帘的上下两端均超出窗户15厘米~20厘米。如果窗子的高度为150厘米，那么窗帘的长度应为150+(30~40)厘米，为180厘米~190厘米。

窗帘宽度与窗帘轨道的长度相等。轨道长度等于窗子宽度两边各加15厘米~20厘米。如果窗户的宽度为250厘米，那么窗帘的宽度应为250+(30~40)厘米，为280厘米~290厘米。

2.落地窗帘

是否做成落地窗帘，一般取决于窗户的大小与墙面的比例及整体装潢效果。如果窗户面积与墙面面积之比大于2/3，则宜做落地窗帘；如果窗台离地面的距离小于45厘米，宜做落地窗帘；大于70厘米，宜做标准窗帘；介于45厘米~70厘米，则视整体装潢效果和窗户面积与墙面面积的比例大小而定。

落地窗帘的高度应为挂好后下端离地面2厘米，宽度则等于轨道长度，一般轨道的长度等于墙面的宽度。

3.窗帘用料

（1）用料面积计算（长度单位：厘米）

$$用料面积=(2\times丈量宽度+25)\times丈量高度$$

（2）用料长度计算（长度单位：厘米）：

$$用料长度=用料面积\div布料宽度\times高度$$

式中的2为折中倍数，通常最大不大于3，最小不小于1.5，具体折中倍数取决于布料的厚薄。厚料可选偏大数。25厘米是用于接缝和重叠。在购买布料时，要考虑接拼缝及拼凑花形图案的需要和缩水率，要留有余地。

三、客房布件的配备

客房布件的配备是客房布件管理工作中的一个重要环节。客房布件的配备需有合理的定额标准，要防止定额的不合理而影响客房布件的正常供应及无谓的浪费和损耗。

通常,客房布件主要包括在用布件和备用布件两部分。在用布件即投入日常使用和周转的布件,备用布件即存在库房以备更新补充使用的布件。

1. 在用布件

确定在用布件的数量时,要综合考虑下列因素:①必须能够满足客房出租率达100%时的使用和周转需要;②必须能够满足客房一天24小时运营的使用和周转需要;③必须能够适应洗衣房的工作制度对布件周转所造成的影响;④必须适应饭店关于客用布件的规定和要求;⑤必须考虑布件调换补充周期及发生的周转差额和损耗流失等情况;⑥必须保证刚洗烫过的布件有一段上架保养时间。

2. 备用布件

确定备用布件的数量时,要综合考虑下列因素:①布件的损耗率;②计划更新补充的周期和数量;③预计流失布件的补充情况;④是否有更新布件品种及规格等计划;⑤定制和购买新布件所需的时间;⑥库存条件;⑦资金占用的损益分析。

根据经验,有店属洗衣房的饭店,其客房布件的配备定额一般都为3.5套~4套。其中一套在客房使用,一套在楼层布件房或工作车上,一套在洗衣房或中心布件房,另外的半套或一套存在库房。这里所说的一套是指按饭店规定标准全部配备的总数。

一般来说,库存的布件不宜过多,以防止库存时间过长而造成自然损耗,各种布件的损耗情况并不完全一样,此外,有的布件可以改制再利用,因此也就无须各种布件都按3.5套~4套配备。

四、客房布件的管理和控制

(一)合理存放

1. 分类存放

将布件分类存放,能方便发放、使用和盘点。

2. 定点定量

由于布件分散在各处,为了便于使用和盘点,存放必须定点定量。凡是与布件使用和保管等有关的员工都必须知道布件应该存放的地点、放置的具体位置、种类、数量及摆放的方法。有了统一的规定和要求,大家有章可循。在平时的工作中,只要检查核对,即可知道规格品种的齐全程度,数量的多少,有无差错,既提高工作效率,又能加强责任心。

(二)建立布件的收发制度

1. 先洗先出

为了使布件有一定的保养时间,布件收发应遵循先洗先出的原则,避免即洗即用。

2. 保证质量

在收发布件时,要将有破损及洗烫质量不合格的布件分拣出来,防止将这些布件用于客房。

3. 对等交换

布件收发要采用对等交换的办法,即用脏的布件换取相同规格品种和数量的干净布件。通常由客房楼层勤杂工或服务员将脏的布件送洗衣房,洗衣房指定人员清点复核,在客房布件换洗单(见表7-2)上签字,楼层勤杂工凭此单到中心布件房领取干净布件。

表 7-2　客房布件换洗单

楼层_____　　　　　　　　　　　　　　　　　　　　　　　　　　　____月____日

数量＼品种	床单		枕套	浴衣	大浴巾	小浴巾	面巾	方巾	地巾	签名
	大	小								
收到数										
发还数										
备注										

4.控制超额领用和缺额发放

如果使用部门需要超额领用,应填写借物申请单并报有关人员批准,如果中心布件房发放时不能足额,也应开出欠单作为归还凭据。

(三)建立布件报废和再利用制度

1.因下列情况可以报废

(1)布件破损或有无法清除的污迹。

(2)使用期限已到。

(3)统一调换新品种、新规格等。

2.严格履行报废手续

布件报废须有严格的核对审批手续。一般由中心布件房主管核对并填写布件报废单(见表7-3),报洗衣房经理或客房部经理审批。

3.报废布件的处理

对于报废的布件,要洗净,做上标记,捆扎好集中存放。如果可以再利用,可改制成其他用品。

表 7-3　布件报废单

品名_____　规格_____　申报人_____　批准人_____

报废原因	数量	处理意见
无法除迹		
无法修补		
年限已到		
其他		
合计		年　月　日

(四)严禁布件的不正当使用

饭店应严格禁止员工对布件的不正当使用,如将在用布件当做抹布使用等。对不正当使用布件的员工要严肃处理。另外,如果发现客人不正当使用布件,也要阻止和忠告,如果因此致使布件报废的,可要求客人赔偿。

(五) 把好洗涤关

布件洗涤是一项技术性较强的工作，有关人员应具备应有的知识经验和操作技能，还应具备良好的工作态度，认真做好布件的洗涤工作。同时，饭店要配备先进的洗涤设备和优质的洗涤用品。饭店要重视和加强对布件工作的管理，确保布件的洗涤质量。

(六) 定期盘点

饭店要定期对布件进行盘点。通过盘点，了解布件的使用、消耗和储存情况，发现问题及时处理。盘点布件要认真细致和全面。盘点前，要将盘点的日期和时间通知各有关方面和人员；盘点时要停止布件的流动，防止漏盘和重盘；盘点后须填写布件盘点统计分析表（见表7-4）并存档。

表 7-4　布件盘点统计分析表

部门_____　　盘点日期_____　　制表人_____

品名	额定数量	客房		楼层布件房		洗衣房		盘点总数	报废数量	补充数量	差额总数	备注
		定额	实盘	定额	实盘	定额	实盘					

(七) 建立布件储量卡

建立备用布件储量卡，可随时了解备用布件的品种与数量，并可根据现有布件的使用和补充情况，提出布件的申购计划。

五、布件的保养

加强对布件的保养，能够提高布件的使用质量，保证并适当延长布件的使用寿命。主要应做到：①尽量减少库存量；②新布件必须经洗涤后才能投入使用；③备用布件要按先进先出的原则投入使用；④洗涤后的布件要放置一段时间，以利其散热、透气；⑤要消除污染和损坏布件的隐患。

六、布件的储存

布件应在合适的环境下按正确的要求储存。布件的储存环境和要求主要有下列几项：①具有良好的温湿度条件：库房的温度以不超过20℃为佳，湿度不大于50%，最好在40%以下；②通风透气，防止微生物繁衍；③墙面材料须经过防渗漏、防霉蛀处理，地面材料以PVC地砖为佳；④保持清洁；⑤布件分类上架，并附有货卡；⑥布件房不能存放其他物品，特别是化学品和食品等；⑦布件应加防护罩，以防止积尘、变色；⑧要有消防设施和器材；⑨限制无关人员进出布件存放区域；⑩定期进行安全检查。

第三节 "绿色客房"建设

客房部在经营管理过程中，要始终高度重视并切实做好降低消耗和环境保护工作。合理地降低消耗能够有效地控制成本费用，减轻饭店负担，提高经济效益。环境保护已成为全人类的共同使命，做好环境保护工作，对于饭店乃至全人类的生存和发展都有非常重要的意义。

一、"绿色客房"与五个"R"

人们通常把与环境保护、防止污染相关的事物冠之以"绿色"称号，"绿色"是指人类生存的环境受到良好和有效的保护，达到无污染的生态环境保护标准。

(一)"绿色客房"的含义

绿色饭店的定义为：以可持续发展为理念，坚持清洁生产，倡导绿色消费，保护生态环境和合理使用资源的饭店。

"绿色客房"的核心是融生态环境保护的观念于客房和饭店的经营管理之中。

(1)"绿色客房"的定义为：为旅客提供的客房产品和服务符合环保要求充分利用资源，无建筑、装修、噪声污染，室内环境符合人体健康要求。

(2)思路有：创建绿色企业文化；培养绿色服务；吸引绿色消费者；推进绿色产品；实施"5R"原则。

(二)"5R"原则

"5R"原则具体地体现了"绿色客房"的内涵。

1. Research

Research的意思是研究。即把生态环境保护和绿色设计纳入客房和饭店的决策要素之中，重视研究客房和饭店的生态环境对策。

2. Reduce

Reduce的意思是减量。即饭店在不影响客房产品及服务质量的前提下，尽量用较少的原料和能源投入。客房部可以从以下几个方面着手，进行"减量"：

(1)尽量少用或不用对环境有污染破坏作用的物料用品，如塑料用品和塑料包装材料，含氯、氟、烃等的化学清洁剂等。

(2)员工在工作区域内禁烟；开辟无烟楼层；倡导绿色"无污染"的语言和行为。

(3)尽量减少能源和物资的消耗，如水、电、气、客用物品和清洁物料等。这里尤其需要介绍和推广目前一些饭店所尝试的有益做法：①改进便器抽水装置的设计，有效控制便器的用水量。②减少客房物品的配置和更换。减少配置主要是适当减少一些品种和数量以及个别用品的量。至于减少更换，主要是对客房的一些布件，尤其是卫生间毛巾。③通过减少产品体积，减轻产品重量，简化产品包装，以达到降低成本，减少垃圾的目的。

3. Reuse

Reuse 的意思是再利用。在确保不降低客房的设施和服务标准的前提下,物品要尽可能地变一次性使用为多次性使用或调剂使用,不要轻易丢弃,减少一次性低耗品的使用范围和用量。例如,客房使用大包装的洗浴液、洗发液等。客房可以再利用的物品很多,人们对这些物品再利用,一是要注重多次使用。二是要合理利用。

4. Recycle

Recycle 的意思是循环。物品在使用后回收处理,成为可利用的再生资源。例如,不少饭店使用的中水处理系统,就可对水资源循环使用。客房的一些物品如果在材料和设计上做些调整,可以进行循环重复使用。

5. Replace

Replace 的意思是替代。即饭店使用无污染的物品或再生物品,作为某些物品的替代。例如,用纸质礼品袋和布质洗衣袋替代塑料制品。客房内的一些用品从内容到包装都可以用别的物质去替代,从而提高质量,控制消耗,减少污染。

(三)推行五个"R"的注意事项

客房部在推行五个"R"的过程中,必须注意下列事项,以防止一些负面影响。

1. 讲究标准规范

讲究标准规范具有两层含义,一是为降低消耗和保护环境,不能降低客房服务及有关工作的质量标准,从而影响客人的满意程度;二是推行五个"R"要有统一的标准和规范,不能随心所欲。

2. 注重宣传解释

饭店在推行五个"R"的做法时,需要取得客人及有关部门的理解和支持。要取得他们的理解和支持,就要进行适当的宣传解释,这一点不容忽视。

二、提供绿色客房产品的基本要求

(1)设有无烟客房楼层或无烟小楼。
(2)客房楼层有排风系统。
(3)积极采取措施,降低客房物资用品耗量。
(4)服务指南中有相关说明,服务程序或岗位职责中有具体规范要求。
(5)配备空气清洁设备。
(6)供应洁净饮用水。
(7)放置对人体有益的绿色植物。
(8)使用环保型(无氟)空调和冰箱。
(9)不使用哈龙(F1211)灭火器。
(10)组织节能环保培训。
(11)开展绿色环保活动,营造绿色氛围。

本章小结

客房的物资管理的关键是要处理好增收一节支的关系。保证对客服务的需要是客房物资管理的首要任务,预算、采供、库存、物品消耗及洗涤质量的控制是客房费用的关键环节。绿色客房建设的重要意义在于节约资源、减少污染,有益于人的健康。

思考与练习

➢ 记忆型

1. 床垫为什么需要定期翻转？如何翻转？
2. 定期对客房家具打蜡有什么意义？
3. 了解客房家具设备的保养要求和方法。
4. 如何制定客用物品的消耗定额？
5. 了解客房布件的种类、质量要求和规格标准。
6. 如何确定客房布件的配备标准。
7. 如何做好布件的储存？
8. 五个"R"指的是什么？
9. 构建绿色客房的要点是什么？

➢ 思考型

1. 选择客房客用物品时要考虑哪些因素？为什么有些布件可以不按3.5套~4套配置？举例说明。
2. 模拟制定一份织品采购申请清单。

➢ 实践应用型

1. 到当地饭店调查"绿色客房"的建设状况，并写出专题报告。
2. 到当地一家三星级饭店调查其客房费用的控制情况。

➢ 案例

我国一些饭店在设备和用品等采购往往注重节省，结果却为低质量硬件日常的维修投入了大量人力，劳动力成本增加，这是一笔得不偿失的账。如小小的日光灯管，不少外资饭店做到必须原装进口，使用寿命很长，上海中日合资的苑园饭店，客房近600间，全工程部三班运转，连体重秤都要维修，但只有33个人，其中4个人还是临时工，这样的人数配备，我国的一些酒店是做不到的。

1. 对以上案例，你有何感想？
2. 对一家饭店调查，客房维修费用占其客房收入的比例为多少？工程部人员配备人数为多少？

第 8 章　客房部的质量管理

> 📖 **学习重点**
> ● 客房清洁保养质量的控制规范
> ● 对客服务质量控制的目标及程序
> ● 客房安全设施设备的配备
> ● 客房安全管理的主要任务及控制

质量控制是客房部管理工作的重要内容,是一项全员、全方位、全过程的工作。客房部要加强全面质量控制,确保客房部的工作达到应有的水准。

第一节　客房清洁保养的质量控制

客房清洁保养工作包括客房的清洁卫生和维护保养两方面的内容,是客房部的中心任务,这项工作做得好坏直接影响饭店的主要产品——客房的质量。因此,客房部必须加强对客房清洁保养工作的质量控制。

一、贯彻"预防为主"的质量控制方针

"预防为主"的管理是 GB/T 19001 质量管理体系标准中一再强调的观点,也是标准质量管理与传统质量管理的重要区别点。客房清洁质量的控制必须以"预防为主",就是要变客房清洁质量的"事后把关"为以"事前预防"为主,把管"结果"变为管"过程"和管"因素",使清洁卫生的质量问题消失在质量的形成过程中,做到防患于未然。

1. 在饭店的大门前铺设隔尘垫(蹭鞋垫)

饭店的管理者应有这样的观念:既要舍得花钱买大理石、花岗石及羊毛地毯等豪华的地面材料,又要舍得花钱买相应的高效率的清洁工具和设备。选择摩擦性强,吸水性、贴地性好,长约 4 米~6 米的深色隔尘垫铺在饭店大堂的门外,即可去掉客人脚上所带来的 80%以上的泥垢和污物。在雨天,还应增加隔尘垫的长度,并及时更换被雨水和泥土弄脏的隔尘垫。

2. 随时清洁大堂地面和电梯厢

大堂地面面积较大,只要随时用经牵尘剂处理过的尘推清洁大堂地面,及时清除脚印及其他污染痕迹;用吸尘器及其他清洁工具定时清洁电梯厢,客房区域被污染的机会就会大大减少。

3. 及时去除污迹

客房区域的地面一般用地毯铺设。由于地毯是用纤维制成的,很容易吸附灰尘及沾染污垢。客房部的管理者应教育员工和建立相应的制度:只要有人使用过的地毯,每天都必须吸尘;一旦发现污迹,必须当天清除,因为污迹留在地毯上的时间过长,就会很难清除。

4.做好计划性的清洁保养工作

任何饭店的设备设施都应有预防性的清洁保养计划,抓好事前控制,坚持计划卫生和计划保养制度,坚持有计划、定时、定人的清洁保养,不仅能省时、省力,保洁效果好,还能有效地延长客房设备和用品的使用寿命。这是管理人员应有的质量控制意识。

二、制定标准

客房部要对客房清洁保养工作进行质量控制,首先必须制定一整套相关标准,有了标准才使质量控制有章可循、有据可依。客房清洁保养的质量标准应该包括结构性标准、时效性标准和功能性标准。结构性标准强调的是工作过程的质量;时效性标准强调的是时间和效率;功能性标准强调的是结果的质量。一套科学的、系统的质量标准有利于规范操作过程、提高工作效率和保证工作质量。

客房部制定有关客房清洁保养的质量标准时,要以本饭店的经营方针和市场行情为依据,而不能简单照搬别人的东西,力求所制定的标准符合本饭店的实际情况,符合科学管理的要求,并具有可操作性。

客房清洁保养的质量标准主要包括次数、规格、定额、程序和标准等具体内容。

1.客房清扫整理的次数

按大多数饭店的传统做法,一般住客房每天清扫整理三次,即上午全面清扫整理、午后简单整理、晚间做夜床(寝前整理)。

2.布置规格

布置规格是指客房的布置要求,客房内所配置的设备和用品在品种、数量、规格、质量以及摆放的位置和形式等方面都应有统一的要求,做到规格一致、标准一致,很多饭店都用表格和图片的形式来规定和解释这一标准,使标准容易被员工理解和执行。

3.工作定额

客房的清洁保养工作通常实行定额管理,即规定各类客房的清扫整理工作的时间消耗标准或者规定客房服务员所承担的客房清扫整理的工作量。实行定额管理,有利于提高工作效率,保持良好的工作状态,保证应有的质量标准。在制定客房清扫整理工作的定额标准时,要综合考虑各种因素,力求定额标准先进合理。

4.操作程序

客房清洁保养工作的操作程序主要包括各项具体工作的操作步骤、标准做法和注意要点等内容。

5.清洁卫生标准

客房的清洁卫生标准主要包括两方面的内容:一是清洁标准;二是卫生标准。客房是否清洁,是可以通过人的感觉器官来感受和评价的。而是否卫生,仅靠人的感官是无法测评的,还需要使用一些专门的仪器设备来测试和检验。因此,人们将客房的清洁标准作为感官标准,将卫生标准作为生化标准。

三、加强检查

小资料

美国旧金山的凯悦摄政饭店,其总经理彼得·戈德曼每周要会同其客房部经理、房务总监和总工程师抽查20间客房,这一工作每次至少花两个小时。这样,发现问题可以及时得到解决,而且还有利于制订或改进有关清洁保养、更新改造的工作计划。

要保证客房清洁保养工作的质量,有关人员必须加强检查督导。

(一)检查制度

1.服务员自查

每一个员工都必须对自己的工作负责,客房服务员在每次客房清扫整理完毕后,都应进行自我检查,防止疏漏和差错。自查以后再报上级督导人员检查。这种做法有利于加强员工的工作责任心,提高工作的合格率和减轻上级督导人员的工作量,可以充实丰富服务员的工作内容和增进工作环境的和谐与协调。

2.领班检查

通常领班要对所辖区域的客房进行全面检查,以确保客房的质量。领班检查是服务员自查后的第一道检查关口,往往也是最后一道检查关口,领班有权决定客房是否合格。所以领班的责任重大,须由训练有素的员工来担任。

3.主管抽查

由于主管所管辖的范围比较大,客房数量比较多,主管通常是对客房进行抽查,抽查的数量一般不得少于其所管客房数的10%。主管抽查的作用:一方面是可以了解基层员工的工作情况;另一方面是对领班的一种监督和考察。

4.经理检查

客房部经理每天都应安排一定时间到客房楼层进行巡视和检查,这是了解楼层工作状况、控制楼层工作质量最为可靠的有效办法。对于经理来说,通过检查可以加强与基层员工的联系和交流以及掌握第一手资料,这对于改善管理和服务都十分有益。

5.大堂副理检查

大堂副理也要经常到客房楼层进行检查,尤其要对所有的贵宾房进行检查。很多饭店规定贵宾房必须经大堂副理检查认可。

6.总经理检查

饭店总经理虽然工作千头万绪,但还是应该抽出一定的时间对客房楼层工作进行检查,一方面是对客房工作的重视,另一方面也是了解饭店客房的现状、客房员工的思想和业务状况的措施之一,这对于加强沟通、收集信息、掌握决策依据、改善管理和提高质量都是非常有益的。

7.联合检查

饭店定期由总经理室召集各有关部门,如工程部、保安部、前厅部、营销部等对客房的清洁保养工作进行联合检查。这种联合检查有利于加强相关部门之间的沟通协调和解决实际问题。

8.客人检查

饭店客房是提供给客人使用的,所以,对于客房的清洁保养质量的评价要重视客人的意见和建议。因此,饭店常在客房内摆放征求意见书,管理人员等也常主动当面征求客人的意见,或通过意见书收集和了解客人的意见和建议。

(二)客房检查的程序和标准

查房的程序如前所述与整理客房的程序基本一致。客房检查的内容一般包括四个方面:清洁卫生质量、物品摆放、设备状况和整体效果。具体内容参见第3章的有关内容。

(三)检查的方法

对客房进行检查时,主要采用看、摸、试、嗅、听等方法:①看:检查人员通过目测,看客房的整体状况是否合格;②摸:检查人员通过手摸,看客房各处是否有灰尘;③试:检查人员通过试用,检测设备是否正常完好;④嗅:检查人员通过鼻子嗅,辨别客房内有无异味;⑤听:检查人员通过耳朵听,检查客房内有无异常声响。

由于客房内需要检查的部位和设备用品很多,为了防止疏漏,检查客房要按顺时针或逆时针方向循序依次进行。

(四)检查的注意事项

1.检查要全面

(1)保证所有客房都查到。

(2)保证所有员工都查到。

(3)保证全过程检查。

2.把检查和培训结合起来

管理人员对员工的工作进行检查,既是质量控制的手段,又是非常有效的督导培训方法。在检查过程中,管理人员要根据员工的实际情况,进行针对性的指导与培训,提高他们的思想和业务水平。

3.把检查与沟通和激励结合

管理人员在检查过程中,要注意与员工进行交流与沟通,这是增进相互理解、消除隔阂的有效措施。另外,在检查中,要运用激励的方法调动员工的工作积极性,提高他们的自豪感和自信心,调节好他们的情绪。管理人员要讲究工作的方式、方法,防止因方法不当而影响员工的情绪,挫伤他们的积极性和自尊心。特别是在发现问题时,一定要妥善解决。

4.把检查与考核结合起来

管理人员把检查与考核结合起来,可以通过检查对员工的工作表现和实绩进行准确、公正的评估。考核要量化,考核的结果要公开,要把考核的结果作为薪资分配的依据。

四、严格考核

考核就是对员工的工作表现和实绩进行评定。对员工进行严格考核有利于加强员工的责任心,同时为其他工作包括奖金的分配和评优、定级等提供依据。

1.考核的原则

根据客房清洁保养工作特点,对客房服务员客房清洁保养工作进行考核时,必须依据"100-1=0"的原则。

2.考核的方法

(1)规定各类考核项目的量化标准和具体要求。

(2)用"100-1=0"的原则进行评分。如果某个项目的某个方面没有达到标准,即扣除该项目的全部应得分;如果各个项目的总得分低于规定标准(90%),该房间得分为0。

(3)用全部房间的总得分之和除以房间数加上其他考核项目得分即为该服务员当日考核分。

(4)将当日考核结果报客房中心汇总公布。

(5)每日得分之和除以当月出勤天数即为服务员当月的考核分。

五、充分利用表格和报表

(一)表格和报表的作用

客房部的管理,主要是通过各种制度和计划,将客房的服务工作科学地组织起来,完成饭店预订的目标。因此,客房部在日常工作中要及时掌握情况,制订、检查和调整各种计划和措施。所有这些都离不开原始的记录。表格和报表的重要作用就在于,它们是实行规范化管理的一种定型和定式化的手段,备用于供人们及时具体地记录各种原始数据,为客房部的管理者考核职工业绩、控制营业费用提供准确的信息。

1.实行规范化管理和操作的保证

客房整理、检查客房的表格和报表,是按照客房部规定的服务质量标准设计和制作的。客房各级管理人员和员工在进行整理、检查客房的工作中,都必须填制必要的表格和报表,这样就可以使他们按服务标准、服务程序和方法办事。另外,由于表格和报表都是用事实和数据说话,可以定性定量地反映客观事实,用以评估客房整理、检查质量的高低,揭示客房部运转的规律,从而及时发现服务和管理中存在的问题,为客房部实行科学管理提供客观依据。

2.考核的依据

客房整理和检查的表格和报表是关于客房楼层服务和管理活动的各种原始数据和事实的忠实记录,是对客房部员工进行评估和考核的依据。

3.控制营业费用的手段

从饭店的实际情况来看,客房的费用中,消耗品的费用占较大比重,却伸缩性很大。客房部可以通过服务员工作报表和领班报表控制每个服务员及楼层的消耗品使用,达到既满足客人需要,又降低营业费用的目的。

(二)常用的表格和报表

饭店的等级、规模以及管理者风格的不同,表格和报表使用的种类常有差别,但一些常用的表格和报表则基本一致。

1.服务员工作表(见表3-1)

(1)用法为:①客房卫生班服务员签到上班后由领班发给一份工作表;②表上写有待整理客房号、客房状况及要求完成的其他工作,包括计划卫生项目和优先整理的房号等;③服务员要随身带表工作,一般置于工作车上指定的地方。每做一间客房都应按要求填写有关内容,准确登记进出房的时间;④领班和主管巡查时,应随时了解服务员工作表上反映的情况,以便及时处理和查房;⑤下班时,服务员将填写好的工作表和钥匙一起上交客房中心;⑥领班或主管在检查、整理好这些工作表后,呈客房部经理查阅并存档。

(2)作用有:①领班给服务员分派工作任务的派工单;②记录客房状况;③客用品添补数量原始记录,控制消耗,保证客人需要;④处理意外情况的凭据。

2.房务报告表(见表8-1)

表8-1　客房服务员房务报告

楼层_____　日期_____　时间_____　上午_____ 下午_____　姓名_____

房号	住有客	空房	外宿	住房数	行李数	不能进入房	维修房	备注
01								
02								
...								
20								

(1)用法为:①每天早班服务员上班后及傍晚做夜床时各查一次客房状况;②除请勿打扰房和双锁房之外,如果每房必查,则需由客房服务员来填写,然后由领班将其管辖区域楼层的报告表交到客房中心;③若只查空房、维修房及走客房,则可由领班填写;④设立楼层服务台。实行三班倒的饭店,则可由台班服务员专职填写;⑤每份房务报告表一式两份,一份送总台,一份留底,以备查询。设立客房中心的,由客房中心汇总各楼层报告表;设立楼层服务台的也可由各楼层分别送总台,或由客房部办公室汇总。

(2)作用有:核实前台的客房状况,通报最新房态信息。

3.周期清洁表或计划卫生表

周期清洁表或计划卫生表的作用,在于使平时不易清洁彻底的项目和需定期保养的设备家具都能在规定时限内完成,同时也为工作安排和检查督促提供依据。

4.领班查房表(见表8-2)

表8-2 领班查房表

日期_____ 上午_____ 下午_____ 清扫员_____
领班_____

楼层	房号	状况	床位	时间	检查记录	楼层	房号	状况	床位	时间	检查记录	借用物品	房号
	01						01					加床	
	02						02					婴儿床	
	03						03					枕头	
	04						04						
	05						05					毛毯	
	06						06					电吹风机	
	07						07					插座	
	08						08					椅子	
	09						09						
	10						10						
	11						11					贵宾	
	12						12					病客	
	13						13						
	14						14						
	15						15					特殊客人	
	16						16					特殊服务	
	17						17					长住客	
	18						18						
	19						19						

（1）用法为：①在客房服务中心领到查房表后，首先了解本区段客房状况并在表上做相应的标记；②根据服务员的工作进度确定检查顺序并及时检查，随查随记；③确保每间必查房被查到并尽快申报OK房；④下班时将全部项目填写完毕，交客房中心或办公室。保存期通常为一年。

（2）作用有：①作为工作凭证，防止忙中出错；②考核的依据。

5．做客房返工单（见表8-3）

表8-3　客房返工单

房号_____ 日期_____ 姓名_____
请完成下列工作：
完成后请交还，谢谢！

（1）用法为：①此表为空白式返工单，具体列项可视客房情况设计，也可临时填写；②将检查不合格的较大的漏项列出或圈出，交服务员补漏；③小的漏项，领班可及时补漏，但若重复出现，应返工并追究原因；④完成后，服务员将此单交还领班；⑤领班凭此单进行复查；⑥保留返工单，备查。

（2）作用有：①指示服务员该补做的项目；②业务总评估的依据。

6．客房维修意见表（见表8-4）

表8-4　客房维修意见表

（饭店名称）
维修意见书
ROOM MAINTENANCE

亲爱的来宾：
欢迎您入住本店。为了给您提供更为舒适、满意的居住条件，烦请就我们维修工作中所忽略之处提出宝贵的意见，并祝您居住愉快！
Dear Guest:
Won't you please help us maintain our room in the best possible condition by repairing little things that are wrong and that may have been over-looked by the Housekeeping or Maintenance Department.
Is there anything in the room that needs attention by Our Maintenance man or Houseman?
房号(Room No.)_____　　日期(Date)_____
_____
_____
_____
多谢拨冗相助，并请将此单交往前台，以便尽快得以解决。
Please leave at Front Desk for prompt action. Thank you for your time.

（1）用法为：①此表一式两份，最好采用无碳复写式；②客人填写后可交总台或留房中，也可直接交客房中心；③接表后立即查实；④一份送工程部，一份留在客房部。其他程序与维修通知单相同。

（2）作用有：①客人有机会发表意见，可弥补饭店工作的不足；②让客人感到饭店对其住房状况的重视。

7.维修通知单（见表8-5）

（1）用法为：①本单一式三份：两份送工程部，最后一份留底；有的饭店为四份，即再送一份给质检部，以便协调和督促；②紧急情况可先电告工程维修部再补单，但需在单上注明联系人与时间；③客房中心每天汇总客房维修报表，并每周送一份给工程部；每月制作一份维修报表，呈总经理；④如果维修项目迟迟不见回音，则客房部经理应与工程部经理定期协调，以求得解释和采取相应的协调措施。

（2）作用有：通知工程部维修项目及备查。

表8-5 ××大酒店工程维修单

No.0001498　　　　　　　　　　　　　　　　　　　　　　　年　　月　　日

申请单位		申请时间	
申请人		填单时间	
报修项目			
负责派工人		派工时间	
维修人		出修时间	
维修内容	维修区域：_____ 维修项目描述：_____ 维修完成情况：_____		
领料人		发料人	
材料名称		数量	
单价		金额	
材料名称		数量	
单价		金额	
材料名称		数量	
单价		数量	
总计金额			
维修开始：	日期_____ 时间_____ 经手人_____		备注
维修完工：	日期_____ 时间_____ 经手人_____		
验收合格：	日期_____ 时间_____ 经手人_____		

8.综合查房表

供客房部经理做"白手套"式检查,以及会同工程部经理做定期全面检查客房状况时用。

第二节 对客服务质量的控制

客房对客服务是整个饭店对客服务工作的重要方面,其质量好坏直接影响饭店的整体服务质量。因此,客房部以及整个饭店都必须高度重视客房对客服务工作,采取一系列措施和方法加强对客服务质量的控制。

一、对客服务质量控制的三大目标

对客服务质量的控制,必须有明确的目标,才能提高对客服务的整体水平和顾客的满意程度。

(一)以顾客为中心

饭店依存于顾客,因此饭店应理解顾客当前和未来的需求,满足顾客要求并争取超越顾客期望。

1.对客服务项目的设定和质量标准预定,必须符合顾客的需求与期望。顾客的需求和期望主要表现在三个方面:

(1)物质享受。即为客人提供一个宜人的住宿环境。

(2)精神享受。即提供符合星级和档次的多种服务。

(3)发展需求。即为客人提供获取知识和信息,以及商务活动的服务。

2.将反映顾客需求和期望的质量标准和相关信息及时在客房部全体员工中进行沟通,达成共识。

3.量化顾客的满意程度并根据结果采取相应的活动措施。

(二)促进饭店的持续改进

顾客的需求和期望是不断变化的,同时,由于社会经济的发展,科学技术的进步以及饭店业的竞争,这就驱使饭店通过对客服务质量控制,持续改进饭店的产品以及服务项目和服务规程,增强竞争力,提高饭店的整体效率,持续改进服务质量,应成为饭店的一项制度;持续改进饭店的产品和服务是饭店追求的永恒目标。

(三)预防客房产品不合格

客房产品及服务是否合格,最终以是否满足客人的要求和期望作为判断的依据。来自不同地区和国家的不同类型的客人,由于他们所处社会经济环境不同、经历不同,消费水平和消费习惯不同,对服务接待的要求也不尽相同,客人对服务质量的感受往往带有较大的个人想法和特点。因此,对客服务质量的控制,不能仅仅满足于对客的规范服务,而应采取积极的措施,争取满足不同顾客的特殊要求,做好针对性服务,以此作为客房产品合格与否的控制标准。

二、对客服务项目的设立

饭店客房项目的设立,必须以客人的需求作为基本出发点,同时还需要考虑到饭店的星级和档次,提供相应的服务项目。

(一)客房部对客服务项目

国家技术监督局2010年实施的《旅游饭店星级的划分及评定》标准对星级饭店客房部

应提供的服务作了较详细的规定,详见第一章的相关内容。

(二)客房部对客服务项目的选择

客房部在设立对客服务项目时,要考虑诸多方面的因素,这些因素是:

(1)国家及行业标准。国家和行业标准是评定某一饭店是否符合其星级要求的主要标准,也是各饭店客房部在设立服务项目时考虑的最主要因素。

(2)国际惯例。参照国际惯例设立服务项目是与国际同行业接轨的具体体现,而且饭店的客人也期望能享受到国际标准的服务。例如,对于遗留物品的保管、物品的租借等服务,大多数星级饭店的客人都有此需求。

(3)本饭店客源市场的需求。满足客人的需求始终应是饭店努力的方向。饭店的类型不同,客源市场也会不同,不同的客源市场对客房服务有不同的要求。在一些以接待国内会议为主的饭店,客人普遍有午休的习惯,因此,早晨的客房清扫、下午的客房小整理就会受到客人的欢迎;而对于大多数境外商务客人来说,下午的小整理可能就没有意义。在一些以接待首长为主的宾馆,楼层的值台及"客到、茶到、毛巾到"的三到服务就显得非常重要,而对于大部分商务饭店来说,则可以省去这些服务。

(4)其他因素。其他一些因素也会对客房服务项目的设立及其具体的服务内容有一定的影响。这些因素有:饭店的类型、硬件条件、房价、成本费用及劳动力市场等。

饭店为客人提供尽可能全面的服务,不仅可以满足客人的需求,使其更觉舒适与方便,而且还可体现饭店的规格和档次,引导和刺激客人消费,最终达到名利双收的目的。

三、对客服务标准的制定

(一)对客服务标准制定的基本原则

对客服务标准的制定,必须遵循方便客人、方便操作和方便管理的基本原则。

(1)方便客人。制定、实施对客服务标准,是为了使客人获得满意的服务,使其宾至如归的感觉,感到像家里一样的方便和温馨,享受家里所没有的舒适氛围,因此,对客服务标准的制定必须依此作为出发点。脱离了客人的需求,单纯强调标准和程序是没有任何意义的。对客服务标准的制定,必须结合人的特点,在对客服务中,既要制定相应的规范和标准,以保证服务质量,同时,又要根据客人的不同特点和要求,进行灵活和机动的针对性服务。

(2)方便操作。节约时间、方便操作,减少不必要的体力消耗,提高工作效率是制定标准应遵循的另一个原则,因此制定对服务标准应以具体、实用、可操作为主。如果对客服务标准难以让员工掌握和操作,就失去了制定标准的意义。

(3)方便管理。实行标准化管理,在于减轻管理者的负担,易监控,贯彻自己的管理意图,使客房对客服务有一个统一的质量标准。客房对客服务标准不是做新东西,各个饭店都在运用,而且国内外不少饭店都有自己成功的经验,但这些标准是否适合自己的饭店,是否有利于提高工作效率,结论就不同了。对客服务标准的制定和使用是一种管理的艺术,因此,客房管理者凡事都要有自己的管理思想,根据客源市场的需求情况和自己饭店的特殊情况,包括客房设施条件和员工素质,甚至自己的管理风格等,来制定和实施符合客人需求的标准,而不应照抄、照搬别人的东西。

(二)对客服务的基本标准

为了提高宾客的满意程度,客房部一般应制定以下对客服务标准:

(1)服务程序标准。是服务环节的时间顺序标准,即在服务操作上先做什么、后做什么。

该标准是保证服务全面、准确及流畅的前提条件。

(2)服务效率标准。是对客服务的时效标准。这项标准是保证客人能得到及时、快捷、有效服务的前提条件,也是客房服务质量的保证。不过对于这项标准的制定,要视各个饭店的具体情况进行,且要有专业管理人员的参与。

(3)服务设施、用品标准。是饭店为客人所提供的设施、用品的质量、数量标准。这项标准是控制硬件方面影响服务质量的有效方法。它是从质量、数量、状态三个方面制定的标准。例如,在质量上,四星级饭店所用的浴巾不得小于 1400mm×800mm,重量不得低于 600g;全棉、无色花、无色差、手感柔和、吸水性能好、无明显破损性瑕疵点,在数量上要求每床配备一条,状态上要求洗涤干净,折叠整齐,放于毛巾架上。

(4)服务状态标准。是对服务人员言行举止所规定的标准。如接待客人时要站立服务、面带微笑、使用敬语。

(5)服务技能标准。是对客房服务人员应达到的服务操作水平所制定的标准。如铺床标准、浴室清洁标准、抹浮尘标准、做夜床标准等,只有熟练掌握服务技能,才能提供优质的服务。

(6)服务规格标准。是针对不同类型宾客制定的不同规格标准。如在贵宾的房间放置鲜花、水果,根据贵宾的不同级别还须布置其他物品,根据长住客人的客史档案记录布置房间等。

(7)服务质量检查和事故处理标准。是对上述各项标准贯彻执行情况的检查标准,也是衡量客房服务质量是否有效的尺度。此标准重点由两方面构成:一方面是对员工的奖惩标准,另一方面是对宾客补偿及挽回影响的具体措施。

(三)VIP 客人的接待

VIP 客人是指与饭店的经济效益和社会效益有密切关系的人。VIP 客人是饭店接待的重点,必须给予高度重视和用心接待。

1.VIP 客人接待原则

(1)对等接待。VIP 客人的接待要特别强调对等接待的原则。即不同级别的 VIP 客人应由饭店相应级别的管理人员接待,以表示饭店对 VIP 客人的尊重和礼遇规格。例如上级领导、公司总经理等级别的 VIP 客人到饭店则应由饭店总经理出面接待等。所以饭店往往要将 VIP 客人划分为不同的级别,一是强调礼遇规格,二是规范饭店的接待程序。

(2)及时传递信息。保持信息传递的畅通和及时是做好服务工作的一个重要环节。客房部应掌握 VIP 客人的活动安排计划,及时跟踪和了解 VIP 客人的动态,及时向饭店有关部门传递 VIP 客人信息,做好针对性服务。

(3)用心极致,做好细节服务。做好对 VIP 客人的细节服务,最能体现饭店的服务水平和礼遇规格,而细节服务的成功则来源于用心极致地了解和预测 VIP 客人的需求,满足并争取超越客人的期望值。

(4)服务适度。在 VIP 客人接待中切忌过多地关心客人,而造成对 VIP 客人的干扰。做好恰到好处的服务是服务艺术的最高境界。

2.VIP 客人应接程序

(1)客房中心值班员在接到前台送来贵宾接待通知单(见表 8-6)后,应将贵宾的房号首先通知有关楼层的服务员,以便服务员将这些房间再打扫一遍;然后将贵宾的房号、抵店时间、客房布置的规格标准等通知有关领班、主管和经理。若贵宾非当日抵店,则应将接待通知单保管好并转给夜班服务员。夜班服务员在贵宾进店的前一天将贵宾抵店时间及客房布置要求转抄在次日的客人进、离店通知单上。

（2）楼层服务员从中心联络员处或客人进、离店通知单上得知贵宾抵店时间及房号后，应立即将这些房间的家具打上蜡、擦亮铜器、清除地面污迹，并配合楼层领班和"room service"的服务员将应增放的物品放进客房。

（3）领班、主管和经理在各自的直接下属完成对贵宾房的布置和检查后，应及时对这些房间进行复查，如发现问题，立即让服务员去处理。一般提前两小时进行检查。

（4）以上任务完成后，中心联络员即可通知大堂值班经理前往检查。楼层服务员在大堂值班经理检查后，需再进房巡视一遍，以确保万无一失。

（5）贵宾房的检查较一般房间的检查更为严格。

（6）贵宾房需增放下列物品：鲜花、水果、洗手盅、礼卡、口布、水果刀、水果叉、总经理名片、饭店宣传册、盆景、果盒，或按贵宾接待通知办理。

（7）客人较多时，带房及其他服务要预先安排。

（8）客人第一次用餐应带客人到餐厅，将客人介绍给餐厅迎宾员。

（9）随时做好小整服务。

（10）做好重点客人的陪同和其他服务。

表8-6　×××大酒店重点宾客接待通知单

```
来宾姓名_____　来宾身份_____　住店人数_____名
接待单位_____　联系人_____　电话_____
抵店日期____年____月____日____时　离店时间____年____月____日____时
一、接待安排
1.住店房号　　□豪华套房　　□普通套房　　□标准房　　□_____房
  房间价格　　豪华套房_____元/间　普通套房_____元/间
              标准间_____元/间
2.用餐安排_____厅　餐别：早_____中_____晚_____标准元/间
              □固定餐桌　□专用菜单　□专人服务_____
3.出面迎送　　□总经理　　□副总经理　　□大堂经理_____
4.用车　　　　□酒店车　　□自备车　　□接待单位车_____
二、接待要求
1.房内布置　　□A级　　　□B级　　　□C级
2.入住登记　　□免登　　　□进房登记　□签字_____
3.迎送地点　　□车站　　　□酒店在厅_____
三、结算方式
              □现付　　　□支票　　　□转账　　　□信用卡
四、优惠折免
1.免费范围　　□房费　　　□餐费　　　□用车　　　□洗涤
              □电话　　　□舞厅　　　□理发
2.折扣范围　　□房费　　　□餐费　　　□用车
备注
_____
_____
_____
总台通知人_____　　　　　　　　　　　　　年　月　日
```

四、对客服务工作的质量控制

(一)以人为本

影响对客服务质量的诸因素中,人的因素是首要因素。全体员工是饭店之本,只有全体员工的充分参与,才能使对客服务质量有了保证。

1. 重视对员工的教育

要对客房部员工进行质量意识、职业道德,以顾客为中心的意识及敬业精神的教育,激发他们的积极性和责任感。

2. 重视员工的利益和福利待遇

饭店对员工利益的重视和培训的重视,才能吸引和保持优秀员工队伍。

3. 开展对人的心理和行为研究

服务对象是人,是人与人之间的直接接触,人的一切行为是受心理因素驱使的,客房管理者必须对服务者和被服务者的心理行为特点进行深入研究,掌握不同类型的心理因素的规律,才能有的放矢地做好针对性服务。

(二)系统管理

客房对客服务质量是一个由相互影响、相互制约、相互联系的因素构成的整体,对影响客房服务质量的人、设施、材料、能力、环境等方面进行协调管理,才能使对客服务的各个过程彼此协调一致,取得预期的结果。

(三)预防为主

"预防为主"是质量控制的关键所在。"预防为主"就是要变事后把关为"事前预防"为主。把管"结果"变为管"过程"和管"因素",使对客服务质量问题消失在质量的形成过程中,做到防患于未然。

(四)重视全过程的控制

服务质量是在服务前、服务中和服务后的全过程中实现并得到保证。

(1)事前控制:设立标准,人人皆知。

如前所述,程序和标准的制定是质量控制的基础,只有通过对员工的培训才能使员工理解实施质量标准的意义,懂得怎样为客人提供优质服务。

①建立客房内部的检查机制。即制定"自查"、"互检"和"专检"的责任制和控制方案,确保服务质量的控制不流于形式。

②加强沟通与协调。客房部应通过内部通启、表格、班前会及交接班制度等,建立起良好的沟通系统,确保对客服务信息畅通,及时满足客人的需求。

(2)事中控制,识别关键,调控偏差。

识别关键活动,即找出影响对客服务质量的关键性岗位或关键性活动,也就是人们常说的服务质量的控制点,服务工作与工业生产一样,也有些"关键的工序"和关键岗位,抓住了服务过程的关键点,就抓住了服务质量的根本,确定关键点的原则是:

①对客服务质量影响大,起决定作用的岗位或活动。

②经常出现不良服务的岗位或活动。

③顾客反映大、意见多的岗位或活动。

(3)事后控制:评估总结、持续改进。

任何理情都是不断发展的,人们对服务质量的要求也在不断提高,因此,质量管理应及时总结经验,关注顾客需求的变化和客房产品的新发展,把服务质量的提高作为一种持续改进的过程来进行。

①定期召开部门质量会,根据宾客需求的变化对服务程序和标准进行修改,对服务用品进行调整。

②在客房部内部,营造一种质量改进的环境,通过承认和激励的方法,促进客房对客服务质量的不断提高。

案例一

细致周到——浴缸里酒醉的客人

晚上9点多,夜班服务员小董如往常一样在通道做公共卫生,经过2415房门口时,发现一客人倚着墙壁坐在地上,挂包和相机丢在一边。小董走近一些,闻到一股酒气,客人满脸通红,烂醉如泥,小董连叫了几声"先生",一点反应也没有。"这该不会是2415房的客人吧?如果是就应该是位日本客人。"因为她知道该房住的是日本客人,细心的小董发现地上的挂包边有一张住房卡,上面登记的正是2415房小原佑一先生,日期也对。从挂包未拉合的拉链外望进去,包内的纸张上也是日文。"既然确定了客人身份,得赶快送客人回房休息。"小董想着,这时地上的人动了一下,还含糊不清地嘟囔了一句什么,小董赶紧上前搀起客人,客人歪歪斜斜地顺势站了起来,随小董进入房间,又躺在床上一动不动了。小董把挂包和相机捡起来放在办公桌上,轻轻带上房门,然后找督导小金汇报了整个过程。小金听完后立刻放下手头的工作,先是打了个电话到2415房,想试探客人是否已清醒需要什么帮忙,但电话无人接听。放心不下的小金决定进房间查看一下,以免发生意外,但按门铃、敲门均无人应门,于是他开了门轻轻走进去,只见卫生间门开着,里面一片狼藉。地板被客人吐得一塌糊涂,散发着刺鼻的气味,客人的衣服、鞋子东一件西一件扔得到处都是。浴缸已放满了水,水龙头还在哗哗地流,而客人只穿着一双袜子躺在浴缸内,露出个头在水面,双眼紧闭似乎又睡着了。小金很清楚醉酒客人使用浴缸可能出现的严重后果,一连叫了几声"先生",客人都没反应,小金又不敢走得太近怕客人突然醒了被自己吓着。他想,"如果把客人扶出浴缸送到床上,他赤身裸体,清醒后会很尴尬;将浴缸水排空,给客人盖一张毛毯,可能会冻坏身子;只能将水龙头关掉,等水温稍变凉时再放热水进去,保持适当的水温一直维持到客人清醒为止。"小金拿定主意后,一边叫服务中心另一男员工小庄上来帮手,一边将此事报告给大堂副理,请大堂副理负责联系与其同来的客人或接待单位。半小时过去了,小金和小庄一边将卫生间收拾整齐,一边不停地开水、关水,生怕客人发生溺水意外。终于,他的脸色逐渐恢复正常,小金和小庄发现客人先是捧起一捧水洗了洗脸,然后缓慢地开始搓澡,虽然还是紧闭着双眼,但应该已无意外危险。为避免客人尴尬,小金和小庄觉得该离开房间了。临走之前,他俩又冲了一杯热茶放在床头柜上,将浴衣挂在卫生间门后。走出房间后,小金和小庄并没马上离去,而是让大堂副理请客人的朋友再打一次电话,听到客人在房内接电话的声音,小金和小庄如释重负,放心地吁了一口气,欣慰地笑了。

分析

这是一例十分细致、周到的优质服务。服务员能够细心辨明醉酒客人身份并回房,消除其身体和财产的安全隐患,并且将事情及时报告给督导。督导考虑周全,服务细致,在服务员将客人送回房间后还十分关注客人的情况,进而及时发现客人沉醉于浴缸中,果断采取了妥当的措施,既顾全了客人心理,又保护了客人安全,而且细心照料客人,不怕脏,不怕累,为客人提供了一次十分细致周到的服务。当然,为了慎重起见,小董最好叫上一位男服务员搀扶客人,以免发生其他意外。

案例二

完璧归赵——插满鲜花的花瓶

许多客人在退房时常会遗留下一些物品。如何处理这类物品,是等着客人来索取时交还呢?还是主动及时地送还给客人更好呢?下面的一个事例会告诉我们正确的答案。

住6-2房的赵小姐退房时,将一个朋友送给她的花瓶遗留在房间里。当客房服务员小张查房发现并报到前台时,赵小姐已匆匆离店了,小张只好按照规定把这只花瓶作为客人遗留物品交到服务中心去暂存。

时隔几个星期后,小张被分派到14楼做房,他从《住客客人报表》上发现,赵小姐又重新入住酒店了。小张立刻想到,客人是否已将上次入住时遗留的那只花瓶取回了呢?他立即到饭店服务中心查询了遗留物品记录,果然,这只花瓶还在服务中心存放着。于是,他决定将该花瓶领出,主动交还给客人。同时,他还有个想法,与其将这个空花瓶交还给客人,不如将花瓶插上一束鲜花后再送还客人,这样岂不是更好。他将他的想法上报给部门,立刻得到了部门经理的支持。

正如所料,赵小姐一进房间,一眼就认出了她那只遗留的花瓶,当她见到花瓶上还插着一束漂亮的玫瑰花时,不禁对酒店服务员完美无缺的服务意识表示由衷的赞叹。

分析

主动服务意识是提供一切优质服务的前提。客房服务员平时要注重对客服务意识的培养,做到时时处处关注服务对象。只有具备了这样的服务意识,服务员才能从客人的再次入住,联想到上次入住遗留的花瓶,并及时了解客人是否已取回,主动送还给客人。同时,他还能做到"还瓶送花",让客人感到惊喜。

五、加强检查监督

饭店要有一套严格的服务质量检查体系,以加强对各项服务工作的检查和监督。其中的检查制度和方法等也适用于客房对客服务的质量控制。

(一)检查制度

1. 总经理重点检查

饭店总经理要对饭店服务工作进行重点检查,如重大接待任务、重要服务岗位、关键服务环节以及重点服务要求等。通过检查,可以强化全体员工的服务质量意识,加强全体员工的责任心,可以与员工沟通交流,这对于提高饭店的管理水平和服务质量具有重要意义。

2. 值班经理的全面检查

很多饭店都设有值班经理,重点负责饭店服务质量的检查与监督。值班经理要全面检查各个部门、各个岗位的服务工作,发现问题及时解决。值班经理尤其要对夜间的客房服务加强检查。因为很多饭店客房部夜间往往不安排部门管理人员值班。

3. 质检人员的专职检查

饭店的质检人员专门对饭店各项工作进行质量检查和监督。他们经常不断地对各部门、各岗位进行检查和监督,可在全饭店形成一种氛围,使员工始终处于良好的工作状态,认真做好各项工作。

4.各级管理人员的日常检查

客房部各级管理人员要把服务质量的检查监督当做中心任务,在日常工作中,对各自所负责的范围及员工进行不断地巡视和检查,督促员工认真做好服务工作。很多饭店规定,发现问题首先追究有关管理人员的责任,这是加强各级管理人员责任心的有效措施之一。

5.全体员工的自我检查和相互监督

质量管理是全体员工的事,饭店要保证和提高服务质量,就要重视全体员工的作用。每个员工首先要把自己的事情做好,要养成良好的自我检查习惯;其次要有高度负责的精神,能够对其他员工进行监督,从而预防和阻止其他员工犯错误。要真正做到这一点,饭店一方面要加强对全体员工的教育,另一方面要采取行之有效的措施,如连带处罚、集体考评等。

6.客人最终检查

客人是服务质量的权威评判者。饭店要发挥客人对服务质量的检查监督使用,尊重客人对饭店服务工作的意见和建议,具体的做法是:一是给客人发放征求意见表(一般都放在客房);二是主动当面征求意见;三是请客人暗访、暗查。

(二)检查的方式、方法

饭店对服务质量的检查监督可采取多种多样的方式、方法。

1.明查

明查就是公开检查。通过明查能够在饭店形成一种环境氛围,让全体员工知道饭店时刻有人在进行检查和监督。这种检查方式的好处就是能够有效地预防和避免发生问题,能够及时地发现问题和解决问题。

2.暗查

对于饭店的服务质量,适时采用"暗查、暗访"的方式进行检查是一种非常有效的控制办法,暗查、暗访能真正发现问题和了解员工的真实表现。

3.抽查

饭店的一些管理人员可以经常采取临时抽查的方式对员工的服务规范、礼貌礼节等进行检查,如员工是否使用礼貌用语、是否按规范接答电话、是否按要求进行服务等。

4.专题检查

饭店往往定期确定提高服务质量的阶段性重点和措施,以解决服务工作中的普遍问题和薄弱环节,如微笑服务、礼貌用语、仪表仪容、客房的晚间整理、访客接待等,这些都可作为专题检查的内容。各级管理人员在日常工作中,要加强重点检查。客房部可以自行组织或配合饭店进行专题检查。

六、提高员工素质

员工素质是影响服务质量的根本原因,只有提高员工素质才能保证服务质量。培训是提高员工素质的主要途径。但培训的指导思想要正确,要讲究方法,注重实效;加强巩固,持之以恒,不断提高;由小到大,灵活多样;争取以一分投入获得三分效益。

第三节 客房部的安全质量管理

饭店管理的任何工作都有一个不容打折扣的方面,这就是安全。"安全重于泰山"。饭店的安全质量管理不仅包括打击犯罪分子,保障客人的人身、财物安全,而且包括保障客人的心理安全及员工和饭店财产的安全。客房部的业务工作涉及饭店的各个区域,安全状况是客房部质量管理的关键问题,是客房部的重要任务之一。

一、饭店安全设施的配备

安全设施是指一切能够预防和发现违法犯罪活动、保障客人和饭店及员工安全的技术装备,由一系列机械、仪表、仪器、器材等组合而成。客房部的工作范围几乎涉及饭店的各个区域,要做好安全工作,必须对整个饭店安全设施设备的配备情况有一个基本的了解。

(一)电视监控系统

电视监控系统是由摄像机、录像机、手动图像切换、电视屏幕等组成,并在饭店的出入口处、电梯内、客房走道及其他敏感部位安装摄像镜头(监视器或称电子眼),监视这些场所的活动,从中发现可疑人物或不正常现象,以便及时采取措施。这样可以减少安全部的巡逻人员,同时给饭店及客房区域的安全带来更有效的保证。

饭店电视监控系统对建立客房服务中心的饭店来讲,是必备的设备设施,其电视监控系统的摄像镜头主要分布在:

1. 前厅大堂

前厅部的大堂是饭店宾客出入和集散的重要场所,一般要安装大角度旋转的摄像镜头,以确保饭店大堂客流情况的控制。违法犯罪分子要到饭店作案,绝大多数会在大堂的监视屏幕出现,如贩毒者或卖淫者,一定会有神色慌张或搭讪过程的迹象。监控人员要及时通知楼层进行监视,一旦发现案情,立即向保安部报告。

2. 客用电梯

电梯升降时是封闭的。当电梯内有违法犯罪行为,如斗殴、凶杀,或侵犯妇女的暴力行为等,被害人无法求援,保安人员也无法掌握和解救。因此,每个正常使用的客用电梯内均要安装摄像机,只要发现可疑现象,即可定点录像取证和跟踪监控。当然,也要防止不法分子用胶布或其他手段封贴摄像镜头。

3. 楼层过道

这在实行客房服务中心的饭店尤其重要,因为楼层没有专职的台班服务员。客房区域的每个楼层过道都应配置摄像镜头,以保护住店宾客的安全,防止盗窃及其他不法分子,或防止可疑人员在楼面进行不法活动或骚扰住客。

4. 公共娱乐场所

饭店的健身房、舞厅、游泳池等,属于公共娱乐场所,存在着打架斗殴,甚至贩卖毒品的可能性;有必要安装摄像机,以控制治安事件的发生。

5. 贵重财物集中场所

贵重财物集中场所,如贵重物品保险柜、收银处、仓库等,是犯罪分子窥视的地方。配备电视监控器,可及时发现案情。同时,这些地方如果出现无关人员,监控人员应及时通知有关部门询问盘查。对形迹可疑、说不清来历的人,要让其到保安部,进一步弄清情况和原因。

(二)安全报警装置

饭店的一些重要部位,为防盗窃、抢劫、爆炸,必须安装安全报警装置,并将这些安全设备联结成网络系统,才能更有效地保护住店客人的生命财产和饭店及员工的安全,维护饭店的声誉。

1.饭店常用的报警器种类

主要包括：①微波报警器；②被动红外线报警器；③主动红外线报警器；④开关报警器；⑤超声波报警器。

饭店可根据报警器的不同性能和实际情况选择和配备防盗、防抢、防爆系统。

2.安全报警器设置的部位

(1)收存钱款部位。

财务部、收银处、保险柜等部位需安装防盗、防抢装置。当白天发生抢劫时，工作人员可通过手掣或脚掣报警；夜间发生盗窃时会自动报警，以便保安部迅速采取紧急措施。

(2)贵重物品和财物集中部位。

珠宝柜、商场、仓库、展销厅常是犯罪分子夜间"光顾"的地方，因此这些部位的门窗应分别选择门磁开关、锁钥开关、红外微波探测器和玻璃破碎探测器等防盗报警器材，同时与电视监控系统配套使用，效果更佳。

(3)消防通道。

饭店楼层的消防通道应是昼夜畅通的，客人一般不会从消防通道出入饭店或楼层，但不法分子却会利用通道无人看守之机，而出入饭店作案。有的饭店为了防止这一漏洞，夜间采取上锁的办法，但这样做是违反消防安全管理规定的。要解决这一矛盾，最好的办法就是安装报警器和摄像机。

(三)自动灭火系统

火灾是饭店最大的致命伤。现代化的饭店一般都为高层建筑，一旦发生火灾，仅依靠饭店外的消火栓供水和当地消防部门救火车的云梯登高救火，是不能迅速扑灭大火的。饭店必须建立自身的消防灭火系统。由多种火灾报警器、灭火器、防火门、消防泵、增压风机等组成的自动灭火系统是饭店必备的安全设施。

1.报警器

(1)手动报警器。手动报警器一般安装在每层楼的进口处，有楼层服务台的饭店则设在服务台附近的墙面上。当有人发现附近有火灾时，可以立即打开玻璃压盖或打碎玻璃使触点弹出，造成报警。另外，还有一种手压报警器，只要按下按钮，即可报警。

(2)烟感器。饭店常用的烟感器有两种：电离压力计烟感自动报警器和光电管烟感自动报警器。烟感器常用于客房楼层的报警。

①烟感器的工作原理。

A.电离压力计烟感器：此烟感器使用少量的放射性物质，使烟雾检测器中的烟感装置内的空气发生电离。电离后的空气会传热。当烟雾进入烟感装置后，电流的能级就会减小，减小到事先规定的能级以下，烟感器就会自动报警。为了分辨是火灾引起的烟雾还是点燃一支烟的烟雾，烟感器中常装有一个电容器来推迟报警时间，以便准确地报警。

B.光电管烟感器：当烟雾进入烟感装置后，光电管检测器就把被光感装置所接收的光束强度分散，从而使其报警。

②烟感器报警程序。

A.当楼层或房内烟的浓度达到一定程序时，烟感器的红灯闪亮，表明已经报警。

B.火警总控制室控制板上显示出报警区和第一次报警信号。

C.8分钟内未消除信号，则显示板显示第二次报警信号。

D. 大楼警铃鸣响。

E. 高层消防泵启动。

F. 空调自动关闭,停止送风。

G. 楼层增压风机自动开启。

H. 启用消防电梯。

I. 扑灭火灾后,消除报警信号,将消防电梯恢复到"OFF"位置,令其他设备恢复正常运转。

(3) 热感器。当火灾的温度上升到热感器的动作温度时,热感器的一弹片便自动脱落造成回路,引起报警。

2. 灭火器

饭店发生火灾最重要的原因之一是极热。当火灾使人体皮肤温度升高到70℃时,人体就会遭到二度烧伤。灭火器的主要功能之一是能迅速驱散过多的聚集热气。饭店中常用的灭火器种类有:喷水灭火器、二氧化碳灭火器、卤化灭火器(卤化灭火器由于确保其保质期较短,加上会对环境造成污染,已属淘汰产品)及干化学药品灭火器。

(1) 喷水灭火系统。喷水灭火系统主要用于A类火灾,如木头、纸等起火的扑灭。它包括自动喷水器、花洒和储水管。这里仅介绍客房常用的花洒自动喷水系统。

① 当室内温度达到花洒的启动温度(一般可选择启动温度为57.2℃~79.4℃)时,便引起花洒器内水银球的剧烈膨胀以致爆裂,被球支撑的密封喷水口开放,水便喷到溅水盘上形成均匀洒水。

② 洒水面积一般为10平方米左右。

③ 总控制室显示板上显示喷洒区域并同时报警。

④ 喷洒泵自动启动补水。

(2) 二氧化碳、干化学剂灭火系统。饭店应配备二氧化碳及干化学剂灭火器来防止B类火灾(易燃液体起火)和C类火灾(电起火)。

干化学剂是粉状混合物,能有效地扑灭油脂类易燃液体的起火。二氧化碳能使起火地点的含氧量降低到不能再维持燃烧的水平,达到扑灭火灾的目的。

这部分的内容将在本节第二部分进行介绍。

此外,饭店的自动灭火系统还应包括控制消防水泵、通风空气调节系统和电动防火门、防火卷帘门、防烟排烟设施的配备和装置,等等。

(四) 通信联络系统

饭店的通信联络系统是指以安全监控中心为指挥枢纽,通过呼唤机和对讲机等无线电通信器材而形成的联络网络。这个通信网络使饭店的安全工作具有快速反应能力,对保障饭店的安全起着十分重要的作用。

(五) 钥匙系统

周密的钥匙系统是饭店最基本的安全设备。沿用了多年的金属和塑料门锁由于易损、易窃和易仿等缺陷,正在逐步退出饭店业的历史舞台。目前,越来越多的饭店采用了可编程电子钥卡系统,并与饭店其他系统协作或联网,使住店客人感到舒适、方便和安全。

新型门锁系统的核心是安装在房门中的微处理器,它可以单独使用,也可将饭店所有房门中的微处理器连接到一台主机上,形成集中统一的门锁系统。顾客开门时不再使用一般钥匙,而是用一种内置有密码的磁卡,使用时只需将磁卡插入门上的磁卡阅读器,若两者密码符合就可将门打开。微处理器和磁卡中的密码都是在客人入住时配置,还可以随时根据需要更改。

电子门锁系统的优点,首先是便于控制,它可以在饭店需要其失效时失效。例如,客人只住宿一晚上,门锁系统就可以预置为一天,客人第二天中午12时以后就无法打开房门。这种"钥匙"是客人不能仿制的。其次,电子门锁系统还具有监控功能。客人和有关工作人员虽都有打开房门的磁卡,但号码不同,因此如果某客房发生失窃,管理人员只要检查门锁系统就可以得到一段时间内所有进入该客房的记录。另外,如果将房门上的微处理器连接到主机上,与饭店其他系统配合,还可提供更多的服务功能。例如,如果与能源管理系统联网,则客人在开门的同时,即可开通室内空调、照明等系统;如果与电视、电话等系统连接起来,服务人员就不能在客房内随意打电话,也不可以收看顾客付费的电视节目,因为其磁卡上的密码与客人不同。还可将门锁系统与饭店物业管理系统相连,这时顾客的磁卡在饭店中就如同信用卡一样,可以进行从入住登记到结账期间所有消费的结算。

除了已开始采用的电子门锁系统外,随着科技的发展,饭店还可以利用生物鉴别系统来保证客人的安全。这种系统是利用人的生理特征,如指纹、手掌等作为开启门锁的信息。由于这些生理特征比密码更具有唯一性和不可仿制性,因而可以使客人更方便、更安全。

二、客房的安全保卫工作

饭店的客房作为宾客的家外之"家",必须是一个安全的场所。同时,安全同清洁、舒适、典雅诸因素一样,是构成客房优质服务的重要内容之一。饭店有义务和责任为宾客提供安全和保护,以满足宾客对安全的期望。

(一)火灾的预防

饭店火灾的发生率虽然很低,但是后果极其严重。它不仅直接威胁店内人员的生命和饭店的建筑物和财产,而且会破坏饭店的声誉,甚至会使饭店一蹶不振。客房区域的位置一般处在饭店的高楼层,人员多,扑救和疏散人员都较困难。因此,饭店和客房部都必须制定一套完整的预防措施和处理程序,防止火灾的发生。

1.客房火灾发生的原因

小资料

(1)直接原因

主要包括:电气、用火、违章动火、纵火、燃气泄漏爆燃、静电、雷击、自燃等直接原因。

(2)根本原因

根本原因实际上就是管理的问题。

了解火灾发生的原因,可以防患于未然。客房火灾发生的原因主要有:

(1)客人睡觉前在床上吸烟,不慎或乱扔未熄灭的烟头和火柴梗,引起客房可燃物和易燃物起火。

(2)客人将各种易燃易爆物品带进客房,引起火灾。

(3)客人在房内使用电饭锅、电炉、电熨斗,不慎引起火灾。

(4)长住客人违反饭店规定,私自无限度地增加电器设备,使供电线负荷运转,造成电源短路,引发火灾。

(5)客人醉酒玩火或抽烟,引起火灾。

(6)客房内灯具的灯罩和灯泡贴在一起,引起灯罩燃烧,造成火灾。

(7)客房内电器设备因安装不良或一次性使用时间过长,导致短路或元件发热而起火。

(8)不按安全操作规程作业,如客房内明火作业、用化学涂料或油漆等,没有采取防火措施,造成火灾。

(9)将未熄灭烟头倒入垃圾袋或吸入吸尘器引起火灾。

(10)库房内吸烟。

(11)防火安全系统不健全等。

2.火灾预防措施

客房部应结合本部门的具体情况,在饭店防火安全领导小组指导下,成立客房部的防火组织,制定具体的火灾预防措施,主要有:

(1)在客房区域配置完整的防火设施设备,包括地毯、家具、床罩、墙面、房门等,都应选择具有阻燃性能的材料制作。

(2)房内安全须知中应有防火要点及需客人配合的具体要求。客房服务员在整理房间时,应注意检查安全隐患。加强对住客的防火宣传。

(3)安全通道处不准堆放任何物品,不准用锁关闭,保证通道畅通。

(4)配合保安部定期检查防火、灭火装置及用具,训练客房部员工掌握灭火设备的使用方法和技能。

(5)除办公室和指定的吸烟地点外,其他场所一律不准吸烟。

(6)确保电梯口、过道等公共场所有足够的照明亮度;安全出口24小时都必须有红色照明指示灯;楼道内应有安全防火灯及疏散指示标志。

(7)制定客房部各岗位服务人员在防火、灭火中的任务和职责。

(8)制订火警时的应急疏散计划及程序。

3.消防和疏散

楼层客房一旦发生火灾,或饭店其他区域发出火警信号和疏散信号,客房部员工必须保持镇静,按照饭店和客房部制定的消防和疏散规则,迅速采取有效措施,保证宾客的生命财产和饭店员工的安全、尽量减少损失。

(1)客房区域发生火灾。

①一旦发现起火,立即使用最近的报警装置。如立即打破手动报警器玻璃片,发出警报。

②拨饭店规定的报警号码"9",通知话务员着火地点和燃烧的物质。

③迅速利用附近适合火情的消防器材,如灭火机、水枪、灭火毯等控制火势或将其扑灭。

④注意保护宾客人身和财产的安全。

⑤如发现客房门下有烟冒出,应先用手触摸此门,如果很热,千万不能打开房门。

⑥如果火势已不能控制,则要立即离开火场。离开时应关闭沿路门和窗。在安全距离以外等候消防人员到场,并为他们提供必要的情况。

(2)火警信号。

①客房人员听到火警信号,应立即查实是否发生在本区域。

②无特殊任务的客房部员工应照常工作,保持镇静和警惕,随时待命。

③除指定人员外,任何工作人员在任何情况下都不得与总机房联系,全部电话线必须畅通无阻,仅供发布火警紧急指示用。

④客房部经理或客房部副经理留守在办公室待命。只有在客房区域发生火灾时才赶到现场。

(3) 疏散信号。疏散信号表明饭店某处已发生火灾，要求宾客和全体饭店人员立即撤离房间，赶到集合地点列队点名。该信号只能由在火场的消防部门指挥员发出。

【特别提示】
◆不能使用客用电梯疏散人员。
◆不能再回着火层。
◆在疏散路线上一定要设岗指明方向，保证道路通畅。楼层服务人员应最后撤离。

(1) 迅速打开太平门、安全梯，并组织人员有步骤地疏散宾客。
(2) 客房工作人员应敲击和打开房门，帮助客人通过紧急出口离开房间，要特别注意伤残住客。客人离开房间后要立即关好门。
(3) 各层楼梯口、路口都要有人指挥把守，以便为客人引路和避免大量客人涌向一个出口，造成挤伤事故。
(4) 火灾发生后，要注意检查每一个房间内是否有客人。
(5) 客房部经理应根据考勤记录在集合地点点名，保证每一个工作人员都点到。

【特别提示】

逃生要领

◆离开房间时应关好房门，带好钥匙，以备疏散路线中断时退回到客房自救，并等待救援。
◆离开房间时，随身携带一条湿毛巾，经过烟雾区时用湿毛巾捂住口鼻，以防有毒气体，经过浓烟区时，要弯腰或爬行前进。
◆要搞清前进方向，从最近的通道疏散。住在饭店高楼层的客人无法下楼层时，可往上路，路到楼顶后，应站在逆风一面等待营救。
◆在不得已留在房间内时，应用湿毛巾或床单沿着门缝塞上，防止烟雾进入。在浴缸内放满水，将所有易燃物品用水浸湿，若用洗发液和沐浴液混在水里，灭火功能会更好。若房门或把手发烫，千万别开门，要不断往门上浇水，以冷却温度。除非房内充满浓烟，才能开窗换气，否则不可开窗，以防火从窗口窜入。

4.客房灭火器材的使用

在饭店服务中，为了防止火灾的发生，配有各种消防剂和器材。这些消防器材不仅种类多，而且配置在饭店各个区域、各个要害部位，一旦发生火灾，可以立即投入使用。客房部员工必须掌握这些消防器材和消防剂的性能、作用和使用方法，才能预防火灾和消灭事故苗头。客房区域常见的消防器材有两大类，即消火栓和便携式灭火器。

(1) 水与消火栓。

①水。水作为灭火剂的主要作用是冷却，而且汽化后的水还可以排开空气中的氧气，使燃烧过程因缺氧而被抑制。水呈中性，无腐蚀性、无毒性。

水能导电，不能扑灭电力火灾，除非事先切断电源。

水不能用来扑救不溶于水及比水轻的易燃液体引起的火灾，如苯、醚类。

水也不能用来扑灭沸点低于80℃的易燃液体的失火，尤其不能用来扑救金属钾、电石、多卤化物、钠、发烟硫酸和氧化钠等物品引起的火灾。因为这些物品都能与水发生化学反应,产生易燃或有毒气体。

②消火栓。用水来扑灭火灾主要通过消火栓装置进行。客房的每层楼都设置有安装消防栓的消防柜。消火栓出水口径一般为50毫米~65毫米,其接口大多数是内扣式,也有少数为压簧式。

消火栓使用方法是:打开消防柜,卸下出水口的堵头,安上消火栓接扣,接上消防水带,注意接口要衔接牢固;然后将水带甩开,注意不要拧花和拐死弯;最后拧开闸门,水即经水涟输送到火场。使用完毕后,应首先关闸门然后再把水带分解开,卸下接扣、把堵头装好。

消防水带每次使用后要冲洗干净,晒干卷好,定期检查,如发现漏水要及时修好。

(2)便携式灭火器。

水不能用来扑救B类火灾和C类火灾,即易燃液体和电力的起火,所以,客房区域还须配备二氧化碳、干粉及干化学剂类灭火器。客房常用的为便携式(手提式)灭火器。

①灭火剂及便携式灭火器的使用:

表8-7为饭店客房常用的便携式灭火器的类别和使用方法。

②保管方法:

A.灭火器应安装在离太平门近,同时又远离容易损害物品的地方,这样使用起来比较方便;

B.防止喷嘴堵塞;

C.冬季,灭火器要防止冻结;

D.注意使用年限;

E.保存在干燥通风处,防止受潮、日晒;

F.严禁乱摆乱动。

表8-7 便携式灭火器

类别	适用的对象	使用的方法	喷射时间与距离
二氧化碳灭火器	电器火灾,着火范围不大的油类物质、电石、精密仪器设备、重要文件。但不适于金属钾、钠等物品	1.拔去保险销 2.将鸭嘴压下 3.将喷射喇叭口对着火源外部,由外向内喷射 4.另一类是逆时针旋转顶部的手轮	1.喷射时间不定 2.有效射程3米
干粉灭火器	大多数类型的火灾,易燃液体、金属着火、电走火、纸类、纺织品。但不适宜配电设备和精密仪器设备 1.拔出保险销 2.挤压提把 3.将干粉对着火源的外部,由外向内喷射	1.拔出保险销 2.挤压提把 3.将干粉对着火源的外源,由外向内喷射	1.时间14~16秒 2.射程4.5米
泡沫灭火器	易燃液体起火。切勿用于扑救电走火	1.将灭火器颠倒握牢 2.使泡沫从外向内射向火源	1.时间60~170秒 2.射程8米~13.5米

续表

类别	适用的对象	使用的方法	喷射时间与距离
酸碱灭火器	木料、纸类、纺织品着火。切勿用于电走火、易燃液体火灾	1.将灭火器颠倒握牢 2.将药液喷至火源根部	1.喷射时间不定 2.射程10米~12米
1211灭火器	电走火、易燃液体、精密设备、重要文件等。切勿用于扑救金属着火	1.拔去保险箱 2.挤压压把 3.喷向火源根部	1.时间6~8秒 2.射程3米~5米

说明：1211、酸碱灭火器，由于其药液只有一年的保质期，加上对环境有污染，已属淘汰产品。干粉灭火器已经有适合于灭A、B、C类火灾的新产品，属我国公安消防部门的推荐产品。

③检查与保养：

A.每月称一次灭火器重量，看化学剂是否挥发；

B.每5年或3年，对灭火机进行流体静力检验，检查眼睛看不到的内部器械的腐蚀与损害程度；

C.检测后，在每个灭火器上贴上标有检测日期、检测人员及检测项目的标签；

D.在灭火器喷射装置中盖上合格印章，便于识别；

E.经常检查各个密封部位是否严密；

F.酸碱灭火器需每年更换一次药液。

（二）盗窃事故的预防

旅游饭店是外国人、华侨、外籍华人、港澳台胞居住和停留的地方。客房财产和客人财物常是不法分子盗窃的目标；宾客中少数不良分子和内部员工中的少数不良分子也会趁机作案。为了保障客人、饭店和员工的财产不受损失，客房部必须严格执行各项安全规定，预防各种盗窃事件的发生。

1.预防盗窃事故的措施

（1）配备必要的设施设备。为了有效防止失窃案件的发生，客房部除增强全体员工安全意识外，首先要注意配备必要的防盗设施，如：闭路电视监控系统、各种报警器及客房内安全装置。有可能的情况下，配备双向电子锁系统。

（2）加强对客人的管理。

①制定科学、具体的宾客须知，明确告诉客人应尽的义务和注意事项。

②提醒客人不要随意将自己的房号告诉其他客人和陌生人。

③建立和健全来访客人的管理制度，明确规定接待来访客人的程序、手续以及来访客人离店时间，严格控制无关人员进入楼层。

④切实做好验证工作和制定客人领用钥匙的规定。

⑤加强巡逻检查，发现可疑和异常情况及时处理。

⑥客房内的一些物品会引起客人兴趣，一些客人往往会将其作为纪念品而带走。为了满足客人的这一需求，饭店应在商场出售这些物品，并在客房内告示客人。客房内的一些贵重物品，在设计制作和安装布置时就要考虑防止客人偷盗，尽可能不要过分"刺激"客人，有可能成为客人偷盗目标的物品则要做上饭店的标记，这有助于打消客人偷盗的念头，或者使客人无法带走，不敢带走。

⑦客人离店后,服务员或领班要及时查房。若有客人遗失物品,登记上交;若发现有丢失和损坏物品,及时报告主管,并与有关部门取得联系。

(3)健全客房部员工管理制度。客房工作人员在日常的工作中,直接接触到饭店和客人的财物,因此,对素质不高的服务员来说,就有较多机会偷盗饭店及客人的财物。对此,客房部要根据饭店的安全管理条例,制定明确的岗位责任制和行为准则,并加强对员工服务过程的管理。

①录用新员工时的安全要求。饭店在招聘服务员时,要严格把关,尽可能了解其以前的工作表现和行为习惯,防止一些不良分子混入饭店员工队伍。对所有招聘的服务员要经常地进行培训教育,提高他们的素质和道德水准,培养他们遵纪守法的自觉性。

②奖惩措施。饭店应采取有效的针对性奖惩措施,惩恶扬善。对于阻止、揭发他人偷盗行为的服务员给予奖励,对于偷盗者和对他人偷盗行为不予以阻止或知情不报者要进行严厉的处罚。轻者开除,重者法办,执行时绝不能手软。

③员工进入客房及房内服务的规定。服务员上班时必须穿本工种的制服,佩戴自己的名牌。下班后不能在客房区域逗留。

④工作钥匙的领用制度。

⑤客房部员工出入饭店大门及携带物品的规定。表8-8为员工携带物品出门证样式。

表8-8 携带物品出门证

编号 0004701

携带物品人		工作单位			
物品名称					
物品数量		出门时间	年 月	日	时
备注					

部门盖章:

⑥更衣室、工作间的管理。饭店应该有专门的服务员更衣室,为服务员配备更衣柜,供服务员存放服装等私人物品,并严禁服务员将私人物品带到工作场和工作间,防止公私不清。为此,饭店要经常不定期地对服务员更衣柜和工作间进行检查,防止偷盗者将其更衣柜作为偷盗财物的中转站,防止服务员将私人物品带到工作场所和工作间为偷盗创造条件。

⑦垃圾的管理。客房楼层每天都会有很多垃圾,这些垃圾的搬运和处理往往能为偷盗者提供机会。因此,饭店必须加强对垃圾的控制和管理。

⑧加强物资管理。饭店必须制定和完善各类物资的管理制度,对物资的保管、领发、使用等各个环节进行控制,增强服务员的责任心,防止物资流失。

(4)防止外来人员偷盗。饭店应采取下列措施,防止外来人员进入客房楼层进行偷盗:

①加强客房楼层出入口及通道的控制,防止外来人员进入客房楼层。

②对进入楼层的外来人员加强监视。

③不要随便为"客人"开门。由于服务员不易准确地判断识别客人,因此,当有客人要求服务员为其开门时,服务员要非常谨慎,否则,容易被一些人所利用。如果不能肯定要求开门的人是否是住客,最好请客人与总台联系。这样,只要我们从维护客人利益的角度去解

释,真正的客人是会理解和支持这种做法的,甚至会得到他们的赞赏。

④督促客人提高警惕,增加防盗意识。

2.盗窃事故的处理

饭店客人的财物被盗以后,客人直接通知公安局有关部门,这叫"报案"。客人向宾馆反映丢失情况,这叫"报失"。"报案"由当地公安部门受理,"报失"则由饭店处理。无论是"报失"或"报案",服务员和管理人员都应采取积极协助的态度,及时向有关部门和上级反映情况,把属于客房部范围内的工作做好。下面介绍饭店处理客人报失的基本程序和方法:

（1）客人报失,管理人员要保持冷静,认真听取客人反映情况,不做任何结论性的意见和说一些否定语言,以免给以后的处理带来麻烦和困难。

（2）根据客人提供的线索,分析是否确实被盗,并及时将情况报告保安部及其他有关部门。

（3）对确属被盗案件,应详细问明丢失财物经过、物品名称、数量、来源、来店前的数量和来店后的用途、数量。

（4）尽量帮助失主回忆,来店前后有无查过、有无放错地方等,并应征得失主同意帮助查找,切勿擅自到客人房间查找。

（5）询问失主是否要求向公安局报案,并认真记录,最后让客人签字。或要求客人写一份详细的报失经过。

（6）对确实被盗案件,还应立即报告给值班总经理,经同意后向公安机关报告。

（7）如果被盗财物涉及某一服务人员,在未掌握确凿事实之前,管理人员不可妄下结论,也不可盲目相信客人的陈述,以免损伤服务人员的自尊心。要坚持内紧外松的原则,细心查访和找寻。

（8）做好盗窃案件的发案和查破结果的材料整理和存档工作。

三、预防其他安全事故

（一）防疾病

（1）对客房内的设备用品进行严格杀菌消毒。

（2）消灭虫害。

（3）阻止客人将狗、猫等宠物带进饭店。

（4）患有传染病的服务员不能上班。

（5）发现有住客患有传染病,可采取措施进行隔离,并对其客房及相关设备用品进行特别处理。

（6）请当地卫生防疫部门进行检查指导。

（二）防止住客的违法行为

由于客房具有高度的隐私性,一些人往往会利用这一点在客房内从事违法乱纪的活动,诸如吸毒、贩毒、走私、赌博等。为了防止这类事件的发生,饭店要做好下列几方面的工作:

（1）在"住客须知"上明确规定住客在客房内的哪些做法是被禁止的,以起到警示作用。

（2）加强监督。楼层工作人员既要对住客给予关心和帮助,又要进行监督和控制,发现问题及时报告。

（3）加强服务员的安全意识,提高服务员识别、判断和处理问题的能力。

（三）防止住客受到侵扰和伤害

防止住客在客房内受到侵扰,下列措施是非常必要的:

（1）加强电话的控制。住客在客房内可能会受到电话骚扰。针对这一点，饭店要加强对电话的控制，一是总机不要随便将外来电话转接进客房，也不得将住客的情况向他人透露；二是客房的电话机要具备免打扰功能。

（2）配备安全装置。客房内要配备一系列安全装置，以增强住客的防范能力。客房内的安全装置主要有：安全牢固的门锁、客房链、窥镜（无遮挡视角不低于160度）。另外，除正门外，其他能进入客房的门窗部分要上闩或上锁。

（3）保证客房设备用品的安全性。住客的客房内遭受伤害大多与客房内的设备用品有关，一是因为设备用品本身有故障，二是因为住客使用不当。因此，需要采取下列预防措施：①所有电器无漏电危险；②家具稳固，无木刺，无尖钉；③卫生间的地面、浴缸要防滑；④水杯不能有破裂和缺口；⑤冷热水龙头有标记；⑥饮用水必须达到规定的标准；⑦告知客人如何正确使用客房内的设备。

（4）客房内要有安全告示或须知。

（5）提醒客人保持警惕，增加防范意识。

（四）防工伤事故

预防工伤事故，可以采取下列措施：

（1）制定安全操作规程。客房部要根据客房工作的内容和特点，制定一套安全操作规程（有的饭店叫做"安全守则"），对需要服务员在工作中遵守的规定、要求及方法进行说明。

（2）对服务员进行技术培训。客房部要根据安全操作规程及各项工作的程序规范对服务员进行技术培训，使服务员养成安全规范操作的良好习惯，掌握安全规范操作的技能。

（3）加强检查监督。客房部要加强检查，消除可能导致工伤事故的一切隐患，并对服务员进行监督指导，确保服务员安全操作。

（4）配备劳保用品。配备必要的劳保用品，可以避免和减少发生工伤事故的可能性，如服装、手套、鞋子、口罩等。劳保用品的配发要根据服务员的岗位职责和工作任务，而不能只讲形式，不重实效。

（五）防止自然灾害

很多自然灾害都会给人类造成损害，如地震、台风、雷电等。尽管很多自然灾害目前人类还无法阻止，但并非无法预测预报。饭店要把预防自然灾害作为安全工作的重要内容，并根据本饭店所处地域及可能遇到的自然灾害，制订相应的安全计划，以尽量减少自然灾害给饭店造成的损失。

除了以上介绍的安全保卫的内容外，饭店往往还会遇到很多意想不到的安全问题，如暴力、恐吓、诈骗等。尽管这些问题很少发生，但饭店还是应该有所防范，并能在遇到这些问题时妥善处理。在处理这些问题时，饭店除了要有自己的一套措施和一定的能力外，还必须充分相信和依靠社会上的支持和帮助，如公安、安全等部门。

本章小结

客房部质量管理必须以满足顾客及社会明显或隐含需求为目的，同时建立和健全客房部运行所需的管理制度和作业标准，通过培训、检查和督导使之得以有效执行。清洁卫生、服务质量、安全是客房质量管理的核心所在。"以人为本"，做好规范化与定制化服务，顾客满意和客房部的服务与管理得到持续地改进。

思考与练习

➤ 记忆型

1. "TQM"即全面优质管理,你是如何理解这一概念的?
2. 对客服务质量控制有哪三大目标?
3. 接待VIP客人的基本原则是什么?
4. "明查"与"暗查"有哪些不同?
5. 烟感器的工作原理是什么?试述烟感器的报警程序。
6. 花洒的工作原理是什么?
7. 引起客房火灾的常见因素有哪些?怎样进行预防?
8. 发现楼层上有火情,怎么办?

➤ 思考型

1. 有相当一部分客房主管习惯于等服务员将客房打扫后再进行检查,你认为这种习惯和做法有哪些问题?
2. 客房部应怎样预防盗窃事故的发生?
3. 怎样防止工伤事故的发生?

➤ 实践应用型

1. 到一家饭店参观,写一篇有关该饭店安全设施配备的调查。
2. 质量保证体系是由哪几个方面构成的,到一家饭店调查后举例说明。

➤ 案例分析

1. 通行无阻的惯盗

2015年4月的某一天上午,在北京某五星级饭店的六层客房,实习生服务员小张正在一间住客房清扫卫生,这时房门开着,只见一位男客人径直走进了这个房间。小张一看此人身材魁梧,近1.80米的高个子,衣着考究,穿一身高级服装,五官端正,从容不迫,气度不凡,像是高级商客,又像企业的管理人员。这位男客人一进门就冲小张喊到:"怎么搞的,我的房间怎么还没搞好?一会儿我的客人要来,快点儿,快点搞!"说着,随手打开冰箱,拿出一瓶可口可乐坦然自若地喝了起来。小张看着这位客人仪表堂堂,举止气势而又自然,一下子被懵住了。心想,房间的客人回来了,还是位高档客人,客人着急了得赶快搞卫生。想着就加快了工作速度,急急忙忙搞完卫生就离开了房间。

下午,住在这个房间的客人来报失,说在房间丢了5000元人民币和一件高级名牌T恤衫,而且强烈要求到公安局报案。案情发生后,本楼层的三位服务员(包括实习生小张)至此才知道自己放进去的是盗贼,十分害怕,遂订立攻守同盟,一口咬定服务员开门时那个"客人"已在房内。这样使此盗窃案蒙上了迷雾,给侦破工作带来了更多困难与麻烦。因为该饭店的客房门锁是高级电子门锁,没有密码IC卡根本进入不了房间。三位服务员的假口供,使公安人员一开始判断为该实习生与犯罪人是里应外合。公安人员从晚上审问到第二天凌晨三点多仍无结果。实习生拒不承认与罪犯合谋这事。当时实习生的带队老师十分着急,对公安人员提出要求,学生的年龄不足十八岁,现在的带队老师就是学生的监护人,有权旁听公安人员对学生的调查审问;同时又提出重新看两遍饭店内部监视录像。于是大家在一起反复看监视录像,这时才发现,该男子曾三次从饭店大堂穿过,他又从客房一层到九层来回窜了好几遍,他在寻找下手的时机,最后在六层找到机会,进了房间。该男子进房间后,以气宇轩昂的外表,镇定自若的神态欺蒙了实习生,实习生小张被该男子布的疑阵所迷惑,认定是本房间住的客人,在他催促之下连起码的客人进房制度都忘了。该男子进房后,实习生没有验房卡,让这个盗贼大摇大摆地进了房间,轻而易举地窃得住房客人的财物,然后从容不迫地溜之大吉。案情至此已真相大白,公安人员从录像中认出此男子是个惯犯,告诉大家,该盗贼前不久在北京某五星级酒店就是用此犯罪手段盗窃了3万余元人民币后,又窜至此饭店继续明目张胆作案,盗贼气焰之嚣张,手段之狡猾令人发指,真是个猖狂的高级惯犯。市公安局为了维护社会治安,为了保障广大旅客的安全,立即向市内的各饭店宾馆发了传真,通缉该犯罪分子。天网恢恢,不法分子定难逃法网。

被盗的住店客人向饭店提出索赔所受经济损失50%的要求,饭店同意给予赔偿。首先客房部经理管理疏漏,自罚,个人向客人赔偿1000元,另外1500元由饭店负责赔偿;实习生小张提供假证,态度极不老实,因工作失误酿成严重事故后故意隐瞒事实,被店方开除。

你认为该饭店在安全管理方面应吸取哪方面的教训?

2.实事求是——以个人名义提醒您

当天晚上,当值大堂副理小赵正准备下班,忽然接到一位客人的来电:他下午将裤子放在床上,晚上回来后发现裤子有被"动过"的迹象,而裤袋中的钱包好像少了钱。小赵立即上房了解情况,并查看了客房部的进房记录,得知当天下午除了服务员进房开夜床外,再无他人进房。小赵表示将做进一步调查,而客人说肯定是服务员拿的。本着对客人负责的态度,小赵询问客人是否需要报案,酒店可以予以协助,客人称不必了,要休息。同时,他要求第二日下午6时给予答复,小赵同意了。

第二天,小赵一早便将房间电脑门锁记录与客房部的进房记录进行了核对,证实进房记录无误,而客房部方面也向当班服务员了解到做夜床时确实移动过客人的裤子,撤掉床罩后又摆回原处,但根本没留意裤袋中的钱包更别说见钱了,况且当时夜班督导也在场查房,因此基本上排除了员工"作案"的可能。

但当小赵和客房部经理小柳准时在大堂等候客人时,却迟迟不见客人身影,整晚耐心地守候,直到11时多客人才出现,却丢下一句"我有事,再说吧!"随即匆匆上房去了,两人无奈只好打算明天客人退房时再做解释。

令人意外的是,客人深夜却接二连三地打电话到大堂副理处,声称必须赔偿其损失并严惩"那名员工",对夜班大堂副理小杨告知的调查结果置之不理,而是一味质问:"干吗要动我的裤子?"并要求酒店按所说的金额全数赔偿。小杨耐心地建议客人如果不满意酒店的调查结果可以报案,酒店必会全力协助调查。而客人仍不顾解释且威胁称:"如不赔钱,我要向你们上级公司反映,并且我还要跟我的同事们讲,叫他们都别来你们店住,另外我还要在我们公司的网页上将此事公布于众。"听着他这些不讲道理的话,小杨沉思片刻,然后用委婉却又十分坚定的口气说:"如果我是您,我是不会这样做的。贵公司作为酒店的大客户,相信一定会通情达理,在事情责任尚未确定之前,我认为贵公司的网页不太可能为此来承担责任。当然,你有权利告诉您的同事,但是,我以个人名义提醒您,如果您的言行对酒店声誉造成影响,那作为五星级的酒店也不会听之任之。"听完小杨那声音不大却掷地有声的话语,刚刚还暴跳如雷的客人突然之间安静下来,一阵沉默之后,说了一句"反正你们不该动我的裤子"就挂断电话。

请你对此案做出点评。

附录

客房服务常用英语

客房状况

occupied(OCC)	住客房	out of the turn(OOT)	保留房
guest in(G/I)	客人在房内	long staying guest(LSG)	常住客
make up room(MUR)	请即打扫	very important person(VIP)	贵宾
do not disturb(DND)	请勿打扰	out of order(OOO)	待修房
double locks(DL)	双锁	vacant(V.)	空房
sleep out(S/O)	住客未归	check out(C/O)	走客房

客房部工作人员

executive housekeeper	客房部经理	liner	窗户清洁工
supervisor	主管	uniformer	公共区域服务员
captain, monitor	领班	carpet cleaner	实习生
room attendant, home maid	客房清扫员	window cleaner	搬运工
laundry man	洗衣工	public area cleaner	布件工
seamstress, tailor	缝纫工	trainer	制服管理员
runner	地毯清洁员		

对客服务

laundry service	洗衣服务	fadeless	不会褪色
laundry	湿洗	silk	丝绸服装
dry cleaning, dry-wash	干洗	woolen piece-goods	呢绒服装
pressing	熨烫	chemical fabrics	化纤服装
laundry bag	洗衣袋	cotton cloth	棉布服装
express service	快洗	gentlemen	男装
to pay extra for express service	付快洗费	suit	西装、礼服
laundry list	洗衣单	overcoat	大衣
date sent	送洗日期	dimono	和服
same day service	当日可取	windcoat	风衣
soiled linen	脏衣服	jacket	短外衣
stain	污点	trousers	西裤

oil stains	油渍	shirt	衬衫
shrinkable	缩水	sweater, pullover	毛衣
unshrinkable	不会缩水	tie	领带
faded	褪色	sport shirt	运动衣
undershirt	内衣	pyjamers	睡衣
singlet	背心	underpants	内裤
socks	袜	handkerchief	手帕
ladies	女装	scarf	丝巾
night dress	晚礼服	unit price	单价
dress	套裙	morning call	起床通知
skirt	短裙	shoe polishing	擦鞋服务
slacks	长裤	light-colour shoe	浅色皮鞋
blouse	短衫		

卫生间用品

bath tub	浴缸	facial soaps	洗面皂
shower	淋浴	facial tissue	面巾纸
shower head	淋浴喷头	toilet tissue	卫生纸
washing basin	洗脸盆	toilet seat bands	便器
bath towels	浴巾	sanitary bag	卫生袋
wash cloth	浴衣	tissue holder	卫生纸架
bath mats	地巾	comb	梳子
specialty towels	脸巾	tooth-brush	牙刷
shower curtains	浴帘	tooth-paste	牙膏
towel rack	浴巾架	mug	牙杯
bath soaps	浴皂	shower mats	防滑垫

租借物品

ironing boards	熨衣板	alarm clocks	闹钟
irons	熨斗	bed boards	床板
hair dryers	干发器(吹风器)	plug	插头
razors	剃刀	rectifier	整流器
electric shavers	电动剃须刀	transformer	变压器
ice packs	冰袋		

清洁剂及清洁设备

all-purpose cleaners	多功能清洁剂	cleaning rags	清洗布

disinfectants	消毒剂	steel wool	钢丝刷
germicidals	杀菌剂	spray bottles	喷雾器
window cleaners	玻璃清洁剂	mop wringers	拖把拧干器
acid howl cleaners	酸性清洁剂	maid's carts	工作车
metal polish	金属上光剂	space vacuums	吸尘器
furniture polish	家具上光剂	shoe shine cloth	擦鞋纸
rubber gloves	防护手套	shoe polish	鞋油
brooms	扫帚	baby sitter service	婴儿看护
mop	拖把	nurse	保姆
cleaning buckets	清洗桶	baby sitting, baby cot	婴儿床
caring for sick guest	病客照料	smoke detector	烟感器
caring for drunk guests	醉客照料	sprinklers	花洒
service on guest's arrival	入住接待	fire hydrant	消火栓
service on guest's leaving	送客离店	emergency exit	安全门
lost and found	失物认领	extinguisher	灭火器
emergency escaping guide	安全通道图	fire alarm	火警器

房间家具及用品

bed	床	match	火柴
night table	床头柜	stationery	服务夹
single bed	单人床	postcards	明信片
double bed	双人床	magazines	杂志
desk	桌子	notepads	服务指南
teapoy, teatable	茶几	clothes hangers	衣架
sofa, studio sofa	沙发、多用沙发	plastic utility bags	购物袋
chair	椅子	mini bar	小酒吧,小冰箱
chest of drawers	壁橱	ice buckets	冰桶
sheets	床单	waste baskets	垃圾桶
pillow cases	枕套	hot water bottle	热水瓶
blanket	毛毯	switch	开关
bedspreads	床罩	television (TV)	电视机
blackout drapes	厚窗帘(隔热帘)	ice-box	冰箱
sheer curtains	薄窗帘	closed-circuit TV	闭路电视
accent drapes	隔音帘	backpack vacuums	背式吸尘器
wall picture, paintings	壁画	wet vacuums	吸水吸尘器
wall lamp	壁灯	sewing machines	缝纫机
desk lamp, bedside lamp	台灯,床头灯	rubbish handling conveyors	搬运车
floor lamp	落地灯	wheelchairs	推车
lampshade	灯罩	high-pressure hot water	高压热水系统
slippers, disposable slippers	拖鞋(一次性)	carpet shampoo equipment	抽吸式洗地毯机

后 记

本书自1999年出版以来，前后已修订了4次，因其较好地体现了课程改革、能力本位、就业导向、弹性教学的编写思想，受到了全国广大师生的好评。为了使本书更加完善，进一步适应饭店业飞速发展的要求，反映旅游职业教育的最新成果，经过广泛的调研，编者在本书第4版的基础上进行了修订。

本教材的编者长期从事旅游教育培训工作，熟悉饭店行业对从业人员的专业素质要求，了解旅游职业技术教育的特点。因此，修订后的教材具有以下特色：

1.增加了实用性，更加符合国家新颁布的饭店业的相关标准。例如，按照国家旅游局新颁布的《旅游饭店的星级划分评定》GB/T 14308-2011，对客房服务与管理的有关程序和标准进行了修订，增加了"绿色旅游饭店"的相关内容。

2.注重学生的动手能力培养。针对中职学生"合格劳动者"的培养目标，删除了部分较深的管理内容，较大幅度地增加了客房的实战技能，便于学生进持实操训练。

3.在保持原书体系、风格的基础上，增加了每章思考与练习的参考答案，便于教师和学生掌握本书知识和能力点，如有需要，请与出版社发行部联系。

第5版的修订工作主要由南京旅游职业学院冯明、郭晓东共同完成，第4版的修订工作主要由范运铭完成。本书在修订过程中，参阅了大量的专著和教材，得到了旅游教育出版社和有关中职学校的大力支持，在此一并表示诚挚的谢意。

由于本书编者水平有限，书中的问题和不足之处在所难免，敬请读者批评指正。

编者

2016.6.2